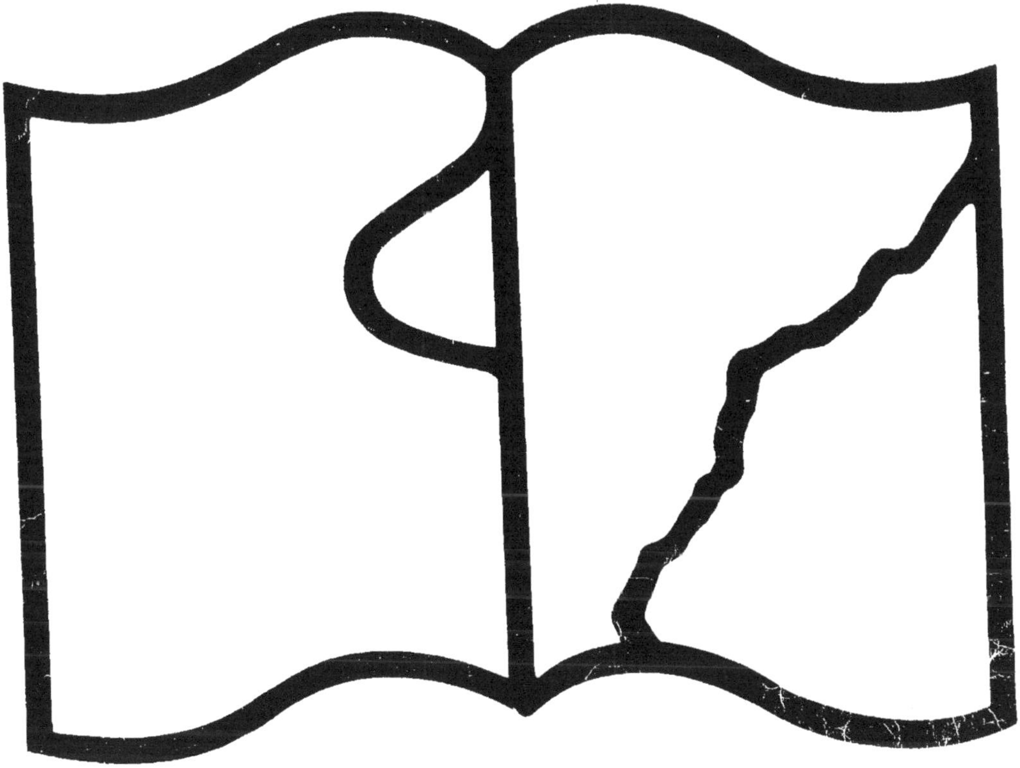

Contraste insuffisant

NF Z 43-120-14

MÉMOIRES

SUR

L'ART DE LA GUERRE

PAR

LE GÉNÉRAL COMTE DE LA ROCHE-AYMON

TOME QUATRIÈME

PARIS

LIBRAIRIE MILITAIRE, MARITIME ET POLYTECHNIQUE

DE J. CORRÉARD

Libraire-éditeur et libraire-commissionnaire

RUE SAINT-ANDRÉ-DES-ARTS, 58

1857

MÉMOIRES

SUR

L'ART DE LA GUERRE

Paris. — Typographie de Gaittet et Cie, rue Gît-le-Cœur, 7.

MÉMOIRES

SUR

L'ART DE LA GUERRE

PAR

LE GÉNÉRAL COMTE DE LA ROCHE-AYMON

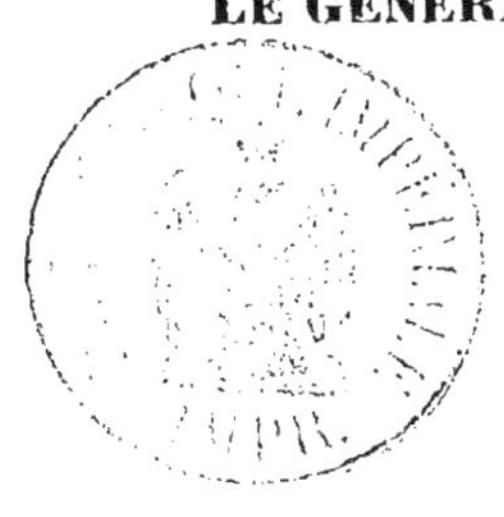

TOME QUATRIÈME

PARIS

LIBRAIRIE MILITAIRE, MARITIME ET POLYTECHNIQUE

DE J. CORRÉARD

Libraire-éditeur et libraire-commissionnaire

RUE SAINT-ANDRÉ-DES-ARTS, 58

1857

INTRODUCTION.

Dans les parties précédentes de cet ouvrage, j'ai essayé de poser les principes sur lesquels doivent être constitués les différents corps destinés à composer une armée. Ici la carrière s'ouvre et s'étend; il s'agit de rassembler ces corps, de les amalgamer, de les faire concourir à l'exécution des grandes manœuvres de la guerre. C'est l'art d'enseigner cette exécution, que l'on appelle *grande tactique*.

La grande tactique est proprement la science des généraux, puisqu'elle est le résultat et la combinaison de toutes les connaissances militaires. Car, par général, on doit entendre un homme qui, possédant toutes ces connaissances, est de toutes les armes, et sait les conduire toutes, soit séparées, soit réunies. Mais il faut bien se garder de croire que la connaissance la plus perfectionnée de la grande tactique suffise pour être un grand homme de guerre; la grande tactique n'est absolument que le matériel de l'art sublime du général; l'habitude, une longue routine, beaucoup d'étude et d'exercice, peuvent donner à un général le talent de savoir bien diriger une marche d'un camp à l'autre, déployer des colonnes, en un mot faire mouvoir les troupes sur la place où elles se trouvent, mais la grande tactique, en règlant les mouvements que l'on fait devant ou à portée de l'ennemi, ne suffit pas pour former le plan d'une campagne, l'ensemble d'une guerre, c'est la stratégique ou la science des plans de campagne, qui seule peut et doit y présider.

La stratégique ordonne, et la grande tactique exécute. La stratégique prépare d'avance l'ensemble de toutes les opérations, voit le but possible où l'on peut tendre; approfondissant les ressources de l'ennemi, le fort et le faible de ses positions, elle prépare pour tel point une bataille ou un engagement, pour tel autre une diversion, en un mot fixe d'avance les camps et positions où l'armée se portera successivement, pour arriver à tel point, qui est le but de la campagne. La grande tactique donne les moyens de faire concourir l'armée à l'exécution successive du plan de campagne, dont la stratégique a donné les bases et indiqué les principales directions.

Il y a beaucoup de bons tacticiens, mais il y a peu de grands généraux. Que l'on ne croie pas que ceci implique contradiction, l'on peut très-bien connaître la marche particulière et d'ensemble des diverses armes qui composent l'armée, et en adopter les mouvements avec le terrain sur lequel elles se trouvent, sans pour cela être en état de former l'ensemble d'un plan de campagne. Je vais même plus loin, c'est que la stratégique seule suffirait pour conduire les armées à la victoire, sans qu'il soit besoin de tactique. L'exemple des premières campagnes de la guerre de la révolution française en est une preuve frappante. Je ne veux pas diminuer la gloire de quelques généraux français, mais dans les commencements de cette guerre ils n'ont dû la possibilité de se soutenir, sans armées bien dressées, contre des armées aguerries et des généraux tacticiens, qu'aux grandes vues stratégiques de celui qui dirigeait les plans de campagne des armées républicaines [1].

1. Dans le temps on a donné à Carnot toute la gloire des plans de campagne exécutés par les armées françaises en 1793, 1794, 1795, etc.; depuis, confondant ses talents militaires avec les rôles révolutionnaires qu'il a joués, on lui a ôté cette gloire. Il ne

Les Français ont été battus, défaits, repoussés, cela devait être; ils n'avaient ni tactique ni expérience, mais ces revers ne faisaient que retarder le résultat de leurs entreprises. Plusieurs défaites ne donnaient que peu de terrain aux ennemis, quelque fût même l'étendue de ce terrain, un seul succès des Français devait le leur enlever de nouveau, tant étaient bien calculées stratégiquement les places sur lesquelles les Français se battaient ou se repliaient.

Les généraux alliés, au contraire simples tacticiens, n'ont presque pas livré de combats qui aient eu du rapport avec un ensemble stratégique. On ne peut les excuser qu'en disant que leurs cabinets respectifs les entravaient; que les ministres, comptant toujours sur ces réactions intérieures dont on les amusait, ne voulaient que des succès d'éclat, qu'attendant une contre-révolution, ils empêchaient de faire une guerre solide qui eût marché plus lentement et plus régulièrement.

Ce léger aperçu suffit pour rendre raison de la division que j'ai suivie dans ce volume. La première partie contiendra toutes les règles et mouvements de la grande tactique. La seconde partie sera absolument consacrée

m'appartient pas de décider, je ne puis que rendre hommage au génie de l'homme, ou des hommes, qui ont conduit les Français à des résultats aussi glorieux.

Mihi, Galba, Otho, Vitellius, nec beneficio, nec injuria cogniti. (Tacit. hist. lib. I, sectio. 1).

à la stratégique, ou science des plans de campagne; je tâcherai d'y réunir tous les principes de cet art sublime, sans lequel il n'est point de grand homme de guerre, ni d'armée bien conduite.

Quels mots que ceux de général et d'armée! Quelle immensité d'idées ils présentent à l'imagination!

J'avais eu d'abord l'intention de finir cette Introduction par le portrait du général tel qu'il doit être; mais je fus bientôt convaincu qu'il n'appartenait qu'au génie de peindre le génie, et je suis resté confondu d'étonnement et de respect devant cet assemblage plus qu'humain de qualités physiques et morales nécessaires aux véritables grands hommes de guerre. Il semble que la nature ne les produise çà et là, au milieu des siècles, que pour servir d'époques à la grandeur de l'esprit humain.

Qu'il m'eût été doux de pouvoir esquisser le portrait du général auquel j'ai eu l'honneur d'être attaché pendant 10 ans[1], mais mes faibles talents ne répondent point à mon admiration. Je sollicitais en vain

1. Si la gloire militaire du prince Henri est trop connue pour qu'il soit besoin de la rappeler, ses vertus civiles ne méritent pas moins une attention particulière. Avec lui la vertu eut toujours son prix. Il la louait jusque dans ses ennemis. Toutes les fois qu'il avait à parler de ses actions, et même dans les relations qu'il en envoyait à la cour, il vantait les conseils de l'un, la hardiesse de l'autre, chacun avait son rang dans ses discours; et parmi ce qu'il donnait à tout le monde, on ne savait où placer ce qu'il avait fait lui-même. Sans envie, sans fard, sans ostentation, tou-

ses secours pour guider mes crayons, sa modestie se refusa constamment à tous mes efforts. Turenne fut toujours le modèle qu'il m'offrit, Turenne devait, selon lui, toujours servir de guide à quiconque voudrait réunir les vertus et les talents militaires.

jours grand dans l'action et dans le repos, il parut à Rheinsberg comme à la tête des troupes. Qu'il embellît cette retraite, ou bien qu'il munît un camp au milieu du pays ennemi et qu'il fortifiât une place; qu'il marchât avec une armée parmi les périls, ou qu'il conduisît ses amis dans ses superbes allées, c'était toujours le même homme et sa gloire le suivait partout. Qu'il est beau, après les combats et le tumulte des armes, de savoir encore goûter ses vertus paisibles et cette gloire tranquille qu'on n'a point à partager avec le soldat non plus qu'avec la fortune; où tout charme et rien n'éblouit; qu'on regarde sans être ébloui ni par le son des trompettes, ni par le bruit des canons, ni par les cris des blessés, où l'homme paraît tout seul aussi grand, aussi respecté que lorsqu'il donne des ordres et que tout marche à sa parole!

Ce passage est tiré de Bossuet, oraison funèbre du grand Condé, page 468, il n'y a de changé que le mot de Rheinsberg substitué à celui de Chantilly. Rien de plus simple que ce rapprochement entre deux grands hommes. J'en appelle à ceux qui ont eu le bonheur de l'approcher, si l'on peut m'accuser de flatterie dans l'application de cette citation.

X.

MÉMOIRE

SUR LA CASTRAMÉTATION ET LA MARCHE DES ARMÉES.

LIVRE PREMIER.

Castramétation, marche des armées, ordre de bataille.

RÈGLES GÉNÉRALES.

La castramétation est un art qui apprend à mesurer et à tracer les camps, à connaître les avantages de leur situation et à remédier à leurs défauts.

Un camp est une étendue de terrain qu'occupe une

armée, et sur lequel elle est établie avec ses équipages, son artillerie, pour y séjourner.

Anciennement, les armées étaient distribuées dans les villages et habitations voisines de leur position : mais, comme il fallait les diviser en trop de petites troupes, on en a reconnu les inconvénients dans le courant d'une campagne et à portée de l'ennemi. Aujourd'hui tout le monde campe sous la tente.

Il est naturel que ces tentes soient placées d'une manière déterminée qui convienne à la commodité et à la sûreté du camp ; c'est-à-dire que les soldats puissent se rassembler promptement et se former en ordre de bataille pour combattre l'eunemi, en cas qu'il ait tenté une surprise. C'est pour cela que l'on doit camper selon l'ordre de bataille, afin que les troupes puissent plus aisément et sans désordre se former.

La bonne règle exige, dit le marquis de Santa-Crux, de camper selon l'ordre dans lequel l'on marche et de marcher selon l'ordre dans lequel l'on doit combattre ; c'est-à-dire de marcher et camper selon l'ordre de bataille.

Si l'ordre de bataille doit être conservé, à plus forte raison encore l'ensemble et l'union des corps qui composent les diverses lignes de l'armée; ils ne doivent point être séparés par des obstacles qui rendraient leurs communications difficiles et embarrassées.

Ainsi il ne faut prendre aucun camp qui soit coupé ou séparé par une grande rivière. La raison en est facile à concevoir. La portion de l'armée qui serait séparée par la rivière serait en quelque sorte à considérer comme un corps détaché, abandonné à ses propres forces. L'ennemi ne manquera jamais de profiter d'une pareille situation, qui le met à même de tomber avec toutes ses forces sur ce corps. Il est probable qu'il réussira à le battre, avant qu'il puisse être soutenu du reste de l'armée; car quel que soit le nombre des ponts qui établissent les communications intérieures, on doit sentir que les renforts d'artillerie et de troupes qui accourraient ne pourraient le faire que lentement, étant obligés de défiler sur les ponts; d'ailleurs la rupture d'un pont pourrait suspendre tout à fait l'arrivée des secours.

De petites rivières ou ruisseaux que l'on peut passer partout, sans avoir besoin de ponts, ne sont point sujets à ces inconvénients; mais il faut être bien sûr qu'ils n'enflent pas après les orages, car outre le dégât qu'ils causeraient, une partie de l'armée serait encore à la discrétion de l'ennemi.

Un camp ne doit jamais être coupé par un défilé, chemin creux ou ravin avec des bords escarpés. Dans de pareils cas, outre que la communication des quartiers serait très-difficile, l'ennemi pourrait trouver mille moyens, à la faveur du défilé, de se glisser et de s'établir entre les deux parties de l'armée et d'en prendre une à dos.

Ces mêmes règles s'étendent aux marais et prairies inondées qui ne peuvent être traversées, ainsi qu'aux bois, parce qu'ils empêchent de voir et de découvrir ce qui se passe. On doit encore éviter, autant que possible, que les armées ne soient point coupées obliquement, ou dans leur largeur par des villages et des bourgs, surtout s'ils sont forts prolongés ; car l'ennemi venant à bout d'incendier un pareil endroit, si la communication n'en est pas entièrement interrompue, elle sera rendue difficile et incommode. Au reste, le général qui conduit l'armée doit toujours déterminer la position de son camp, d'après le motif qui le décide à s'y porter. Si ces motifs sont assez impérieux pour obliger de prendre un camp dans une position où les communications n'auraient point les facilités nécessaires, c'est à l'art d'y remédier et à en aplanir les obstacles.

Par exemple, si une rivière séparait le camp, il faut à force de ponts rétablir la communication ; si l'on n'a pas assez de pontons, il faut avoir recours à d'autres bateaux et à des trains de bois flottés; ces passage doivent avoir toute la largeur et la solidité nécessaires pour que les troupes y puissent passer sur un grand front.

Les ravins, les fondrières peuvent devenir moins dangereuses en jetant dessus de grands ponts pour l'infanterie, et en rabattant les bords en talus faciles pour la cavalerie. Les prairies et marais doivent être desséchés par des saignées; et y établissant de larges digues de fascines et de pierres mêlées avec du sable, on y fera des chemins sûrs.

Quant aux bois qui se rencontreraient dans l'alignement du camp, il faudrait les percer de grandes avenues aussi larges que possible pour accélérer la marche des colonnes et en jeter les arbres vers le front de cette partie du camp, ce qui le rendrait inattaquable.

Des positions avec ces inconvénients pour les communications se rencontrent fréquemment dans les siéges[1].

Si l'armée de siége n'était pas couverte par une armée d'observation et qu'elle pût craindre une attaque de l'ennemi (outre les précautions dont nous venons de parler), pour obvier aux difficultés des communications intérieures des divers quartiers, il faudrait

1. Camp des armées alliés devant Sébastopol, en Crimée, sur le plateau de Chersonèse. (*Note de l'édit.*)

tellement fortifier le camp de la partie de l'armée qui se trouverait le moins en sûreté que l'ennemi ne pût l'attaquer avant qu'on fût en mesure de la soutenir avec des détachements du reste de l'armée. Mais si le manque de temps avait empêché de suivre ces règles dans toute leur rigueur, sur la nouvelle de la marche de l'ennemi, il faudrait retirer à soi cette partie de l'armée, et, ne laissant dans les tranchées et devant la ville que le stricte nécessaire, marcher au-devant de l'ennemi avec toutes ses forces réunies.

Un bon camp doit être assez spacieux pour que les différentes divisions qui composent l'armée puissent y rester, non simplement selon leur ordre de bataille[1], mais exécuter sans embarras ni confusion les mouvements et manœuvres que l'attaque de l'ennemi pourrait nécessiter.

1. Ceci s'entend surtout pour l'infanterie, car la cavalerie ne peut pas toujours être campée selon le tableau de l'ordre de bataille. Il faut chercher dans le camp le terrain où la cavalerie peut agir avec le plus de facilité. Si l'on est dans un pays de plaine, on peut placer la cavalerie sur les deux ailes ou sur une seule, si l'autre était suffisamment appuyée. Enfin en seconde ou troisième ligne, si les deux ailes étaient protégées par les localités et que le terrain ne lui fût pas favorable. Si dans le centre il y avait un terrain où la cavalerie pût servir utilement, il ne faudrait pas balancer à l'y placer; mais toujours cependant derrière de l'infanterie, car jamais, sans y être absolument forcé, il ne faut mettre de cavalerie en première ligne. Si le terrain du camp est très-coupé, il faut diviser la cavalerie en différents corps, que l'on place derrière l'infanterie, vers les endroits où les localités peuvent lui permettre de la soutenir convenablement.

Dans les pays de montagnes, ces règles souffrent souvent des exceptions. Les emplacements, dans ces contrées, sont souvent ou trop resserrés ou trop étendus; mais la force des localités, qui diminue et réduit à un ou deux la possibilité des points d'attaque de l'ennemi, rend ces positions assez imposantes pour que l'on ait peu à craindre de la déviation des règles prescrites.

La principale propriété d'un bon camp étant que l'armée y soit en sûreté et à l'abri de tout échec, en cas que l'ennemi tente de l'y attaquer, on doit assigner à chaque arme un terrain où elle puisse jouir du maximum de ses avantages. Mais, comme l'ennemi qui voudrait attaquer l'armée campée est libre dans ses mouvements et qu'il est certain qu'il choisira pour le point d'attaque le côté le plus faible, il faut chercher à établir sur tout le front de la position un juste équilibre de force et y faire courir l'art et la nature. Les parties les plus faibles d'une armée ou d'une position sont les flancs; rien ne doit donc être épargné pour les mettre à l'abri de toute tentative de l'ennemi. C'est pour cela qu'il faut tâcher de les appuyer à la mer, à des fleuves, des lacs, des étangs, des marais, des hauteurs garnies de batteries, des villages et bourgs fortifiés; les bois, malgré les abatis, sont les moindres de tous les appuis. Si sur le front de l'armée il y avait quelques portions du terrain trop faibles ou trop favorables à l'ennemi, il faudrait tout employer pour les fortifier et lui en ôter l'avantage. Au camp de Buntzelwitz, pris en 1761 par Sa Majesté le Roi Frédéric II, la partie située entre Jauernick et Teichenau, qui était la plus faible, fut renforcée par beaucoup de batteries [1]. On avait encore fortifié et augmenté la force des flancs dans les endroits où l'ennemi eût pu trouver facilité à les attaquer en y pratiquant de forts retranchements. On avait palissadé et fraisé celui de l'aile droite, et on y avait même disposé des fougasses. Le bois qui se trouvait en arrière de l'aile droite était rempli d'abatis, on en avait tiré un fort retranchement jusqu'au Würbenerberg, sur lequel était postée l'aile gauche couverte et défendue par le ruisseau de Schweidnitz, des fosses et des marais.

Un bon camp doit avoir de plus la propriété de ne pouvoir être tourné, c'est-à-dire que l'ennemi ne

1. C'était une plaine qui facilitait les approches de l'ennemi, et par laquelle il eût exécuté l'attaque de la position du roi, s'il eût tenté de l'y forcer.

Le roi n'ayant point assez d'infanterie pour garnir suffisamment toute cette trouée, il fallait donc y remédier par un surcroît d'artillerie. L'artillerie était placée sur une montagne rentrante. Si l'ennemi eut attaqué, il eût d'abord été exposé aux feux directs de la hauteur et aux feux croisés des batteries disposées sur les côtés de l'angle rentrant; pour surcroît de force, la plus grande partie de la cavalerie était campée en arrière.

puisse avoir la facilité de l'attaquer en même temps par le front et sur les flancs ou sur les derrières.

Il est difficile, pour ne pas dire impossible, de trouver un poste constitué de manière que l'ennemi ne puisse, s'il le veut, l'attaquer sur le derrière ou sur les flancs ; aussi, quand on dit qu'un camp ne doit pas pouvoir être tourné, c'est comme si l'on disait que sa situation doit être telle que, si l'ennemi voulait essayer de se porter sur ses derrières ou sur son flanc, il courût le danger :

1° D'être coupé de ses magasins ou d'exposer telle ou telle de ses forteresses à être investie.

2° Qu'il abandonnât, par cette marche, à vos courses et à vos contributions, une portion considérable de son pays.

3° Qu'il fût obligé de faire un mouvement hasardeux ou de vous prêter le flanc pour venir à l'exécution de son projet.

4° Enfin qu'il donnât par là occasion d'enlever ou de battre un de ses corps détachés.

Quand l'ennemi est obligé de s'exposer à de semblables dangers pour tourner votre camp, la position est bonne.

Mais, au reste, ceci ne doit proprement s'entendre que pour ces camps importants où l'on doit séjourner elque temps, et d'où l'on sait que l'ennemi ne peut point vous déloger à force ouverte, mais simplement par des manœuvres. Si l'on savait certainement que l'ennemi, forcé par des circonstances impérieuses, voulût et dût attaquer l'armée, il faudrait suivre les mêmes règles. Le général qui commande l'armée doit appuyer ses flancs de manière à ce que l'ennemi ne puisse les aborder. Il doit, de plus, être sûr qu'en cas que l'ennemi voulût l'alarmer sur son front pour détacher un gros corps sur ses derrières, celui-ci ne puisse arriver assez à temps pour favoriser l'attaque du front, ou, mieux encore, que ce détachement fût exposé, par la marche qu'il devrait faire, à pouvoir être coupé.

Les Russes furent battus auprès de Zorndorf, parce qu'ils y furent tournés par S. M. le roi Frédéric II. Le front de leur camp était couvert par la *Mielzel*, petite rivière dont les deux bords sont entourés de marais impraticables ; leur gauche était aussi couverte par un bois marécageux, mais leur flanc droit n'était pas aussi sûr. Le roi, qui avait passé l'Oder à Giestebüse, longea le front de l'armée russe et s'avança de manière à tourner son flanc droit et à l'attaquer à dos. Quelque avantageuse que pouvait être la position des Russes, en supposant que Sa Majesté eût été réduit à les attaquer par leur front, elle perdit bientôt tous les avantages par la manœuvre du roi, qui, ayant dépassé leur droite, trouva une plaine avantageuse aux mouvements de son armée[1].

L'armée autrichienne, sous le général Daun, fut également tournée (le 3 novembre 1760), dans son camp de Torgau.

Enfin, un bon camp doit être pris de manière que l'armée ait la liberté de pouvoir y manœuvrer avec commodité, et s'avancer avec célérité sur tous les rayons du pays, dont cette position est le centre.

Mais si ces mouvements ne pouvaient se faire facilement en avant ou sur les flancs, il faut au moins avoir ses derrières libres et ses communications très-assurées. On a des exemples dans l'histoire d'armées entières obligées de mettre bas les armes pour avoir négligé une précaution aussi indispensable. Les Saxons en ont donné un exemple célèbre dans la guerre de sept ans, en 1756.

Le camp de Pirna avait tout ce qui peut constituer un bon camp, si l'on entend par bon camp simplement un camp inattaquable. Son flanc droit était couvert par des défilés impraticables et défendu par la ville de Pirna et la forteresse de Sonnenstein. Le flanc

1. Le général russe ne voulut point croire le rapport d'un bas officier prussien (pris à la pointe du jour le 24 août), qui lui en dit assez sur le mouvement de l'armée prussienne pour lui découvrir le projet d'attaque du roi. Un léger changement dans la disposition de l'armée russe eût sinon déjoué le plan du roi, au moins rendu son exécution fort douteuse.

gauche s'appuyait à la forteresse de Konigstein et à de nouveaux défilés. Des défilés impossibles à passer en couvraient tout le front, et enfin l'Elbe en assurait les derrières. Ce camp, bon en tant que les Saxons supposaient devoir y être attaqués, n'était plus la même chose, s'il fallait se retirer devant un ennemi qui se contenta de les y cerner.

S. M. le roi Frédéric II, les trouvant dans cette position, les entoura avec son armée. Il se campa en personne auprès de Gross-Zedlitz, et détacha un corps de l'autre côté de l'Elbe, pour occuper les passages par où les Autrichiens auraient pu tenter de marcher au secours des Saxons. Il avait poussé en même temps un corps d'observation sous les ordres du feld-maréchal Keith, à Trinitz, en Bohême. Sa Majesté joignit ce corps vers la fin de septembre, s'avança plus loin en Bohême, vint au-devant du général Braun, qu'il rencontra à Lowositz, et qu'il battit.

Malgré cette défaite, le général Braun, dont l'armée était encore plus forte que celle du roi, tenta de venir au secours des Saxons par l'autre côté de l'Elbe. Il s'avança par Romburg, Harsbach jusqu'à Lichtenhayn, mais ayant trouvé le passage garni de troupes prussiennes, il ne put pénétrer plus loin.

Dans le temps qu'il marchait sur Lichtenhayn, les Saxons passèrent l'Elbe dans l'intention de forcer le passage. Mais les troupes prussiennes étant postées partout avec avantage, cette tentative ne put réussir, et faute de vivres, l'armée entière fut contrainte de mettre bas les armes.

Dans une des dernières guerres des Russes contre les Turcs, l'armée de ces derniers fut tellement cernée dans une position qu'elle avait prise, qu'elle fut obligée de faire la paix. L'affaire de Maxen est une nouvelle preuve du danger de se poster dans des endroits dont les communications en arrière ne sont ni libres ni praticables. Je ne veux point fatiguer le lecteur d'une foule d'autres exemples qui ne serviraient qu'à confirmer les principes precédents.

A ces observations relatives à l'emplacement et position du camp s'en joignent encore quelques autres relatives à la commodité des troupes et à la facilité des subsistances.

On ne doit pas, dans un camp, être éloigné des choses nécessaires, comme de la paille, de l'eau, du bois; surtout si l'armée doit y séjourner quelque temps. S'il y a des bourgs et villages dans le voisinage, les puits, citernes, fontaines qui y sont suffisent bien pour l'infanterie; mais pour la cavalerie c'est tout différent, comme elle ne doit pas être obligée d'aller trop loin à l'abreuvoir, il faut qu'il y ait à la proximité du camp des étangs, des ruisseaux, de petites rivières assez voisines pour que les chevaux puissent y aller sans crainte d'être inquiétés par l'ennemi, et pouvoir, en cas d'attaque, être promptement revenus.

Ceci est plus nécessaire que jamais quand on est à portée de l'ennemi, et qu'il peut sans grands détours et assez subitement vous attaquer à toutes les heures du jour[1]. Dans de pareilles situations, si la cavalerie et autres chevaux de l'armée sont obligés d'aller à un demi mille, et même au-delà pour trouver de l'eau, l'ennemi peut en profiter pour attaquer l'armée ou au moins l'alarmer par de fausses attaques, pour pouvoir pendant ce temps faire tomber un corps sur les chevaux et les enlever à leur retour.

Le camp doit être pris de manière à ce que l'armée y ait suffisamment de fourrage pendant son séjour, et ne soit pas obligée d'en sortir faute de subsistances. C'est pourquoi, quand un général a déterminé dans son plan d'opération combien il veut rester (ou sera forcé par l'ennemi de rester) dans le camp qu'il prend, il doit faire faire un relevé de la quantité de fourrages dont il aura besoin pour sa consommation pendant son séjour, et rechercher si cette quantité est à trouver dans un arrondissement qui ne soit pas assez grand pour rendre les fourragements hasardeux, incommodes et

1. Comme cela est souvent arrivé dans la guerre de 1756, par exemple, au camp de Dittmansdorff près Hochkirch.

fatiguer l'armée par de fréquents détachements pour les couvrir. — Par exemple :

Je suppose une armée de 40 bataillons d'infanterie, 90 escadrons de cavalerie, et d'une quantité d'artillerie proportionnée. Comptant 150 chevaux par bataillon, y compris ceux des pièces de ces bataillons,

j'aurai pour mes 40 bataillons. .	6000	chevaux.
par chaque escadron de cavalerie y compris les chevaux d'officiers et de bagages 180.	16200	—
Pour l'état-major, le commissariat, le quartier-général, le trésor. .	1000	—
pour l'artillerie de parc et les pontons	3000	—
et pour 10 batteries de gros calibre de position	2000	—
Total. . . .	28200	

Il faut compter par cheval 3 gerbes d'avoine ou autres grains. Dans ces sortes de calculs il vaut mieux mettre plus que moins. Ce qui fait pour le total de l'armée 82 800 gerbes par jour. Ainsi, autant de jours, autant de fois cette quantité [1].

Cette quantité de fourrage, nécessaire à la consom-

1. Une trousse ordinaire peut, l'une portant l'autre, contenir 12 gerbes ; car si les chevaux qui ont des bâts peuvent en porter 16, il en est d'autres auxquels leurs selles n'en permettent que dix.

mation de l'armée pendant son séjour, doit être trouvée dans un arrondissement de 2 lieues 1/2 à 3 lieues au plus autour du camp; et voulût-on se faire livrer ces fourrages par les villages, il faudrait que dans le même arrondissement on en trouvât le nombre requis.

Supposons que cette armée voulût rester un mois (30 jours) dans ce camp, elle aurait besoin de 2 884 000 gerbes ou 207 000 trousses ; et en admettant qu'un village pût fournir 6000 gerbes, il faudrait avoir dans les environs 51 villages. Ce nombre outrepasse, il est vrai, la quantité de trousses nécessaires, mais ce surplus est pour le gaspillage des fourrageurs et les déchets qui s'en suivent.

Ce calcul des fourrages est plus essentiel qu'on ne le pense, car souvent le mécompte force à quitter de très-bons postes, pour aller en prendre d'autres moins avantageux. L'on court alors risque que l'ennemi ne harcèle l'armée qui décampe, et ne la force d'accepter le combat dans un endroit qui lui serait désavantageux; car un général un peu entendu, prévoyant facilement quel mouvement fera son adversaire, se préparera d'avance à le suivre et à l'attaquer pendant sa marche sur le terrain qu'il aura déterminé.

Telles sont les règles générales qui doivent décider de l'emplacement des camps ; mais la guerre défensive et la guerre offensive devant nécessairement apporter quelques différences dans leur application, nous allons les envisager sous ces différents aspects.

Des qualités que doit avoir un camp dans une guerre défensive.

Les camps pour la défensive sont ceux que l'on choisit, quand on est inférieur en nombre, que l'on veut rassembler des forces dispersées ou attendre des renforts, enfin lorsque l'on veut couvrir un pays.

Par couvrir un pays, on entend prendre une position telle que l'ennemi ne puisse (ou au moins très-difficilement) entreprendre quelque chose contre les provinces situées sur les derrières ou les côtés de l'armée défensive, sans se mettre lui-même en danger.

Un général qui conduit une guerre défensive doit attentivement rechercher les positions qui offrent le plus de difficultés à l'ennemi, s'il veut pénétrer dans le pays.

Les dangers que l'ennemi peut avoir à craindre sont :

1° Lorsque par un mouvement facile il peut être coupé de ses magasins.

2° Quand ses communications peuvent être inquiétées et même entièrement interceptées.

3° De pouvoir être facilement coupé d'un de ses corps détachés.

4° Quand, par son invasion, l'ennemi découvre tellement son propre pays qu'il donne occasion d'y pénétrer, d'y faire une diversion avantageuse, et de pouvoir s'y établir.

5° Quand le pays où il veut pénétrer n'offre aucune position avantageuse à l'offensive, donne au contraire occasion de l'attaquer avec toutes les probabilités de succès.

6° Qu'en cas de défaite, il court risque d'être entièrement (ou au moins en partie) coupé de son pays, de ses magasins ou de telles ou telles de ses forteresses.

7° Enfin quand, pour exécuter son invasion, il sera obligé d'attaquer l'armée défensive dans un camp très-fort et très-avantageux pour elle, et où il aura de grandes pertes à éprouver, de grands risques à courir.

Une armée, par exemple, qui voudrait couvrir la Saxe contre la Bohême, pourrait prendre sa position dans les montagnes aux environs de *Gieszhübel*, *Maxen* ou *Frankenstein.* Par cette position, une armée qui voudrait pénétrer de la Bohême en Saxe serait exposée dans tous ses mouvements aux dangers dont nous venons de parler.

Cette armée n'a que trois débouchés pour entrer en Saxe.

Le premier est la grande route de poste de Prague

à Dresde par Nollendorff et Gieszhübel; mais l'ennemi ne s'y avancera pas : les défilés de Gieszhübel et Gottleübe une fois occupés, cette route est impraticable.

Le second chemin passe par Pesbert et Marienberg. Supposé que l'ennemi voulût exécuter son invasion de ces côtés, outre les difficultés naturelles à ces contrées, un petit corps d'observation qui y serait probablement posté pourrait lui en disputer avec avantage le terrain pied à pied.

En outre l'armée défensive n'aurait qu'à marcher droit en avant pour couper l'ennemi de ses magasins de *Leutmeritz* et *Buddin*, se rendre maîtresse de l'Elbe, sans courir risque d'être coupée ou inquiétée sur ses derrières.

Si le général ennemi, prévoyant ce mouvement, voulait y mettre obstacle, il faudrait qu'il laissât un corps détaché à Aussig ou dans les environs. Mais ce corps pourrait-il résister à toute l'armée qui viendrait de la Saxe? Selon toutes les probabilités, il serait battu et dispersé, à moins que le général, renonçant pour le moments à ses projets offensifs, ne revînt sur ses pas pour chercher l'armée de Saxe, à son entrée en Bohême, et lui livrer bataille. Mais cette armée pourrait avoir pris une telle position qu'un engagement ne fût ni facile ni prudent.

Enfin le troisième débouché, par où une armée ennemie pourrait vouloir entrer de Bohême en Saxe, serait du côté d'*Elger* (Egra) par *Reichenbach* et *Zwickau*. Cette route, qui traverse une chaîne de hautes montagne, offre des défilés très-difficiles. Si malgré ces inconvénients l'ennemi voulait entreprendre de ce côté une invasion, elle ne pourrait être tentée que de ces deux manières. Ou demeurant avec le gros de l'armée dans les environs d'*Aussig* et de *Leutmeritz* (pour couvrir la Bohême), il détacherait un gros corps vers le Voigland ; ou bien, laissant un corps dans les montagnes, il s'avancerait avec le gros de l'armée vers le Voigtland.

Dans le premier cas l'armée chargée de couvrir et de défendre la Saxe peut détacher facilement un corps vers le Voigtland, pour s'y opposer à l'entrée de l'ennemi. Outre qu'il peut toujours y prévenir l'ennemi, il trouve dans les environs de Reichenbach ou de Plauen de très-bonnes positions qui déjoueront le projet de l'invasion.

D'ailleurs l'ennemi, affaibli par le détachement qu'il a fait, peut donner occasion à l'armée qui couvre la Saxe de passer de la défensive à l'offensive. Supposons que l'armée défensive aperçoive un moment avantageux, qu'elle attaque l'ennemi et ait le bonheur de le battre, il faut que celui-ci se replie au-delà de l'Eger, abondonnant toute la partie de la Bohême en avant de ce fleuve.

Avant la construction de *Theresienstadt*, les Autrichiens, une fois battus sur leurs frontières, ne pouvaient se maintenir avant d'avoir gagné Prague, surtout devant un ennemi actif et sachant profiter de sa victoire. Mais cette nouvelle forteresse rend la défensive de l'Eger facile et avantageuse à l'armée autrichienne, et lui permet de disputer le terrain jusqu'à Prague qui se trouve couvert en quelque sorte par cette place. Car il faudrait se rendre maître de Theresienstadt pour pouvoir d'une manière solide s'avancer de ce côté dans l'intérieur de la Bohême.

Il est impossible de présumer que l'ennemi, laissant un petit corps pour couvrir la Bohême, s'avance avec toute l'armée par le Voigtland. Ce mouvement serait trop hasardeux; car l'armée de Saxe pourrait facilement battre ce corps, le forcer à repasser l'Eger, s'emparer des magasins en avant de cette rivière et de tout ce pays, très-favorable pour cantonner l'armée. De ces quartiers on se préparerait à l'ouverture de la campagne suivante, dont les premières opérations seraient le passage de l'Eger et l'investissement de Theresienstadt ; ou bien l'armée chargée de couvrir la Saxe, laissant simplement un corps dans les défilés de Gieszhübel, s'avancerait vers le Voigtland, où elle pourra toujours prévenir l'ennemi, n'ayant à parcourir que la corde de l'arc que celui-ci doit décrire.

L'exemple d'un second camp défensif, remplissant tous les objets que nous avons indiqué, est celui de Neustadt en Haute-Silésie. Ce camp couvre toute la Haute-Silésie contre une armée qui voudrait de la Moravie y faire une invasion.

La seule route qui soit praticable pour une armée venant de la Moravie va d'Olmutz sur la ville de Sternberg, où elle se partage en deux parties, dont l'une conduit par Hof à Troppau, Jagerndorff, dans la Silésie Autrichienne; et l'autre par Friedland, Wurbenthal, Zuckmantel, Ziegenhals, à Neiss. Ces deux routes, et principalement la dernière, pouvant être regardée comme une suite continuelle de défilés très-obstaculeux, peuvent être facilement défendues par un petit nombre de troupes qui sauront s'y poster.

Si les Autrichiens marchent sur Neiss, l'armée de Neustadt peut se porter sur Ziegenhals et Zuckmantel, y prendre un bon camp; alors l'armée autrichienne aura ses communications entièrement coupées d'avec Olmutz et ses magasins de Moravie; ou bien l'armée prussienne, restant dans le camp de Neustadt, peut du comté de Glatz par Habelschwerd faire avancer un corps sur Alstadt, Schomberg, qui, opérant sur les communications des Autrichiens, les forcerait à se replier; l'armée de Neustadt pourrait en profiter pour attaquer pendant la retraite.

Si l'ennemi voulait marcher sur Cosel, l'armée de Neustadt n'a besoin que de se porter entre Troppau et Jagerndorff et l'ennemi est de nouveau coupé d'avec la Moravie [1]. Il ne reste donc aux ennemis que d'attaquer l'armée dans son camp. Mais comme il est à présumer que l'art et la nature auront été mis à contribution pour le rendre très-fort, l'ennemi se désis-

1. Les Autrichiens, au contraire, ne peuvent prendre aucune position centrale qui puissent empêcher les Prussiens d'entrer en Moravie par les trois chemins de Zuckmantel, de Troppau, du comté de Glatz par Habelschwerdt, et de réunir avec facilité leurs trois colonnes en Moravie. Car Olmutz, trop retiré dans l'intérieur du pays pour pouvoir couvrir et défendre les avenues et chemins qui conduisent de la Silésie en Moravie, laisse cette province ouverte jusque sous ses murs. Les Autrichiens, comme le remarque Lloyd, ne pourraient sans imprudence envoyer un corps se poster dans les montagnes qui séparent les deux provinces, il y serait très-exposé, sans remplir son but. Le seul moyen de couvrir cette partie de la Moravie, entre les frontières et Olmutz, serait de bâtir une forteresse, soit dans le voisinage d'Alstadt, soit entre Freudenthal et Zuckmantel, soit enfin entre Jagerndorff et Johannisthal; placée dans le premier endroit, cette place servirait à donner de la jalousie à Glatz, et à Neiss, à faciliter aux Autrichiens l'envoi de partis en Silésie, et rendre invraisemblable toutes tentatives d'invasion de la part des Prussiens, car elles ne mèneraient à aucun résultat avant d'avoir pris la nouvelle place; la deuxième et troisième position indiquée empêcherait bien les Prussiens de s'établir en Moravie, avant d'avoir pris la place qui y serait construite, mais le siége en serait d'autant plus facile qu'avec un corps de troupes détaché de la Haute-Silésie et du comté de Glatz on pourrait aisément s'emparer des défilés qui se trouvent entre ces emplacements et le reste de la Moravie, et rendre conséquemment l'arrivée des secours impossible.

tera probablement de son entreprise, ou bien, s'il y persiste, et qu'il soit battu, il donne par là occasion à l'armée d'entrer en Moravie en le poursuivant.

Si l'armée campée à Neustadt est battue, elle peut dans tous les cas se replier sur Neiss ou Cosel, ou bien prendre un nouveau camp entre ces deux places et s'opposer à toute invasion ultérieure de l'ennemi, sur lequel, par le comté de Glatz, on peut toujours tenter quelques diversions. Si elles sont heureuses, les conséquences peuvent lui en être très-funestes, au moins l'empêcher de profiter de ses succès.

Un camp pris dans les montagnes de la Silésie, entre Schomberg et Liebau (en avant de Landshut), couvre cette province contre une armée qui voudrait de la Bohême y faire une invasion. Du cercle de Königingratz il y a deux routes qui conduisent en Silésie. La première par Trautenau sur Landshut, Schweidnitz, Jauer. Cette route est une suite de défilés perpétuels. D'ailleurs, du camp près de Landshut, les Prussiens, par un très-petit mouvement vers Friedland (sur leur gauche), en rendront l'usage impraticable. Sur leur droite ils peuvent placer des corps à Schmiedberg, Hirschberg, ou environs, alors les Autrichiens ne peuvent pénétrer d'aucuns côtés, sans courir risque d'être coupés de leurs magasins. Sur quelques points qu'ils veuillent se porter, l'armée défensive peut y être avant eux.

Mais si, renonçant à l'invasion de ce côté, ils font un mouvement par leur gauche, pour gagner la Haute-Lusace et de là entrer en Silésie ; les corps détachés à Schmiedberg et Hirschberg se portent à l'instant à Lowenberg, y prennent un bon camp, et on les renforce avec une bonne partie de l'armée défensive, dont le reste peut tenter une expédition sur les magasins ennemis en Bohême.

De justes craintes pour leurs communications arrêteront sûrement de pareils projets de la part des Autrichiens.

La proximité de Schweidnitz rend cette place la place d'armes et l'entrepôt de l'armée, qui doit couvrir cette partie de la frontière. Comme ces montagnes sont pleines de villages, on peut y mettre avec sûreté l'armée en cantonnement, pourvu que l'on ait soin de garnir et garder les défilés qui les séparent de la Bohême ; ce qui est d'autant plus aisé qu'ils se trouve sur le territoire prussien.

Il y a encore une autre route, qui du cercle de Königingratz conduit par Neustadt, Nachod dans le comté de Glatz. Cette route aussi difficile que les autres est un enchaînement de défilés (surtout vers les frontières prussiennes). Ce qui l'interdit presqu'absolument à une armée autrichienne, surtout si à ces obstacles naturels on ajoute la moindre disposition défensive.

Tant que les passages seront bien gardés, les Autrichiens ne peuvent penser à pénétrer dans le comté de Glatz; supposant même qu'ils les forcent, ils trouveront des pays difficiles ou même impossibles pour les subsistances, et le siége de Glatz doit être leur première opération; opération d'autant plus sérieuse, que la nature a concouru avec l'art pour fortifier cette place, qui peut être abandonnée à ses propres forces et ne pourra guère être prise tant qu'il restera un corps de troupes dans la province.

Les Prussiens au contraire ont tous les avantages pour pénétrer en Bohême[1]. Les Autrichiens n'ont aucune position pour arrêter les Prussiens à la sortie des débouchés et des défilés: ils doivent se replier soit sous Konigingratz, soit derrière l'Elbe entre Konigingratz et Konigshoff. Cette très-forte position empêche, il est vrai, l'armée prussienne, d'aller plus

1. Comme les montagnes s'élèvent en amphithéâtre depuis la Bohême jusque dans le comté de Glatz, il est aisé de remarquer qu'elles donnent aux Prussiens plus de facilités pour descendre en Bohême, qu'aux Autrichiens pour monter en Silésie. Outre cet avantage du terrain, la proximité de Glatz assure aux Prussiens la facilité et la promptitude des convois, et leur offre une retraite en cas d'échecs ou de mouvements rétrogrades vis-à-vis de forces supérieures.

loin[1]; mais toute cette partie de la Bohême (pays aussi riche qu'abondant) qui se trouve en avant de ce camp est abandonnée à la merci des Prussiens, qui peuvent y subsister assez longtemps.

Les exemples précédents suffiront pour faire connaître les propriétés d'un bon camp défensif et en établir la juste définition. Une position, pour couvrir une province, défendre un pays, sera bonne, quand sa situation sera telle que l'armée, qui y est campée, pourra, par des mouvements faciles et des marches courtes, prévenir l'ennemi sur tous les points sur lesquels il pourrait se porter; conséquemment quand l'ennemi sera obligé de décrire l'arc dont l'armée défensive n'a besoin que de suivre la corde.

Camp dans la guerre offensive.

Dans une guerre offensive, le but où doit tendre le général est de faire quitter (soit par force, soit par adresse) la position défensive qu'a prise l'armée qui lui est opposée, pour en recevoir la facilité d'entrer dans le pays de l'ennemi, de s'emparer de ses maga-

1. La construction des deux forteresses qui couvrent la Bohême de ce côté semble interdire aux Prussiens tout mouvement en avant, sans préalablement avoir pris une de ces places, bloqué ou investi l'autre. Il est aisé de s'apercevoir combien les combinaisons d'un plan offensif de la part des Prussiens sont changées depuis l'établissement de ces forteresses.

sins, de ses places fortes, de ses provinces et de s'y maintenir. Les camps qu'il doit prendre doivent donc être relatifs à cet objet.

Voici les principales propriétés qu'ils doivent avoir.

1° On doit pouvoir en sortir pour marcher sur toutes les directions, sans prêter le flanc à l'ennemi, et lui laisser cet immense avantage, soit pour vous attaquer, soit pour vous harceler pendant la marche.

2° Ils doivent être situés de manière à forcer l'ennemi d'abandonner ses positions les plus avantageuses. On obtient communément cet avantage en cherchant à se camper sur un des flancs de l'ennemi[1]. Par là l'ennemi court ordinairement le danger d'être coupé de ses magasins, de ses places, ou de ses corps détachés, sans qu'on ait à craindre pour ses propres communications.

3° Ils doivent être tels qu'on en puisse faire partir plusieurs détachements, qui inquiètent les communications de l'ennemi, rendent l'arrivée de ses convois incertaine, empêchent ses fourrages, menacent une forteresse d'investissement, mettent le pays à contribution, sans qu'ils courent le risque d'être attaqués avec désavantage; et si cela arrivait, la position du

1. Sur celui qui est le plus favorable à l'exécution des projets ultérieurs d'offensive.

camp doit être telle que ces détachements puissent bientôt être soutenus du corps d'armée ou puissent se replier sur lui sans pertes ni dangers. Voici un exemple tiré de l'histoire de la Guerre de sept ans.

Dans l'année 1762, lorsque les Autrichiens étaient maîtres de Schweidnitz, le général Daun était campé avec son armée sur les hauteurs de Kunzendorff, d'où il couvrait cette forteresse et empêchait les Prussiens d'en entreprendre le siége. Frédéric II devait donc ouvrir la campagne par contraindre les Autrichiens à quitter cette position.

Sa Majesté, étant alors alliée des Russes, se fit joindre par leurs troupes, commandées par le comte Czernicheff, et vint se camper à Bunzelwitz[1].

Pour forcer le général Daun à quitter sa position et à abandonner Schweidnitz, il fallait lui faire craindre d'être coupé de la Bohême et surtout du comté de Glatz, dont il tirait ses subsistances. Dans ce dessein, le roi détacha le général Neuwied pour se porter par Freybourg sur le flanc gauche du général Daun et s'emparer des routes qui, par Landshut et Liebau, conduisent en Bohême. Pour être à portée de soutenir ce détachement, Sa Majesté, avec son aile droite (composée de Russes) s'avança par Freybourg dans les

1. Dans le même camp où il s'était maintenu l'année d'auparavant contre les armées russes et autrichiennes.

montagnes jusque dans les environs de Reichenau et Baumgarten.

Le général Daun, pour couvrir son flanc gauche, avait posté le général Brentano à Adelsbach. Le roi le fit attaquer par le général Neuwied, et quoique les Autrichiens se maintinrent dans leur poste, le camp ennemi n'en fut pas moins tourné, le général Neuwied put entrer en Bohême et en couper les communications avec l'armée de Daun.

Le général Daun fut donc contraint de changer sa position; il plaça son aile droite sur les hauteurs de Burckersdorff et sa gauche dans les environs de Tannhausen. Le général Brentano se retira, et le roi prit un camp, la droite au village de Seitendorff et la gauche sur le terrain entre Bogendorff et Kunzendorff; mais le général Daun conservait toujours ses communications avec Schweidnitz, qui restait sur son flanc droit. Pour les lui couper, Sa Majesté fit venir le général Neuwied pour se poster entre Schweidnitz et Reichenbach.

Aussitôt qu'il y fut arrivé, le roi, avec deux brigades d'infanterie, vint se camper entre Schweidnitz et Burckersdorff, dans les environs de Pohlnische Weistritz. Le lendemain il fit auprès Burckersdorff une attaque combinée avec avec le général Neuwied qui, dans le même temps, attaqua l'ennemi sur ses derrières auprès deLeutmansdorff. Ces deux attaques réussirent, et le général Daun fut obligé de se replier sur les Eulengebirge, pour n'être point coupé de Glatz.

Dès lors le roi fut le maître d'investir Schweidnitz et d'en commencer le siége. Mais la proximité de l'ennemi forçant de redoubler de soins pour couvrir et assurer cette entreprise, Sa Majesté prit son quartier général à Peterswald et étendit son armée dans les montagnes jusqu'à Hohengiersdorff. La plus grande partie de la cavalerie campa dans la plaine auprès de Reichenbach. Le duc de Bevern fut posté avec un corps sur le Fischerberg (de l'autre côté de Reichenbach), tant pour couvrir le flanc gauche de l'armée du roi que pour couper à l'ennemi toutes communications avec Schweidnitz.

Mais au reste, comme chaque ennemi peut passer de la défensive à l'offensive quand il y trouve son avantage, il ne faut pas, dans une guerre offensive, perdre de vue les règles indiquées pour déterminer le choix de bons camps défensifs. On a souvent vu des généraux battus pour n'y avoir pas assez fait d'attention.

Ces règles sont d'autant plus nécessaires à suivre qu'on est plus à portée de l'ennemi et qu'on ne peut pas avancer plus loin sans l'avoir préalablement battu[1]

1. Que de malheurs eussent été évités si Frédéric II eût pris son camp de Hochkirch avec plus de précaution. Ce camp était

ou forcé par des mouvements habiles à quitter sa position. C'est là où le général doit redoubler de soins; il ne faut rien hasarder, ne point faire de détachement qui ne soit suffisamment soutenu et appuyé, en un mot tous les mouvements doivent être combinés de manière à former une chaîne dont chaque chaînon s'appuie, se soutienne et concoure au grand but.

Tracé du camp.

Pour tracer un camp, il faut d'abord connaître exactement le nombre des bataillons et des escadrons qui composent l'armée qui doit y entrer. Alors ceux qui sont chargés de tracer le camp dans l'endroit déterminé par le général doivent d'abord reconnaître si le terrain est suffisant pour contenir ce nombre de bataillons et d'escadrons.

Si le général n'a rien prescrit ni déterminé de particulier, mais que, s'étant contenté d'indiquer l'endroit où il veut avoir son camp, il ait laissé aux chefs de l'état-major le choix de l'emplacement, il faut prendre ses mesures de manière que l'infanterie de la première ligne puisse camper sur une ligne non interrompue, que la seconde ligne ne soit pas trop éloignée ni séparée par des obstacles qui en rendraient les mouve-

tel, que le maréchal Keith disait : « que même en peinture il n'en avait pas vu de pareil. »

ments et lents et difficiles. La cavalerie trouve alors communément sa place soit sur les ailes de la seconde ligne, soit même en troisième ligne ; on doit simplement faire attention à lui assigner un terrain sec et uni, le moins éloigné possible des endroits où elle doit mener ses chevaux à l'abreuvoir.

Quelque avantageuse que puisse être une position en elle-même, il faut savoir, avant de l'occuper, si son développement est proportionné au nombre de troupes que l'on veut y placer. Rien de plus simple que les calculs à faire.

L'infanterie, ou pour mieux dire la première ligne, doit toujours pouvoir camper commodément entre les points auxquels seront appuyés les flancs du camp. Multipliant l'espace nécessaire au campement d'un bataillon par le nombre de bataillons qui composent la première ligne de l'armée, on saura l'étendue nécessaire au front de tout le camp. Si de la cavalerie devait venir sur les ailes de la première ligne, multipliant l'espace de terrain qu'occupe un escadron par le nombre des escadrons destinés à cette première ligne et l'ajoutant à la quantité déjà trouvée par l'infanterie, on sera à même de juger si le terrain peut contenir l'armée.

Le front d'un bataillon est proportionné à sa force, qui n'est pas égale chez toutes les nations. Cependant le calcul de sa mesure est facile à généraliser en déterminant l'étendue qu'une file occupe. Cette étendue, qui est partout la même, est d'un pas, qui, multiplié par le nombre de files composant le bataiilon, donne l'étendue de son front.

Quant au front d'un escadron, calculant un pas et demi par files, on le trouvera par le même calcul ; et, y ajoutant 20 pas pour la largeur des rues de chaque bataillon ou escadron, on aura facilement le total du front.

Supposons un bataillon de 225 files, il a besoin de 225 pas de front dans le camp, plus 20 pour l'intervalle, total 273 pas.

Un escadron de 144 hommes, sur 3 hommes de hauteur, à 1 pas et demi par file, donne 72 pas pour son front. Si la cavalerie était sur 2 de hauteur (comme cela arrive presque toujours), son front augmentera de tout le troisième rang, divisé par 2. Ainsi un escadron de 144 hommes aurait alors besoin de 108 pas.

Supposant la première ligne de 20 bataillons d'infanterie et de 40 escadrons, elle a besoin de 5500 pas pour l'infanterie. Les 40 escadrons, s'ils sont sur 3 de hauteur, prennent 2880 pas (ou 4320, s'ils ne sont que sur 2), ce qui, ajouté aux 5500 pas de l'infanterie, donnera le front de bandière du camp.

A la rigueur, une armée pourrait ne pas tenir plus de place au camp que sous les armes. Il peut même se trouver telle circonstance où cette réduction soit utile ou nécessaire. Alors on ne compte que 2 pas par 3 files; dans ce cas, un bataillon de 255 files n'a besoin que de 170 pas, y ajoutant 16 pas d'intervalle pour 2 canons de bataillon, on aura pour total du front 186 pas. Ainsi l'emplacement du camp de 20 bataillons ne comporterait plus que 3720 pas.

La cavalerie ne prend guère moins de place en bataille qu'au camp, cependant on pourrait se restreindre à 5 pas par 4 files. A ce compte, chaque escadron de 48 files tiendrait 60 pas, et 40 escadrons 2400 pas. Si les escadrons étaient sur 2 de hauteur, 40 escadrons prendraient alors moitié en sus, ou 3600 pas.

Quelque avantageuse que puisse être une réduction de front pour pouvoir occuper un camp important dans une position resserrée, il ne serait pas prudent de passer les bornes que nous venons d'indiquer, les troupes n'auraient plus alors assez de place pour se mettre commodément en bataille, et seraient gênées dans les mouvements nécessités par les circonstances.

Pour savoir combien de bataillons peuvent camper sur une place donnée, il suffit de connaître l'étendue qui se trouve entre les deux appuis des ailes, et de la diviser ou par 255 ou par 186.

Supposons, par exemple, qu'une armée doive camper entre le village A et la montagne B (Fig. I, pl. I). D'après l'ordre de bataille, il y a 30 bataillons et 70 escadrons en première ligne; 25 bataillons et 50 escadrons en seconde; 10 bataillons et 15 escadrons au corps de réserve.

On parcourt ou l'on mesure, sur l'échelle de sa carte, l'espace qui se trouve entre A et B, et, le divisant par celui du front d'un bataillon, on voit tout de suite s'il y a de la place, pour que la première ligne campe selon le tableau de l'ordre de bataille. L'éloignement de A à B est de 8000 pas, qui, divisés par 186 (le plus petit espace possible qu'un bataillon peut prendre dans le camp), donne la place pour 34 bataillons. Ainsi la première ligne ne peut pas y camper selon l'ordre de bataille, car il n'y a de place que pour l'infanterie et environ 36 escadrons.

Mais si, par des raisons déterminantes (qui appartiennent à l'exécution du plan de la campagne), le général devait garder ce camp, dont les flancs sont bien appuyés et le front bien couvert; il y a diverses manières d'y remédier. On peut ôter toute la cavalerie de la première ligne et la camper en seconde ou troisième ligne, ou bien, ne laissant sur les ailes de la première ligne que la cavalerie qui y a place, l'on transporte le reste en seconde ou troisième ligne.

Si l'infanterie de la première ligne n'avait pas suffisamment d'espace, on la fait camper en lignes redoublées; ou mieux encore on établit en potence, sur une des ailes, ce qui n'a pu entrer en ligne. Cette méthode est très-avantageuse, on l'emploie fréquemment dans les pays de montagnes et sur des emplacements qui, quoique resserrés, n'en sont pas moins importants à occuper.

Les cartes des pays et des provinces où l'on fait la guerre suffisent, lors de la formation du plan de campagne, pour marquer d'avance les camps que l'on veut et doit prendre d'après ses desseins. Mais cependant il ne faut pas s'y fier absolument et s'en rapporter à elles ; car les meilleures cartes, les plus soignées, ont très-souvent des erreurs qui donnent à toute la contrée un tout autre aspect. C'est pourquoi, avant qu'une armée quitte son camp, les officiers chargés du tracé du nouveau camp, vont (souvent la veille) reconnaître le terrain où l'armée doit venir camper, pour en faire rapport aux généraux. C'est ordinairement le quartier-maître général avec ses adjudants, ou le maréchal-général-des-logis avec ses adjoints, qui a cette commission. Il détermine les endroits où doivent s'appuyer les ailes, et n'oublie pas de profiter de tout ce que les localités offrent d'avantageux pour en augmenter la sûreté ; il partage tout le front selon l'emplacement que les brigades doivent y avoir; les officiers et sous-officiers du campement ont soin de tout ce qui regarde le campement de chaque bataillon ou régiment.

Quant aux détails intérieurs du campement, il est réglé dans chaque service par les ordonnances qui y sont particulières. Mais en général il n'y a que deux manières de camper, avec des rues et intervalles de compagnies, ou en ordre de bataille. Dans ce dernier cas, les intervalles par compagnies disparaissent, les tentes sont placées sur deux ou trois rangs, et on laisse simplement entre chaque bataillon un petit intervalle.

Cette manière de camper date de la guerre de 1756, les marches longues et rapides que l'on y fit en furent l'origine. Souvent, dans le courant de cette guerre, on levait le camp, sans avoir pu prendre d'avance où l'on irait établir le nouveau, cela dépendant des mouvements de l'armée ennemie qui, à de très-petites distances côtoyait l'armée en marche. Quand il fallait dresser le camp, on n'avait pas le temps de le dresser dans les règles, chaque régiment ayant avec lui ses chevaux de bât chargés de ses tentes; la manière la plus simple et la plus prompte de camper était de faire tendre les tentes à chaque régiment sur l'emplacement où il se trouvait, les alignant autant que le terrain pouvait le permettre [1].

Cette manière est bonne quand on est assez à portée de l'ennemi pour craindre une attaque de nuit. Le soldat ayant ses armes avec lui dans les tentes, n'a qu'à sortir pour se trouver en ordre. Dans un instant le bataillon est formé, et ainsi de suite la ligne.

Les armées traînent actuellement à leur suite une si grande quantité d'artillerie, qu'elle nécessite un nombre immense de voitures et chariots pour le transport de ses munitions. On en forme des batteries de dix pièces (plus ou moins, selon le règlement et l'ordonnance de chaque nation), que l'on attache, avec les chariots nécessaires à leur service, à chaque brigade d'infanterie. Les batteries d'obusiers se placent ordinairement sur les deux ailes, soit comme à l'endroit le plus faible, soit aussi parce que c'est par un de ces endroits que commencent toujours les attaques dans les batailles.

Les voitures de toutes espèces nécessaires à l'artillerie et aux munitions forment ensemble ce que l'on appelle le parc d'artillerie, que l'on place ordinairement

1. Quand les tentes d'un bataillon sont tendues sur trois rangs, elles occupent la longueur du front du bataillon sous les armes.

vers le centre de l'armée (soit dans la seconde ligne, soit derrière), dans un endroit uni et découvert. S'il y a du canon à ce parc, ce qui arrive quand l'armée est suivie d'un attirail de siége, il est placé en première ligne, et les voitures sont rangées derrière, sur plus ou moins de rangs, suivant la largeur du front du parc. Pour savoir l'espace nécessaire au parc, il faut connaître d'abord le nombre des chariots qui le composent, et sur combien de lignes on veut les placer. Pour chaque voiture, de milieu à milieu, on compte 7 pas, et en profondeur (le canon excepté), de 16 à 20 pas. Il faut encore ajouter le terrain nécessaire pour camper à droite et à gauche, sur les deux ailes, les artilleurs et travailleurs qui y appartiennent. Les chevaux sont placés au piquet derrière ces camps. On assigne l'emplacement des forges sur les deux ailes à une distance suffisante pour n'avoir rien à craindre du feu.

Quoiqu'il soit bien de mettre le parc d'artillerie ensemble, il semble cependant qu'à cause du danger général qu'entraînerait le moindre accident, il serait plus convenable de le diviser en trois parties, d'en placer une au centre et les deux autres sur chaque aile, en arrière de l'armée.

Quand on doit prendre un camp dans un pays de montagnes, il ne faut pas compter le nombre de pas dont on a besoin entre les deux appuis des ailes, en descendant les vallées et montant les hauteurs. Car, quoique (Fig. 2. Pl. I) la ligne A C B, qui suit l'élévation de la montagne, soit beaucoup plus grande que la ligne A B tirée à l'horizon, il ne peut cependant pas y avoir plus de troupes ni plus de tentes sur l'une que sur l'autre. Aussi, dans un pays de montagnes, quand on connaît la distance d'un lieu à un autre, il faut toujours en soustraire un quart, et même quelquefois un tiers du nombre de pas connus, avant de calculer l'espace dont on a besoin pour son camp. Le plus ou le moins d'escarpement de la contrée indique lequel des deux nombres l'on doit retrancher.

Manière d'appuyer les flancs.

RÈGLES ET PRÉCAUTIONS À PRENDRE.

Un flanc est couvert ou bien appuyé, quand il est impossible à l'ennemi de pouvoir l'attaquer, ou que cela est si difficile que, même en y sacrifiant beaucoup de troupes, il ne peut avoir un certain espoir de réussite. Si les localités n'offraient point cet appui, il resterait toujours la ressource de l'art pour venir au secours des parties faibles.

Des rivières que l'ennemi ne saurait passer, des lacs, des étangs, des marais d'une certaine étendue; des montagnes entremêlées de vallées ou vallons, surtout lorsqu'elles sont fort escarpées, de longs villages ou bourgs (mais surtout ceux traversés par de petites rivières ou gros ruisseaux, entourés de lacs, de prairies marécageuses ou situés au pied d'une hauteur, d'où ils sont dominés et peuvent être balayés avec de l'artillerie), des villes, des forteresses, des bois même (quand ils sont épais), voilà toutes les localités que l'on peut employer utilement à couvrir et appuyer les flancs. Examinons chacun de ces appuis en lui-même.

Les rivières dont on peut se servir pour couvrir les flancs d'un camp doivent être assez profondes pour que l'ennemi ne puisse les passer à gué ou à la nage. Si elles avaient des gués, il faudrait les gâter. S'il se trouvait un pont dans l'endroit où l'on doit appuyer son aile, il faut le détruire sans balancer; surtout si l'ennemi est maître du pays situé au-delà de la rivière [1]. Mais, comme il peut être utile de conserver le pont pour se garder des débouchés ou des communications avec la rive opposée, il faut alors fortifier l'extrémité du pont qui aboutit du côté de l'ennemi, de manière à ce que quelques bataillons puissent facilement s'y soutenir contre des forces très-supérieures.

1. On doit au moins avoir tout préparé, soit pour brûler, soi pour faire sauter le pont à la moindre tentative que voudrait faire l'ennemi pour s'en approcher.

Lorsqu'en 1778 S. A. R. le prince Henri campait auprès de Tschiskowitz, son flanc gauche était couvert par l'Elbe, son front par l'Eger. A Leutmeritz, il y avait un pont sur l'Elbe, dont l'extrémité vers le camp était défendue par une tête de pont fortifiée avec soin. Si les Autrichiens se fussent rendu maître du pont, alors ils pouvaient facilement traverser l'Elbe, et se former sur le flanc gauche de l'armée prussienne. Le pont ne pouvait se défendre, étant plongé de la ville de Leutmeritz, dominée elle-même des hauteurs environnantes, de manière à ne pouvoir jamais être un poste tenable. La prudence exigeant de détruire tout passage de ce côté, on brûla le pont.

Quand on appuie son flanc à une rivière, il faut en rester assez éloigné pour n'être pas exposé au feu des batteries que l'ennemi pourrait dresser sur l'autre bord; si l'on n'avait pas cette attention, il n'y a pas de doute que l'ennemi n'en profitât pour vous alarmer sans relâche, ce qui aurait les deux grands inconvénients suivants. D'abord l'armée serait fatiguée inutilement et perdrait de braves gens. En second lieu, à force d'être alarmée, l'armée s'habituerait à tout regarder comme de fausses attaques. Comme on ne lui ferait point prendre les armes pour une simple canonnade, les troupes deviendraient négligentes, et seraient moins alertes. Un ennemi actif s'en apercevrait bientôt, et, attaquant vigoureusement à la première occasion, il pourrait surprendre l'armée. L'histoire offre plus d'un exemple de pareils événements.

Au reste, il est impossible de rien déterminer précisément sur le plus ou le moins d'éloignement où l'on doit se tenir; les localités peuvent et doivent seules servir de règles. Si la rive en deçà était plus élevée que la rive au-delà, à proportion qu'elle la dominerait davantage, on pourrait s'approcher de la rivière; mais si c'était le contraire, il faudrait s'en éloigner dans la même proportion.

Il y a quelquefois de petits ruisseaux qui, quoique peu larges, n'en sont pas moins propres que de grands fleuves à couvrir les flancs et à bien les appuyer; pour cet effet, ils doivent avoir des bords escarpés garnis d'arbres ou broussailles épaisses, ou bien couler à travers des marais. Car, quand bien même l'ennemi parviendrait à les passer en quelques endroits avec son infanterie, il ne peut penser à se faire appuyer ni par son artillerie ni par sa cavalerie. Si, quand il voudra commencer à former ses lignes, on l'attaque vigoureusement, on le repoussera indubitablement. Le flanc droit du camp de Bunzelwitz n'était couvert que par un gros ruisseau qui avait les propriétés dont nous avons parlé.

De grands lacs ou étangs, de larges marais qui se prolongent, sont de très-bons appuis pour couvrir ses flancs; mais ils doivent être tels que, dans la chaleur, ils ne dessèchent ou ne diminuent pas au point de pouvoir y passer avec de l'infanterie.

Il faut aussi rechercher scrupuleusement si les marais ne sont pas praticables, car si, à une petite profondeur, il se trouvait un fond solide, l'ennemi ne manquerait sûrement pas d'en profiter pour les traverser. Si l'on avait mis une trop grande confiance dans de pareils marais, et que, trompé par la croyance qu'ils sont impraticables, on oubliait de couvrir suffisamment ou de renforcer ses flancs par d'autres moyens, cette négligence pourrait souvent entraîner la perte de toute la position. Telle fut la cause de la perte de la bataille de Malplaquet pour les Français en 1709. Leur droite était appuyée à un marais qu'ils croyaient impraticable; après bien des attaques infructueuses, les alliés reconnurent que ce marais était praticable, le prince de Dessau le traversa à la tête de l'infanterie brandebourgeoise, se porta rapidement sur le flanc de l'armée française, et lui arracha ainsi la victoire.

Des villes, des bourgs et des villages sont ce que l'on emploie le plus ordinairement pour appuyer les flancs des positions et des camps. Ce soutien est d'autant meilleur que la situation du lieu et sa manière d'être bâti offrent plus de facilités, soit pour le défendre, soit pour le retrancher.

On peut alors les garnir et les faire occuper par les troupes légères qui peuvent s'y maintenir. On peut même les fortifier, pour en rendre l'attaque plus difficile ; mais on doit alors avoir la précaution de ne point en placer le camp trop près, car communément l'ennemi finissant par trouver moyen d'y mettre le feu, la flamme et surtout la fumée seraient des inconvénients dangereux pour les troupes qui en seraient trop à portée. De pareils postes sont toujours des moyens très-avantageux de couvrir ses flancs, car quand même l'ennemi finirait par s'en rendre maître, son attaque lui a pris du temps et l'a suffisamment arrêté pour donner la possibilité de l'attaquer avec quelque espoir de succès.

Les hauteurs et les montagnes, soit saillantes, soit rentrantes, qui dominent les contrées environnantes, peuvent être employées très-avantageusement pour appuyer ses flancs, les coteaux à vignes sont également favorables.

Les bois, quand ils sont épais (et surtout quand ils sont remplis de parties marécageuses) sont aussi de très-bons appuis. Mais il ne faut pas se poster trop près, ce serait s'exposer à quelque surprise ou attaque imprévue, l'ennemi pouvant trouver des facilités d'en approcher sans être découvert. Ceci ne peut manquer d'arriver quand les bois ont une si grande largeur, qu'elle empêche de porter ses avant-postes sur l'extrême lisière opposée. Cependant si l'on était forcé par les circonstances d'appuyer son flanc tout près d'un bois (ce qui est souvent le cas dans les montagnes où le pays est ordinairement très-boisé) et que l'on voulût séjourner dans ce camp, il faudrait y faire des forts abatis et en éclairer les approches par des navettes continuelles de patrouilles.

Si plusieurs des moyens que nous venons de détailler se trouvaient réunis, les flancs en deviendraient plus forts à proportion de leur nombre. Mais l'art reste toujours pour assurer les flancs sur les portions de terrains dénués de secours naturels ou au moins de secours suffisants. Un petit ruisseau qui n'offrirait par lui-même aucunes difficultés à l'ennemi peut avec très-peu de peines et de soins fournir une inondation. En général, dans les pays de plaine, la sûreté des flancs est abandonnée entièrement à l'art; la fortification passagère offre toutes les ressources que l'on peut désirer, il ne faut que savoir en faire un bon choix et une judicieuse application.

La figure 3me de la planche 1re représente un camp en pays de plaine; l'art a servi pour en appuyer les flancs. L'aile droite est couverte par une inondation formée par le petit ruisseau encaissé que l'on a fait refluer avec des digues.

Le corps A, détaché au-delà de l'inondation, observe l'ennemi qui, pour s'approcher du camp, doit d'abord replier ce corps, tous les autres postes avancés et chasser l'infanterie légère postée dans les trois villages B, C et D. En se retirant, ces troupes légères doivent allumer ces villages. Le feu croisé des trois villages qui sont en avant du camp gênera beaucoup les projets offensifs de l'ennemi.

Le point d'attaque de cette position est l'aile gauche E. Quelques ouvrages en terre au village D, quelques abatis dans le bois F, plusieurs redoutes sur la lisière du bois dans l'intervalle avec le village D, et cette aile sera suffisamment appuyée. En cas d'attaque la réserve devrait se porter partout où il en serait besoin [1]. Cette réserve, postée auprès du village I, empêche l'ennemi de pouvoir tourner aucune des ailes, par de très-petits mouvements elle peut le prévenir partout.

Manière de couvrir le front du camp.

La plupart des moyens que nous avons détaillés dans le chapitre précédent sont convenables et utiles pour fortifier le front ou les abords d'un camp.

1. Ce camp est tiré des instructions stratégiques de S. M. Frédéric II, p. 9, pl. 3.

Les grandes et petites rivières, les ruisseaux, marais, lacs et étangs ou défilés qui seraient sur le front du camp en rendront l'approche bien difficile à l'ennemi. Des villages ou bourgs, situés parallèlement au front du camp, sont aussi d'un très-grand secours.

On les fortifie plus ou moins, on les remplit de troupes légères, et ils servent alors comme de ligne avancée à la position. Derrière leur abri l'armée peut manœuvrer, se porter sur l'ennemi par les trouées qui sont entre les villages ; en un mot, changer selon les circonstances sa défensive en offensive, avec d'autant moins de danger que l'on est sûr de trouver des points de retraite sous le feu de ces villages.

Derrière le Plauensche Grund, auprès de Dresde, il y a un camp dont le front entier est couvert par le vallon de Plauen. Si ce camp était pris contre un ennemi venant de Meissen, il faudrait poster un corps à Possendorff pour couvrir son flanc gauche. Il y a aussi auprès de Meissen, un camp dont le front est couvert par un défilé qui s'étend de Meissen à Rothschonberg; mais comme le flanc droit de cette position ne serait pas en sûreté contre un ennemi qui viendrait de Dresde ou de Freyberg, il faut le couvrir par un corps posté aux Katzenhauser.

Auprès de Frauenstein, dans les montagnes, onpeut prendre un camp dont tout le front est couvert par un défilé : l'emplacement est sur des hauteurs qui dominent les débouchés et contrées environnantes. Auprès de Torgau il y a un camp dont le front, du côté de Dresde, est couvert par des étangs et des marécages ; mais comme l'ennemi, à la faveur des immenses forêts qui se trouvent sur sa droite, pourrait tourner cette droite et se glisser sur les derrières de l'armée qui y serait campée, il faudrait avoir un corps posté à Neuden pour les assurer. Auprès de Neuschloss non loin de Bohmische Leipe, il y a un camp dont tout le front est couvert par un lac et des marais. Mais il ne convient pas en toutes circonstances à une grande armée, car si l'ennemi marche à Nimes, il en tourne le flanc gauche et peut de là facilement se porter sur ses derrières.

Le camp de Nimes est meilleur, mais il faut aussi, si l'on y campe, poster un corps à Neuschloss, pour en assurer le flanc droit.

Auprès de Lowositz il y a encore un camp fort avantageux, situé sur de hautes montagnes. Sur le front est une plaine dominée de l'emplacement du camp, à travers laquelle coule un ruisseau marécageux qui se jette dans l'Elbe auprès de Lowositz.

Si l'on doit camper sur une chaîne de hauteurs à portée de l'ennemi, il faut placer ses troupes sur leur sommet, pour les moins exposer au feu de l'ennemi, que je suppose vis-à-vis (comme Fig. 4, pl. 1). Les ravins et intervalles A des hauteurs doivent être attentivement gardés. Il faut y poster quelques troupes qui les observent sur toute leur longueur, pour empêcher l'ennemi de pouvoir s'y jeter et de couper ainsi la position. Les postes et batteries BB montrent la manière de les soutenir. L'infanterie légère doit être partagée en petits postes CC le long de la rivière ou ravin qui est devant le front ; on doit poster au pied des hauteurs DD des détachements plus forts, pour pouvoir soutenir ces avant-postes[1].

On peut encore, si l'ennemi n'est pas assez près pour pouvoir incommoder de son canon, poster sa première ligne sur le penchant des hauteurs, et la seconde sur le sommet (Fig. 5, pl. 1). Cette manière est on ne peut plus avantageuse, mais tous les terrains ne la permettent point. Dans une pareille position on pousse ses avant-postes aussi loin que possible aux environs du pied des hauteurs, profitant de tous les avantages que peut offrir le terrain pour assurer leur position.

Autant les moyens que nous avons indiqués jusqu'ici sont utiles pour fortifier et assurer le front et les flancs d'un camp, aussi peu conviennent-ils pour couvrir le dos de l'armée. Rien de plus dangereux que

1. *Instruction stratégique* de Frédéric II, p. 8, pl. 2.

d'avoir une rivière, des marais ou terrains coupés d'étangs, des ruisseaux sur ses derrières. Mais si l'on était forcé à prendre un camp, une rivière à dos, il faudrait avoir l'attention d'y avoir des ponts nombreux et solidement faits, pour, en cas de retraite, pouvoir se retirer avec facilité, sans confusion, retard, ni embarras. Un bois sur ses derrières peut être utile dans quelques circonstances. Si l'on avait le malheur d'être battu, l'armée est presque hors de tout danger du moment qu'elle a atteint la lisière.

Après avoir donné tous les détails nécessaires sur la manière de tracer et d'établir un camp selon les règles de l'art militaire et conformément aux desseins et intentions du général, il ne sera pas hors de propos de finir ce chapitre en rendant compte de l'exécution d'un campement pendant le cours de la campagne.

Lorsque le général a déterminé le camp qu'il veut prendre, il donne ses ordres à l'officier-général de jour ou à celui qu'il a choisi. Ce général fait assembler ceux qui doivent l'accompagner, qui sont le maréchal-des-logis de l'armée, les adjoints des différents régiments de cavalerie et d'infanterie avec leurs fourriers et une escorte de troupes qui doit ensuite composer la garde du camp. Toute cette troupe, qui se nomme le campement, marche ensemble vers le nouveau camp; arrivé sur le terrain, on dispose les gardes aux endroits nécessaires pour la sûreté du camp. L'officier-général fixe le front de bandière ; le maréchal-des-logis distribue le terrain que doivent occuper les divers régiments, en alignant les intervalles entre eux. Les fourriers ont de petits drapeaux de couleur qu'ils enfoncent en terre pour marquer l'espace qui leur est donné. A l'arrivée de leurs régiments ils leur indiquent l'emplacement marqué; la répartition s'en fait aux diverses compagnies par des officiers de l'état-major ou autres nommés à cet effet.

On commence à marquer le camp par la droite ou par la gauche de la première ligne, suivant le côté par lequel on arrive. Supposons que ce soit par la droite qu'on marque le camp : le front de bandière une fois déterminé, le général donne d'abord le terrain qu'il faut pour l'aile droite de la cavalerie de la première ligne ; le maréchal-des-logis de la cavalerie a le soin de le distribuer aux majors de brigade, qui le partagent aux fourriers des régiments. Le général laisse ensuite un intervalle d'environ 30 pas entre la cavalerie de la droite et l'infanterie, dont il marque le camp sur le même alignement. Le maréchal-des-logis le partage aux majors de brigades d'infanterie, qui en font la répartition aux majors des régiments, desquels tous les fourriers reçoivent l'emplacement des compagnies.

Après l'étendue du front de l'infanterie de la première ligne, on laisse encore 30 pas d'intervalle, et l'on donne le terrain pour l'aile gauche de la cavalerie de cette première ligne.

Le général chargé du tracé du camp va ensuite sur le terrain qu'il destine à la seconde ligne qu'il marque à 3 à 400 pas de distance de la première, selon que le terrain le permet, et observe, en marquant cette ligne, le même ordre qu'il a suivi dans le tracé de la première. Si le terrain n'est pas suffisant pour contenir toutes les troupes d'une ligne, on fait un crochet ou sur la droite ou sur la gauche, ou l'on place quelques brigades en troisième ligne. La réserve, quand le général juge à propos d'en avoir une, est placée à la droite ou à la gauche ou derrière l'armée, le plus souvent cependant vers les endroits que l'on juge être les plus exposés aux attaques de l'ennemi, et conséquemment avoir le plus besoin de soutien.

Le général, après avoir désigné le quartier général et indiqué la droite et la gauche du camp, doit s'avancer avec les gardes et les piquets assez en avant, pour qu'il y ait, entre le camp et les lieux où il juge devoir placer lesdites gardes, la distance suffisante, pour que l'armée y trouve au moins pour la première nuit, le fourrage, le bois, l'eau, la paille qui lui sont nécessaires.

Avant que de placer les gardes et postes de l'armée, on fait fouiller les environs pour voir s'il n'y a point quelques petits ennemis embusqués.

Les gardes de cavalerie se placent sur les grands chemins dans des lieux ouverts et élevés, afin qu'elles découvrent de plus loin. Autant que faire se peut, elles doivent être à portée de l'armée; leur éloignement dépend de la nature du pays.

Les gardes d'infanterie se postent de différentes manières, suivant les différents usages auxquels elles peuvent être destinées. Il y en a de deux espèces, extérieures et intérieures. Les gardes extérieures qui forment une chaîne en avant de l'armée doivent recevoir les partis de cavalerie, s'ils étaient poussés, et protéger les gens qui vont au bois, à la paille et à l'eau. Pour cet effet, on met dans les églises et clochers de villages, dans les châteaux et maisons à portée de ces endroits, dans les avenues et passages qui se trouvent dans les bois; on en place sur le bord des ruisseaux, enfin dans tous les endroits où elles sont jugées nécessaires pour la sûreté et la tranquillité du camp. Ces gardes ont la même vigilance et les mêmes soins à observer que dans les détachements, pour le placement de leurs sentinelles et la disposition de leurs postes avancés. Les gardes de cavalerie quittent leurs postes à l'entrée de la nuit, et se replient sur des endroits indiqués par le général plus à portée du camp. Les officiers qui les commandent doivent envoyer de fréquentes patrouilles; à la pointe du jour les gardes de cavalerie remarchent à leurs postes, et dès qu'elles l'ont repris envoient à la découverte aussi loin que la prudence le permet.

Lorsque l'on vient les relever, l'officier descendant la garde, après avoir reçu la nouvelle garde, donne au nouvel officier sa consigne, et lui explique tous les ordres qu'il a reçus relativement à la sûreté du camp.

Les majors de piquet, tant de cavalerie que d'infanterie, accompagnent le général de jour, lorqu'il place les gardes et les postes, pour prendre note des lieux où il les met.

Les gardes intérieures sont pour la police du camp, et sont disposées d'après les règlements et ordonnances des divers armées.

Il est nécessaire de remarquer que le campement ne va devant l'armée que quand on n'a pas lieu de craindre qu'il soit attaqué. Car si l'ennemi est à portée de pouvoir le faire avec avantage ou qu'on ait lieu de penser qu'il pourrait vouloir vous prévenir dans la position du camp, le campement demeure joint à l'armée jusqu'à ce qu'elle soit à portée du lieu où elle doit camper.

Alors l'armée s'arrêtant reste en colonne en attendant que le camp soit marqué par les fourriers que l'on fait sortir de leurs brigades respectives. S'il était très-important de prévenir l'ennemi sur une position, on ferait escorter le campement par une forte avant-garde qui, en arrivant sur le terrain de la position, devrait se saisir des avantages qu'offriraient les localités pour couvrir le tracé du camp.

La planche II offre la manière de couvrir le tracé du camp. J'en ai tiré le plan des instructions stratégiques de S. M. le roi de Prusse.

La figure première de la planche II représente la situation que l'avant-garde doit prendre dans un pays de plaine. Le camp devant être pris entre la rivière et le bois, il faut pousser la cavalerie, partagée en trois corps, aussi en avant dans la plaine que la prudence le permet. Le village sur le centre sera garni d'infanterie, ainsi que le bois de l'aile droite; ces deux points serviront de soutien à la cavalerie et d'appui aux troupes occupées à tracer le camp.

Si l'on devait prendre le camp sur des hauteurs, (Fig. 2, pl. II) et que l'on fut très à portée de l'ennemi, il est à présumer que l'avant-garde n'aura pas été détachée trop de temps avant l'armée, pour que celle-ci ne soit à même de la soutenir en cas d'attaque. Alors on doit poster son infanterie sur le sommet des hauteurs, partager sa cavalerie dans un nombre proportionné à l'étendue du front que l'on doit couvrir, et la placer au pied des hauteurs sans la pousser trop loin. L'armée, en arrivant, se range dans les intervalles laissés entre les bataillons de l'avant-garde.

Le plus ou moins de force de l'ennemi, son éloignement ou sa proximité déterminent le temps dont l'avant-garde doit précéder l'armée. S'il était très-près et très en force, il serait imprudent de faire trop précéder son armée par l'avant-garde et de l'exposer ainsi à soutenir l'effort de toutes les forces de l'ennemi sans pouvoir être à même de la soutenir.

Il est inutile de répéter ici que c'est dans le choix des camps que réside généralement le succès d'une campagne. Leur bon choix assure la communication avec les places d'où l'on doit tirer sa subsistance. La jalousie qu'ils donnent à l'ennemi, le pays ennemi qu'ils ouvrent, le pays ami qu'ils couvrent, les facilités qu'ils donnent, soit pour forcer l'ennemi à combattre, soit pour mettre à même de l'attaquer avec le maximum de ses avantages, feront suffisamment sentir l'importance que l'on doit attacher au choix de ses positions.

Des Cantonnements.

Quand une armée, au lieu d'être réunie dans un camp, vient à être distribuée dans des villes, bourgs et villages, cela s'appelle *cantonner*, et les endroits où logent les troupes se nomment quartiers de cantonnement.

Une armée cantonne pour différentes causes : 1° Au commencement d'une guerre. Quand les régiments sortent de leurs garnisons pour venir former l'armée, on leur indique sur la frontière un lieu de rassemblement ; ces régiments sont répartis dans les endroits habités de cette contrée jusqu'à ce que le commencement des opérations de la campagne force à les faire avancer.

2° Quand, vers le printemps, la saison ne permet pas encore d'ouvrir la campagne et de tirer les troupes de leurs quartiers d'hiver pour les faire camper et qu'on a envie cependant de commencer ses opérations de bonne heure, on rassemble l'armée dans des cantonnements.

La campagne de 1758 fut ouverte par le siége de Schweidnitz. S. M. le roi Frédéric II, à la tête de l'armée d'observation, cantonna, pour couvrir le siége, dans les montagnes auprès de Landshut. Après la prise de Schweidnitz, le roi entra en Moravie et entreprit le siége d'Olmütz; jusqu'à l'entier investissement de la place, l'armée prussienne cantonna.

3° Lorsque l'ennemi, ayant été prévenu par des opérations commencées de bonne heure, est mis hors d'état de pouvoir rien entreprendre de quelque temps, soit contre l'armée, soit contre les provinces qu'elle couvre, on met volontiers, après l'expédition terminée, l'armée en quartiers de cantonnement, pour reposer et rafraîchir les troupes des fatigues qui accompagnent toujours une campagne ouverte de très-bonne heure.

Au printemps de 1759, S. A. R. le prince Henri fit une expédition en Bohême. Il surprit les Autrichiens dans leurs quartiers d'hiver, dans les cercles de Leutmeritz et de Saatz, enleva leurs magasins dans toute cette contrée, fit beaucoup de prisonniers et se replia.

Les Autrichiens ayant fait quelques mouvements dans les environs d'Eger, Son Altesse Royale résolut de les y surprendre et de les repousser de ces contrées. Il se mit en mouvement, détacha en avant de petits corps sous les ordres des généraux de Finck, Itzenplitz, de Lindstadt, et suivit avec le gros de l'armée pour les soutenir. Le général Finck battit un corps d'Autrichiens à Asch, en Bohême; l'armée de l'empire fut surprise et chassée de ses quartiers d'hiver dans le pays de Bayreuth et de Bamberg. On fit plusieurs milliers de prisonniers, on enleva les magasins, entre autre le grand magasin de Bamberg, et l'on tira de fortes contributions de ces pays. L'expédition terminée, l'armée de l'empire étant tellement dispersée qu'elle était hors d'état de rien entreprendre de longtemps, Son Altesse Royale retourna en Saxe et mit son armée en quartier de cantonnement dans le Eizgebirge, partie pour couvrir la Saxe de toute entreprise hostile du côté de la Bohême, partie pour être à portée d'agir contre les Russes, si les circonstances l'exigeaient.

Enfin, une armée est mise en quartiers de cantonnement à la fin d'une campagne, quand la rigueur de la saison ne lui permet plus d'être campée, et que l'ennemi, tenant encore la campagne, oblige de ne pas songer à prendre des quartiers d'hiver.

La première chose à laquelle on doit faire attention en mettant l'armée en quartiers de cantonnement, c'est de l'y couvrir contre toutes les entreprises de l'ennemi. Il faut donc, par une reconnaissance exacte de la contrée où l'on veut séparer l'armée, s'assurer que les divers cantonnements ne peuvent être attaqués ni enlevés avant de pouvoir être secourus. Les chemins, les sentiers, bois, en un mot tout ce qui peut favoriser les approches de l'ennemi, doivent être occupés ou embarrassés de manière à ce qu'il ne puisse plus en tirer avantage. C'est d'après ces observations que l'on est à même de fixer, aux divers corps de l'armée, une place de rassemblement ou champ de bataille sur lequel ils doivent tous se diriger pour s'opposer aux desseins de l'ennemi qui attaquerait les quartiers. Ce champ de bataille doit être situé de manière à ce que les troupes puissent s'y trouver réunies avant que l'ennemi ait pu parvenir à percer la première ligne des cantonnements.

Les quartiers de cantonnement pouvant être regardés en quelque sorte comme un camp fort étendu, il faut employer à la sûreté de leurs flancs et de leur front toutes les précautions dont il a été déjà question. Mais le front des quartiers doit encore être plus fortement couvert que celui d'un camp, car si cela n'était pas et que les approches en fussent aussi faciles, l'ennemi pourrait aisément percer avec ses forces réunies la chaîne des quartiers, y battre successivement les troupes qui y sont isolées et en enlever une grande partie.

Un fleuve ou grande rivière est un excellent moyen de couvrir les flancs des cantonnements, mais il faut s'emparer de tous les ponts qui le traversent. Ceux dont on n'a pas besoin doivent être détruits; ceux que l'on conserve, soit pour envoyer des patrouilles du côté de l'ennemi, soit pour pousser des détachements et faire des courses dans son pays, doivent être bien occupés, même soigneusement fortifiés. Si la rivière a des gués, il faut les reconnaître avec grand soin à une très-grande distance en haut et en bas de son cours, les rendre impraticables, et si cela n'était pas possible, y placer des postes d'avertissement. Ces précautions ne sont pas suffisantes, il faut encore entretenir le long des flancs des cantonnements des navettes de patrouilles, pour être averti à temps des moindres mouvements de l'ennemi. La contrée auprès de Lowositz (depuis cette ville jusqu'à Buddin) est très-favorable pour mettre une armée en quartier de cantonnements. Tout le front des cantonnements est couvert par l'Eger, et entre cette rivière et les montagnes appelées moyennes (Mittelgebirge), il y a une quantité de petites villes, de bourgs et villages (dont quelques-uns très-considérables), qui permettent de tenir l'armée assez ensemble.

Supposé qu'une armée campée à Tchiskowitz voulût prendre des quartiers de cantonnement, voici à peu près la disposition qu'il y aurait à faire.

L'infanterie légère serait répartie le long de l'Eger : par exemple 1 bataillon à Broschan, vis-à-vis l'abbaye de Doxan; 1 à Schillokowitz; 1 en face de Buddin dans le village de Saboschess; leurs avant-postes sur les bords de l'Eger, pour en observer tous les gués et passages. Une chaîne de cavalerie légère serait aussi postée le long de la rivière pour avoir des avis plus prompts des tentatives ou démonstrations que l'ennemi pourrait faire pour passer la rivière.

La première ligne de l'armée dans l'ordre suivant, serait répartie dans tous les villages et bourgs situés depuis Lowositz jusqu'au Haasenberg; 10 bataillons à Lowositz, 1 bataillon à Luchowitz, 2 bataillons à Schierskowitz, 1 bataillon à Worwitschan, 2 bataillons à Tschernian, 2 bataillons à Choliskan, 2 bataillons à Slatiena, 6 bataillons à Liebokowitz. L'infanterie de la seconde ligne serait répartie dans les villages de Kenitz, Suhlowitz, Tschiskowitz, Oppolan, Sedlitz à proportion de leur capacité.

La cavalerie serait placée à l'aile droite dans les villages et bourgs de Trebnitz, Kolantitz, Welckam, Dlaskowitz, Schlan et autres qui sont à proximité. Pour assurer d'avantage le flanc droit de ces cantonnements, on pourrait, si l'armée était assez forte, faire cantonner un petit corps dans les montagnes aux environs de Lipshausen. Derrière les villages de la première ligne on peut cantonner les hussards, pour être plus à portée de relever les postes de cavalerie légère situés sur les bords de l'Eger.

La place de rassemblement général de tous les cantonnements serait celle que S. A. R. le prince Henri avait fixée à son armée en 1778. Les régiments pourraient y être tous rendus avant que l'ennemi eût effectué son passage sur l'Eger, et aucun quartier ne courrait risque d'être enlevé et surpris. Il n'est pas besoin d'observer que les ponts sur l'Eger, auprès de Liebokowitz et Buddin, ont dû être détruits avant de prendre ses cantonnements, afin que l'ennemi, maître de Buddin, ne puisse traverser la rivière sans qu'on en fut prévenu à temps.

Des ruisseaux qui ont des bords escarpés et difficiles, ou qui se prolongent dans une certaine longueur à travers des marais, donnent également une bonne défense aux quartiers. Dans les endroits où l'ennemi pourrait pénétrer avec plus de facilité, il faut placer de petits postes ou des détachements retranchés, selon le plus ou moins d'importance du passage, et observant ses mouvements par des patrouilles perpétuelles, l'armée sera toujours rassemblée à temps. Lorsque le roi Frédéric II cantonna son armée en octobre et novembre 1671, dans les environs de Strehlen, en Silésie, le front des cantonnements était simplement couvert par de petites rivières (la grande et petite Loh)[1]. L'aile droite s'étendait jusqu'à Bohra, le centre était dans Strehlen et l'aile gauche des cantonnements s'appuyait aux montagnes. La cavalerie cantonnait en arrière dans les villages situés à main droite de Bohra.

1. Plusieurs étangs et défilés augmentaient encore la force du front de ces cantonnements.

Si sur le front de la contrée où l'on veut cantonner l'armée il ne se trouvait que des défilés, avec quelques précautions les cantonnements n'y seront pas moins en sûreté. Après avoir reconnu tous les endroits par où l'ennemi pourrait déboucher, les avoir occupés par des détachements proportionnés à l'importance du passage et au plus ou moins de facilités du terrain, l'on séparera l'armée dans les villages en arrière, et l'on indiquera un champ de bataille ou de rassemblement, le plus à portée possible des défilés, pour être à même de les soutenir ou de charger les têtes des colonnes ennemies au moment qu'elles en sortiraient. Les corps chargés de la garde des défilés, tiendront en avant d'eux des postes d'avertissement, et des patrouilles perpétuelles doivent battre continuellement le pays en avant, pour être avertis de tous les mouvements de l'ennemi.

Les pays de montagnes offrent le plus de difficultés pour la sûreté des cantonnements. D'abord le petit nombre de villages force à y disséminer l'armée sur une plus longue étendue ; ensuite il est bien difficile d'empêcher l'ennemi (pour peu qu'il soit actif) de cacher ses mouvements, et de se glisser à travers votre ligne de quartiers, à la faveur des gorges et vallées, des sentiers même, qui lui permettent d'enlever de vos patrouilles. Sans la plus grande vigilance, la plus grande attention, l'armée pourrait bien n'être avertie de l'arrivée de l'ennemi que quand il serait au milieu des cantonnements.

Répartition des troupes dans les cantonnements.

La contrée où l'on veut cantonner étant déterminée, la répartition des troupes se fait très-facilement. Il ne faut pas perdre de vue qu'un quartier de cantonnement n'est qu'un camp d'une plus grande étendue que ceux où l'on rassemble ordinairement les armées sous la tente.

Chaque armée campant d'après son ordre de bataille déterminé à l'ouverture de la campagne, il s'en suit que l'on placera l'infanterie de la première ligne dans les villages les plus voisins de l'ennemi. Pour soutien de cette première ligne, on fait bien de mettre dans les villages les plus à portée, en arrière d'elle, quelques régiments de dragons et de hussards. Ces corps de cavalerie légère serviront encore à relever les détachements qu'ils ont toujours en avant du front des cantonnements. S'ils étaient en dernière ligne, le chemin qu'ils auraient à faire tous les jours pour ce service serait un surcroît de fatigue inutile.

L'infanterie de la seconde ligne occupera naturellement les villages qui suivent, et le reste de la cavalerie sera réparti dans les villages de la seconde ligne des cantonnements ou en arrière en troisième ligne.

A ces dispositions générales se joignent encore quelques dispositions intérieures ou particulières relatives au nombre de troupes que l'on doit distribuer dans les villages de chaque ligne. L'importance de leur situation, l'influence qu'ils peuvent avoir sur toute la position, et le plus ou moins de probabilités d'entreprises de l'ennemi, sont les raisons qui règlent la force à donner à chaque cantonnement. Les flancs et le centre des cantonnements sont les points que l'on doit le mieux garnir. Les bourgs-villes ou villages qui s'y trouvent placés doivent être remplis d'autant de troupes qu'il est possible de le faire en alliant la sûreté avec la commodité de ces corps.

L'artillerie suit l'infanterie à laquelle elle est attachée, et cantonne dans les quartiers de ces brigades respectives. L'infanterie légère étant destinée à éclairer et couvrir le front et les flancs de l'armée, ses postes se trouvent marqués dans les villages saillants en avant de la première ligne et dans les endroits où il y a des passages à garder et à défendre. Il faut avoir soin de ne pas porter ces postes trop en avant, car l'ennemi pourrait les attaquer et les enlever avant qu'ils puissent recevoir du secours des cantonnements de la première ligne. Dans les villages qui peuvent se trouver entre cette chaîne d'infanterie légère et la première ligne de l'armée, on fait bien de poster de la cavalerie légère.

Pour donner à ces règles le dernier degré de clarté, je vais en donner l'application au terrain . Pour éviter les plans qui renchérissent trop les ouvrages militaires, je me contenterai de détailler toutes les opérations de la guerre sur une carte des environs de Berlin et de Potsdam [2]. Cette contrée offre toutes les espèces de terrains convenables aux diverses opérations d'une campagne.

Supposons les ennemis maîtres de Potsdam, Spandau et Berlin (on ne doit considérer ces endroits que comme des petites villes) et que l'armée défensive campée entre Nauen et Ketzin voulût prendre ses quartiers de cantonnements, voici à peu près comme il faudrait la répartir : cette armée est de 40 bataillons de ligne, 4 bataillons d'infanterie légère, 20 escadrons de hussards, 23 de dragons, et 15 de cuirassiers, répartis sur deux lignes.

1. Je dois à la vérité de dire que beaucoup des articles qui se rencontreront dans le courant de ce volume, sont tirés d'un manuscrit allemand que j'ai été assez heureux de pouvoir me procurer. J'en ignore l'auteur, mais il n'en mérite pas moins les remercîments de tous ceux qui veulent se livrer à l'étude de l'art de la guerre.

2. Contrée entre Berlin et Potsdam, levée par C. L. Œsfeld. 1778.

Comme l'aile droite est couverte par la Havel et la Wublitz, il n'est pas besoin de garnir ce flanc autant que l'autre, surtout vers le continent de la Wublitz dans la Havel. On détruit le pont de la Wublitz auprès de l'endroit appelé Vierhauser, 1 bataillon d'infanterie légère est posté dans les deux villages de *Leis* et *Alt Toplitz*. Ce bataillon observe et patrouille les contrées au-delà de la Wublitz. La hauteur à main gauche de Leist étant très-avantageusement située, on y pourrait placer quelques canons pour tirer sur les partis ennemis qui viendraient reconnaître de trop près. Ce bataillon tient continuellement une garde avancée au pont détruit.

Les autres bataillons légers sont placés à Priort, Wolfsberg, Rohrbeck.

La première ligne d'infanterie pourrait être ainsi répartie : 1 bataillon de grenadiers dans Göthin et *Neu-Toplitz*, pour soutenir l'infanterie légère. La première brigade de l'aile droite dans Ketzin ; 1 bataillon dans Falckenrede; 2 bataillons dans *Buckow*; 2 dans *Capzow*; 2 dans *Hoppenrade*; 2 dans *Wustermarck*; 2 dans *Durolz*; 2 dans *Ceestow*; enfin 2 dans *Bredow*. On placera pour soutien de la première ligne 5 escadrons de hussards dans *Knobloch*; 10 escadrons de dragons dans *Elzin* et 2 escadrons de hussards dans *Wernitz*. Pour les 20 bataillons de la seconde ligne, voici leur répartition : 4 bataillons dans *Tremmen*; dans *Niebehde*, *Golitz* et *Wachow*, 6 bataillons; dans *Marckee* et *Markau*, 4 bataillons. Enfin l'aile gauche, forte de six bataillons, dans *Nauen*. Le reste de la cavalerie vient dans les villages de *Lietzow*, *Berge*, *Bibbeck*, *Gross-Behnitz*, *Schwanebeck*.

Dans cette position de cantonnement, les ailes et le front de la position sont également bien couverts [1]. De petits détachements doivent de Buckow et Capzow s'avancer jusqu'à Marquard et Fahrland pour reconnaître ; il en sortira de même alternativement de Priort et Wolfsberg qui, passant par Dobritz, Ferbitz, Seeburg, s'avanceront jusqu'à Gross-Glinicke. De Rohrbeck, Duroltz, on en enverra d'autres qui, par la route de Dalgow, s'avanceront jusque dans les environs de Spandau. Les troupes cantonnées dans Wustermarck, Custrow, Bredow, Nauen entretiendront des navettes de patrouilles pour observer au-delà des marais qui se trouvent de ce côté.

1. Le flanc gauche entre Wustermark et Nauen n'est pas aussi bien couvert que le flanc droit; la plus grande partie des prairies marécageuses auxquelles il s'appuie sont peu difficiles à traverser. Pour y remédier, il faut détruire tous les ponts, toutes les communications établies sur les saignées, fossés, et sur le canal. Il ne faut garder que le pont de Bredow, que l'on occupera par un fort détachement, et pour plus de sûreté on postera un gros détachement à Briselang sur le grand canal, pour observer l'ennemi et être averti à temps des rassemblements qu'il pourrait faire de côté.

Après la dislocation de l'armée, il faudra déterminer le lieu où elle doit se rassembler en cas que l'ennemi voulût attaquer ses quartiers. Le champ de bataille, outre les propriétés nécessaires à former une bonne position et un camp avantageux, doit encore être choisi de manière à ce que, par sa situation à peu près au centre des quartiers, toutes les troupes puissent s'y rassembler en très-peu de temps. Dans la position des cantonnements précédents, l'ennemi peut difficilement diriger ses colonnes d'attaque sur d'autres contrées que les environs de Wustermarck, qui est à peu près au milieu des quartiers. Supposant que l'ennemi voulût le tenter, le lieu de rassemblement ou champ de bataille sera sûr les hauteurs qui depuis Falkenrede s'étendent par Buckow, Hoppenrade jusqu'à Wustermarck. Aussitôt qu'on aura avis de l'approche de l'ennemi, toutes les troupes cantonnées dans Bredow, Ceestow, Wustermarck, Ketzin et autres villages, doivent se porter promptement, mais en bon ordre, sur ces hauteurs. La cavalerie se placera entre Nauen et Wustermarck; le terrain y étant ouvert, lui sera favorable. Quelques escadrons resteront auprès de Hoppenrade pour couvrir le flanc gauche de la position. Quand l'ennemi sera sur les avant-postes, les bataillons d'infanterie légère, abandonnent leurs cantonnements de Priort, Wolfsberg, se replieront sur Wustermack où ils prendront poste. Tel est l'ordre dans lequel on attendrait l'ennemi.

Outre ce champ de bataille qui convient à cette supposition, il faut encore s'en déterminer d'autres, selon les différentes directions que l'ennemi pourrait prendre pour vous attaquer ; de cette manière, on ne sera jamais pris au dépourvu. Supposons maintenant que l'ennemi pût, de Spandau, se porter par les bois de Falckenhagen à travers les défrichements marécageux et coupés de fossés qui se trouvent sur la gauche des cantonnements pour les prendre en flanc. Le champ de bataille devrait alors être pris entre Wustermarck et Bredow ou entre Ceestow et Nauen.

Mais si l'ennemi voulait faire deux attaques et pénétrer avec un corps entre Wustermarck et Falckenrede, pendant qu'un second corps marchant par Falckenhagen essaierait de déboucher par Bredow et de se jeter sur le flanc gauche de la position, on pourrait ainsi déjouer ses projets ; les bataillons de la droite, depuis Ketzin et les environs, se porteraient sur les hauteurs entre Buckow et Wustermarck, et tout le reste de l'infanterie, soutenu de toute la cavalerie, se posterait entre Wustermarck et Nauen. Comme la conservation des cantonnements et le salut de l'armée dépend de la promptitude avec laquelle les troupes se rassemblent pour faire tête à l'ennemi, on ne peut trop recommander aux chefs des cantonnements, en cas de plusieurs attaques sur tout le front de la ligne, de se porter avec célérité sur le champ de bataille qui est à sa portée.

Dans les cantonnements dont nous venons de parler, on peut avoir facilement et longtemps d'avance des nouvelles des mouvements de l'ennemi. Car toujours, dans cette supposition des deux armées en présence, l'ennemi cantonnerait sûrement lui-même entre Spandau et Potsdam, ayant la Havel devant lui. Les patrouilles de l'armée placée entre Nauen et Ketzin peuvent sur la droite s'avancer jusqu'auprès de Potsdam, Spandau; sur la gauche[1] se porter par Falckenhagen, Schönwalde jusqu'à Hennigsdorf d'où elles peuvent rapporter des avis certains de tout ce qui se passe chez l'ennemi. Mais supposons maintenant que l'ennemi soit maître de tout le pays entre Berlin et Beelitz, même plus loin vers la Saxe, en un mot de toute la contrée au-delà de la Havel; une armée pourrait malgré cela prendre très-sûrement et très-tranquillement ses quartiers de cantonnement entre Potsdam et Spandau, il ne faudrait simplement qu'occuper avec un fort détachement le pont de Baumgarten, qui serait le chef de cette position.

1. Voilà pourquoi on a gardé le pont de Bredow.

Cantonnements dans un pays de montagnes.

Dans les pays de montagnes il est souvent plus difficile de se précautionner contre les surprises que dans un pays de plaine. Les villages sont ordinairement situés dans des fonds, enclavés entre des montagnes, bâtis sur la pente des hauteurs[1], ce qui offre de mauvais postes. D'ailleurs on ne peut découvrir bien loin autour de soi, et l'ennemi trouve une quantité de sentiers et de chemins détournés par lesquels il peut se glisser jusqu'auprès des postes sans être aperçu. Il est rare que l'on puisse se défendre dans les villages qui sont dominés la plupart du temps par les montagnes ou dont les maisons trop désunies n'offrent point d'ensemble. En outre les villages et endroits habités sont dispersés sur un trop grand espace de terrain, ce qui retarde beaucoup les rassemblements. Dans de pareilles contrées il est presque impossible de ne pas être obligé d'assurer sa ligne de cantonnements par des batteries ou autres ouvrages placés de distance en distance, pour se procurer des points d'appui et de défense. S'il se trouve une ville dans la ligne des cantonnements, il faut y placer le plus de troupes que

1. Ils sont bien rarement sur le sommet des hauteurs, à cause de la difficulté de s'y procurer l'eau nécessaire à l'usage journalier de la vie.

l'on peut, pour avoir sous la main un corps capable de résister aux premiers efforts de l'ennemi. Si ce poste était une clef de position, il faudrait le fortifier.

Supposons maintenant qu'un corps de 15 bataillons d'infanterie de ligne, 2 bataillons d'infanterie légère et un nombre de cavalerie proportionné dut cantonner dans les environs de Freyberg, 2 bataillons à Brandt, 8 dans Freyberg, le reste dans les villages de Losvitz et Klein-Waltersdorf, 1 bataillon d'infanterie légère à Tittendorf, l'autre à Bertelsdorff. Voici les précautions que l'on pourrait prendre.

Sur la hauteur près de Tittendorff, on placerait une tenaille avec 4 à 6 pièces de canon pour défendre le passage de la Mulde, tirer sur le défilé de Conradsdorff et le passage auprès de l'endroit où l'on creuse la mine[1]. A main gauche auprès de la mine on placera un autre retranchement pour tirer sur le même défilé de Conradsdorf, quoiqu'à un plus grand éloignement. Sur les hauteurs en-deçà de Hilbersdorf on doit de même placer quelques flèches et établir un poste dans Hilberbsdorf, qui, à l'approche de l'ennemi se retirerait dans ces retranchements. Les autres hauteurs seront également garnies de retranchements. Sur les

1. Selon la quantité d'artillerie dont on pourrait disposer, on ferait prudemment d'augmenter le nombre des canons de cette tenaille.

hauteurs en-deçà du pont de Berstelsdorf on élevera une tenaille garnie de quelques canons de bataillons pour balayer le pont. En cas d'alarme les troupes sortiront de leur cantonnements, mais ne garniront pas tout de suite tous les postes et retranchements, elles se rassembleront dans la contrée entre Hilbersdorf et Conradsdorf en-deçà de la Mulde, jusqu'à ce qu'elles reçoivent des avis certains de la marche de l'ennemi et du côté sur lequel il se dirige.

Si l'ennemi voulait pénétrer auprès de Conradsdorf, les bataillons marchant à Tittendorff en garniront les retranchements et commenceront à tirer du moment qu'on pourra atteindre l'ennemi. On peut même s'avancer d'avantage (si on le trouvait convenable), pour être plus à portée de recevoir l'ennemi qui voudrait forcer le pont de Conradsdorf.

Si l'ennemi voulait s'avancer par Hilbersdorf, on viendrait se poster sur les rivages de la Mulde auprès de ce village, et on en garnirait les retranchements. On ferait la même chose auprès de Brandt, si l'ennemi essayait de pénétrer de ce côté.

Supposant l'ennemi dans les environs de Dippoldiswalde, et que l'on voulût garder les mêmes cantonnements, il faudrait placer de petits postes tout le long de la Mulde, et pousser au-delà de cette rivière des détachements de cavalerie jusqu'auprès de Pretschendorf et Frauenstein. On ferait la même chose sur la gauche vers Ober et Nieder-Schone, et faisant patrouiller continuellement dans le bois de Tarant, on serait à l'abri de toute surprise. Le plus ou moins d'activité de l'ennemi réglerait le service que les troupes devraient faire dans l'intérieur des cantonnements. Si l'ennemi était entreprenant et à portée, les troupes devraient tous les matins se tenir prêtes à prendre les armes, tout le gros du canon qui se trouverait auprès de ces corps devrait être rassemblé dans un endroit entre Hilbersdorf et Freyberg, pour pouvoir être conduit plus promptement vers les points à défendre.

De chaque cantonnement en particulier.

Il est rare que l'ennemi attaque toute une ligne de cantonnements, à moins qu'ils n'ayent été pris avec trop de négligence. Tout ce qu'il tente est d'essayer quelques coups de main sur l'un ou l'autre des cantonnements pour les enlever et les surprendre. C'est à prévenir de pareils événements que doit se porter l'attention de chaque commandant de village. Ainsi, en arrivant dans son cantonnement, il doit reconnaître avec attention la contrée environnante, les chemins qui conduisent à l'ennemi et ceux qui mènent à la place de rassemblement indiquée en cas d'attaque.

D'après cela on règle le service des cantonnements ; les gardes, les vedettes, les patrouilles sont augmentées en proportion de la proximité où l'on se trouve de l'ennemi et du plus ou moins d'obstacles que la nature des lieux présente à son approche. On loge les troupes le plus ensemble qu'il est possible, on leur indique un lieu de rassemblement. On s'y porte en cas d'attaque, et on agit selon les circonstances, soit pour défendre le poste (s'il est tenable) jusqu'à l'arrivée du secours, soit pour se replier sur le cantonnement le plus voisin si l'ennemi est trop fort. Si le poste était de nature à pouvoir être soutenu et que l'armée cantonnée dût maintenir cette position d'où elle couvre soit un siége, soit une autre opération importante, nul doute que l'on dût fortifier tous les postes qui en sont susceptibles[1].

Marches d'armées.

Par marche d'armée il faut entendre tous les mouvements quelconques que peut faire une armée, et, la

1. Je ne puis trop engager de lire et méditer la surprise des cantonnements de M. le maréchal de Turenne, auprès de Marienthal. Rien de plus instructif que les fautes des grands hommes. M. de Puysegur, dans son *Art de la Guerre*, a accompagné cette relation de reflexions judicieuses, qui rendent ce morceau aussi intéressant que classique.

chose envisagée sous ce vaste point de vue, elle devient une des plus grandes et des plus importantes parties de la science militaire ; c'est par les marches qu'une armée agit, se transportant d'une position à une autre, envahit ou couvre de grandes étendues de pays ; c'est par les marches qu'elle surprend l'ennemi, qu'elle le prévient dans un point intéressant ; ce sont les marches qui la conduisent à la formation de tous les ordres de bataille et de toutes les dispositions offensives.

A mesure que la science de la guerre se perfectionne en proportion de ce que les armées sont commandées par des généraux plus habiles, les marches deviennent plus importantes à bien combiner et à bien exécuter, plus fréquentes, plus décisives. Elles deviennent plus décisives en ce qu'elles ont toujours alors un objet prochain ou éloigné : comme de faire une diversion et de porter la guerre sur un point inattendu, ou de conduire à une action offensive, ou d'engager l'ennemi à un contre-mouvement qui le mette en prise soit en tout, soit en partie. Elles deviennent plus fréquentes, en ce que l'homme de génie peut rarement rester dans l'inaction ; son esprit aperçoit plus d'objets, embrasse plus de combinaisons, et là, par conséquent où le général médiocre ne voit que la position à garder ou l'impossibilité d'agir, il se présente à l'imagination de ce premier un mouvement avantageux qu'il exécute. Elles deviennent plus importantes à bien combiner et à bien exécuter, parce que leur succès dépend de leur combinaison et de leur exécution, tant dans l'ensemble que dans les détails, parce que des fautes dans leur combinaisons ou dans leur exécution, soit générale, soit intérieure, peuvent être adroitement saisies par l'ennemi, faire manquer ce succès, et mettre l'armée en prise.

Chez les Romains (car, parmi les peuples de l'antiquité, il faut chercher celui dont l'histoire militaire est la moins douteuse) jusqu'au milieu de la seconde guerre Punique, la science des marches n'était pas connue. J'entends particulièrement la science des *marches manœuvres* (terme que je fais, dit M. de Guibert, parce qu'il exprime mon idée). Une armée sortait de Rome, allait au-devant de l'ennemi, marchant sur une seule colonne, et suivant le chemin qui conduisait vers lui; l'ennemi en faisait autant de son côté; les deux armées se rencontraient, s'attaquaient ou bien campaient l'une vis-à-vis de l'autre; là pendant quelques jours, on se harcelait, on cherchait mutuellement à s'attirer dans un champ de bataille désavantageux entre les deux camps : enfin le combat s'engageait;

vainqueur, on assiégeait la capitale ou une de ses principales villes; si on ne pouvait s'en emparer, on ravageait le pays et on se retirait. L'année suivante les armées se rassemblaient de nouveau pour recommencer des hostilités dans le même genre. Telles furent les guerres de Rome avec les Samnites, les Fidénates, les Volsques et tous les peuples du Latium. Telles furent celles de tous ces petits états de la Grèce sur les évènements militaires desquels l'histoire a jeté trop de merveilleux et peut-être de célébrité.

Ce ne fut que dans les guerres Puniques que les armées romaines commencèrent à faire la guerre avec plus de méthode et de combinaison. Amilcar, le père du fameux Annibal, fut particulièrement celui qui imagina le premier de mettre un certain ordre dans les marches, de diviser son armée, de la mouvoir sur plusieurs colonnes afin que la marche fût plus prompte et que l'ordre de bataille fût plus rapidement formé. Annibal ajouta à ce qu'avait imaginé son pére, et ce furent ces ennemis redoutables qui, à force de vaincre les Romains, leur apprirent la science des marches, comme Pyrrhus, en les battant, leur enseigna à camper, à se retrancher, à perfectionner leur ordonnance. Pourquoi appela-t-on si justement Fabius le bouclier des Romains? Ce fut à cause de cette campagne de marches et de mouvements qu'il fit vis-à-vis d'Annibal; genre de guerre qui leur parut si nouveau que, quoiqu'il sauvât la patrie, ils blâmaient cette défensive dont ils ne connaissaient pas la sublimité.

Rapprochons-nous de nos siècles, nous y verrons de même que ce n'est que quand l'art de la guerre s'est perfectionné que les armées ont commencé à marcher avec combinaison. Nous y verrons ce que j'ai avancé ci-dessus, que les généraux ont toujours fait plus d'usage de la guerre de marches et de mouvements, en raison de ce qu'ils ont été plus habiles et qu'ils ont eu devant eux des ennemis plus éclairés. Jusqu'à l'époque de Gustave et de Nassau, qui furent les restaurateurs de l'art militaire en Europe, il n'y avait dans les armées, ni mouvements, n'y marches combinées : on se joignait, on se battait, il se faisait peut-être plus d'actions personnelles, plus d'actions d'héroïsme; mais il n'y avait ni plans de campagne, ni vues, ni projets à plusieurs branches. Qu'on lise toutes les guerres entre l'Angleterre et la France, celles de Charles V et de François I, les deux princes de l'Europe qui étaient les plus puissants alors et qui avaient les meilleures troupes; qu'on lise le récit des batailles de Bovines, de Poitiers, de Crécy, d'Azincourt, celui des croisades, on verra comment se remuaient les armées de ces temps, comment elles combattaient, quels étaient leurs ordres de marche. Ils se faisaient sur une seule colonne, les armées étant partagées en trois corps, dont la tête s'appelait l'*avant-garde*, le centre, le *corps de bataille*, la queue, *l'arrière-garde*. Fallait-il se mettre en ordre de bataille? Un jour ne suffisait pas pour débrouiller cette masse et pour former la disposition du combat. Le plus souvent l'avant-garde, composée de gens de trait et des enfants perdus, engageait l'action, tandis que le corps de bataille, composé de la gendarmerie et de la noblesse, s'avançait pour le soutenir; la méprisable infanterie des communes arrivait ensuite, ou plutôt n'arrivait qu'après le combat, ou pour fuir ou pour piller. Telle est à peu près encore aujourd'hui la dispositions des armées Ottomanes.

Sous Gustave et sous Nassau, on commença à s'éclairer sur les ordres de marche, on en sentit la conséquence; Gustave en exécuta quelques-unes sur plusieurs colonnes; et il faut le dire, dans son histoire, quel ordre et quelles précautions il y recommandait à ses troupes. Le duc de Rohan, dans son *Parfait Capitaine*, conseille aussi de les exécuter sur plusieurs colonnes, pour rendre, dit-il, les mouvements moins fatigants et plus prompts. Il s'en fallait bien, cependant, que cette multiplication de colonnes fût nécessaire alors, comme aujourd'hui que les armées sont plus nombreuses et que l'ordonnance étant plus mince, leur front est plus étendu. Mais ce n'est pas sur les détails intérieurs, sur le mécanisme des marches, que se firent les plus grands progrès; ce qu'il faut remarquer et méditer dans la conduite de Gustave et des grands généraux de son siècle, c'est la conduite de leurs campagnes, la hardiesse de leurs expéditions, le parti qu'ils savaient tirer de leurs petites armées, la grandeur de leurs projets, la rapidité avec laquelle ils portaient la guerre d'une province à l'autre; c'est ce nouveau genre de guerre, plus en mouvements et en science qu'en combats dont ils furent les créateurs. Gustave, et après lui ses généraux, se soutenant en Allemagne avec une poignée de Suédois, rappellent Annibal au milieu de l'Italie.

Mais rapprochons-nous encore plus de notre temps. Voyons Turenne, voyons Montécuculi! Quel fut leur genre de guerre? Celui dont je viens de parler. Comment se passa cette fameuse campagne qui termina la vie de l'un et la carrière militaire de l'autre? En marches et en contre-marches, les deux armées étant sans cesse en mouvement, se côtoyant, se tenant sans cesse en mesure de s'attaquer, et cela dans un espace de pays de quarante à quarante-huit kilomètres de long sur seize ou vingt de large ; dans un pays couvert et coupé, où des généraux médiocres ne manqueraient pas de faire une guerre de positions.

Après la mort de M. de Turenne, il n'y eut plus de petites armées chargées de grandes opérations. L'ambition de Louis XIV voulant envahir à la fois plusieurs pays, il avait déjà commencé quelque temps auparavant (dans la guerre de Hollande) à former plusieurs corps d'armée, cela ne fit dès lors qu'augmenter, et toute l'Europe, à l'envi, leva des armées plus nombreuses. Avec le nombre de troupes on accrut celui de l'artillerie. Il fallut des équipages de vivres proportionnés. Il aurait été nécessaire qu'en raison de ces accroissements énormes d'hommes et d'embarras la tactique fît des progrès, qu'elle en fît particulièrement sur la partie des marches. Elle n'en fit pas. Des généraux médiocres se trouvèrent chargés de plus grandes masses, et alors le genre de guerre changea ; ne pouvant et ne sachant pas les remuer, étant la plupart du temps embarrassés de les nourrir, ils firent moins de marches, ils renoncèrent à la guerre de mouvements ; ils introduisirent celle de positions. Se trouvèrent-ils inférieurs? Ils s'enfermèrent dans des lignes, dans des camps retranchés; en un mot, il ne se fit plus rien de hardi, rien de décisif; on ne fit plus la grande guerre.

Au milieu de cette quantité de généraux qui ont commandé les armées françaises depuis cette époque, s'il en est paru quelques-uns de plus heureux, c'est parce qu'ils se sont rapprochés des anciens principes. Ce fut par des marches hardies et rapides que Vendôme conserva la couronne d'Espagne à Philippe V. Ce fut une marche offensive qui sauva la France à Denain; ce fut par une campagne de marches et de mouvements que Créqui s'immortalisa sur la Sarre et sur la Moselle. Mais pour parler du général de Louis XIV qui, commandant de grandes armées, sut le mieux les remuer, le maréchal de Luxembourg, il faut voir dans ses campagnes, il faut lire dans ses dépêches combien il croyait les marches importantes, combien il leur a dû de succès. Ce fut sous lui, ce fut étant maréchal-général-des-logis de son armée, que le maréchal de Puységur jeta le plan d'une partie de ces combinaisons de marche qu'il développa depuis dans son traité sur l'art de la guerre. C'est une théorie bien imparfaite, bien compliquée, que celle du maréchal; mais alors elle n'était pas sans mérite : elle apportait quelques lumières au milieu des ténèbres. Il eût même été heureux qu'elle eût paru plus tôt et qu'elle eût été méditée; c'était enfin le premier ouvrage dogmatique sur la grande tactique des armées. Les ignorants le regardèrent comme un chef-d'œuvre, les gens instruits, les gens de guerre, y virent beaucoup d'erreurs à côté d'un petit nombre de vérités; ils sentirent que le maréchal n'avait pas touché le but, que la tactique des Français était vicieuse, qu'elle avait besoin d'être changée, d'être refondue par un homme de génie. Le maréchal de Saxe, qui aurait pu faire cette révolution, qui l'aurait peut-être faite s'il avait vécu, s'il avait joint plus d'amour du travail à ses grandes qualités pour la guerre, sentait ce besoin. Il le disait souvent; il écrivait en 1750, à M. d'Argenson, que « toutes les troupes de l'Europe, aux Prussiennes près, étaient mal constituées et incapables d'exécuter de graudes manœuvres. » Il le répète dans ses *Rêveries :* on y voit combien il est indigné de la lenteur des Français, de leur ignorance, de leur maladresse à prendre un ordre de bataille. C'est à ce sujet qu'il dit : « *Tout le secret de l'exercice, tout celui de la guerre est dans les jambes.* »

Ce vice, que le maréchal de Saxe sentait être dans la constitution des troupes françaises dans la théorie de leurs marches et de leurs ordres de bataille, M. le maréchal de Broglie le sentit de même quand il parvint au commandement de l'armée. Il y établit, en conséquence, un ordre nouveau, il la partagea en plusieurs divisions. De cette organisation, dont la plupart des gens n'aperçurent pas l'objet, on vit résulter plus de célérité dans les marches, moins de fatigue pour les troupes, plus de discipline dans les camps; mais le maréchal n'eut pas le temps d'achever son ouvrage; ce n'est pas d'ailleurs en deux campagnes et au milieu du tumulte des opérations de la guerre qu'on peut changer la tactique d'une armée et former des officiers-généraux, et ce n'était pas surtout en France qu'une pareille révolution pouvait se faire.

La Prusse fit cette révolution, exécuta ce qu'on avait à peine aperçu, et c'est là ce qui la fit lutter avec avantage contre la ligue qui la menaçait. Les vérités qu'on entrevoyait ailleurs, sans faire de pas décisifs vers elles, le Roi de Prusse les avait vues à son arrivée au trône, et il avait en conséquence profité de la paix pour instruire ses troupes; elles étaient mieux ordonnées et les plus manœuvrières de l'Europe; elles avaient une tactique particulière de marches et de déploiements. Dans son armée seule étaient des officiers-généraux, qui sussent conduire une colonne, manier des troupes, et concourir à l'exécution d'un ordre de bataille ; on en a vu le résultat. Par son armée seule ont été faits de grands et hardis mouvements. On l'a vu, à la tête de cette armée, voler de l'Elbe en Silésie, de la Silésie vers les Russes. Enfin, partout où il a fallu manœuvrer, partout où le succès a dépendu de l'intelligence et de la rapidité des marches, le succès a été pour lui. Sans doute il n'aurait pas tant osé, il ne l'aurait pu, s'il avait eu des troupes moins manœuvrières, des officiers-généraux moins en état de le seconder ; car quelle action tirer d'une machine dont les ressorts ne seraient susceptibles ni de jeu ni de combinaison?

Il y a plusieurs espèces de marches qu'une armée est dans le cas d'exécuter.

Ce peuvent être des marches simples et faites hors de la portée de l'ennemi, avec l'objet de se porter commodément vers un point. Dans cette espèce de marches, qu'on peut appeler *marches de route*, et que les armées sont quelquefois dans le cas de faire, soit au commencement des campagnes, en se rapprochant de l'ennemi ; soit à la fin des campagnes, en se séparant mutuellement ; soit dans ces moments où les opérations ont éloigné les armées les unes des autres, et les ont mises respectivement hors de mesure, il n'entre que des combinaisons simples, et qui doivent être uniquement relatives à la moindre fatigue et à la plus grande commodité des troupes.

Ce peuvent être des marches hors de la portée de l'ennemi, mais dont le but soit de le prévenir sur un point, ou de s'emparer rapidement d'un poste, ou de porter du secour à un objet menacé, ou de changer, sans qu'il s'y attende, le théâtre de la guerre; dans ce cas il faut que les marches soient combinées de manière à se procurer toute la scélérité possible, à faire forcer des journées, s'il est nécessaire, à la tototalité de l'armée, ou du moins à un corps de troupes à l'appui duquel on puisse arriver à temps avec le reste de ses forces. Il faut savoir s'écarter des principes, et pour cet effet, si cela peut rendre la marche plus rapide et plus commode, séparer l'armée en plusieurs corps, qui se réunissent sur le point, ou à portée du point médité; il faut enfin calculer qu'étant hors de la portée de l'ennemi, et ayant pour objet d'arriver, il faut gagner en vitesse ce dont on se relâche en méthode, et faire de la scélérité l'objet principal et unique de ses combinaisons.

Ce peuvent être des *marches manœuvrières*, c'est-à-dire, des marches faites à portée de l'ennemi, et par conséquent, dans l'objet de prendre, s'il est besoin, un ordre de bataille. Cette dernière espèce de marche, sur laquelle je vais entrer dans des détails étendus, est la plus importante et celle qui exige le plus de combinaisons; puisqu'il s'agit à la fois d'y calculer la nature du pays qu'on traverse, celle du pays où l'on doit aboutir, l'espèce d'arme dans laquelle on est supérieur; la qualité des troupes de l'armée; la disposition qu'on veut prendre, soit qu'on doive attaquer, soit qu'on doive se défendre; le plus ou le moins d'habileté de l'ennemi; sa position; des vues; la distance à laquelle il est; la dextérité plus ou moins grande de ses troupes à prendre un ordre de bataille. Cette espèce de marche est la préparation à la plus grande opération militaire qu'il y ait, à la formation des ordres de bataille et aux batailles qui en sont la suite; car les mouvements par lesquels l'armée passe de l'ordre marche à l'ordre de bataille sont tellement liés aux combinaisons de l'ordre de marche, qu'on doit les regarder comme une seule et même opération.

Ouverture des marches.

Une armée rangée dans l'ordonnance actuelle, et surtout une armée composée, comme le sont aujourd'hui les nôtres, de beaucoup d'hommes, de chevaux, d'attirails et d'embarras, ne peut se mouvoir, et à plus forte raison exécuter une marche en ligne, trouvât-elle même des plaines assez vastes et assez continues pour la recevoir; car l'étendue de son front rendrait les mouvements si lourds et si lents qu'ils seraient impraticables.

Elle ne peut se mouvoir sur une seule colonne, parce que l'immense allongement de cette colonne ralentirait la marche, augmenterait la fatigue des troupes, et mettrait l'armée en danger d'être battue et renversée avant qu'elle pût se former.

Il faut donc que, pour exécuter une marche, l'armée se partage en plusieurs corps ou colonnes, qui, suivant chacun des chemins différents, arrivent sur la même direction, et soient en mesure de pouvoir, par des mouvements combinées entre eux, prendre une disposition générale de combat. Quand je dis sur la même direction, cela veut dire vers le même objet; car la disposition de la marche peut être telle qu'on veuille porter une partie de l'armée sur le flanc de l'ennemi, tandis qu'on en portera le reste sur son front; et alors, quoique la direction de toutes les colonnes ne soit pas précisément la même, toutes cependant concourent au même objet, qui est de prendre un ordre de bataille et d'attaquer l'ennemi.

Les marches d'armée devant s'exécuter sur plusieurs colonnes, il faut qu'en conséquence chacune de ces colonnes ait un chemin ouvert ou reconnu, ou du moins une direction, sur laquelle elle puisse s'avancer à l'aide des travailleurs qui sont à sa tête. Ces différences sont nécessaires à établir, parce qu'il est possible que le défaut de temps ou l'ennemi n'aient pas permis d'ouvrir le chemin à l'avance, ou qu'ils aient permis de la reconnaître seulement et non de l'ouvrir; ou qu'enfin, le chemin n'ayant pu être ni reconnu ni ouvert, il faille s'avancer sur une direction projetée en reconnaissant et préparant, chemin faisant, son débouché. Ce dernier cas arrive communément lorsqu'on marche pour donner bataille à l'ennemi et que cet ennemi a en avant de lui des corps et postes détachés qu'il faut attaquer et replier successivement.

Le nombre des colonnes sur lequel une armée doit marcher, et par conséquent celui des débouchés qu'il faut ouvrir, doit être en proportion de la force de cette armée et du nombre de divisions [1] dans lequel le général l'aura partagée.

1. Pourquoi partage-t-on une armée en plusieurs divisions? C'est par la même raison qu'on divise un régiment en plusieurs

Pour qu'une armée ne soit que le moins qu'il est possible dans le cas de faire des marches, sans que ses débouchés soient préparés, il faut, quand cette armée arrive dans une position, que le maréchal-général des logis s'occupe d'abord de faire ouvrir des marches sur toutes les directions que les circonstances ultérieures pourraient l'obliger à suivre. Cette méthode remplit à la fois l'objet de parer à l'avenir et celui de cacher à l'ennemi le mouvement qu'on projette. Si au lieu de cela on ne fait ouvrir de marches que sur la direction indiquée par la circonstance momentanée ou prévue, on découvre les vues qu'on peut avoir, et ces vues n'ayant qu'à changer on se trouve obligé de faire une marche incommode et pénible. Ce principe au reste est soumis aux événements, car quelquefois on

bataillons. Les divisions composées toutes également d'un certain nombre de régiments de première et de seconde ligne font partie de l'armée, comme le bataillon fait partie d'un régiment; les divisions sont chacune aux ordres d'un officier-général qui les commande, qui est chargé de leur police, discipline, et en rend compte au général de l'armée. On voit de là combien cette formation élague et simplifie les détails. L'armée se met-elle en marche, chaque division forme sa colonne. Arrive-t-on au camp? chaque division y prend sa place. L'ordre de marche a-t-il pour but de conduire à un ordre de bataille? comme toutes les parties de cet ordre de marche sont égales entre elles, le général peut, suivant les circonstances, combiner son déploiement et les manœuvres intérieures qui le préparent de manière à dégarnir et à renforcer telle ou telle partie de sa disposition qu'il juge à propos.

ne séjourne pas dans une position, et à péine a-t-on le temps d'ouvrir la marche du lendemain.

Quelquefois l'ennemi occupe par des postes considérables, ou par des corps détachés, le pays où la marche doit s'exécuter, et alors elle ne peut se faire qu'en s'avançant à lui et en combattant s'il reste. Quelquefois il est avantageux de donner le change à l'ennemi, en faisant ouvrir une marche sur un point vers lequel on ne veut pas se porter, tandis que l'on en fait reconnaître secrètement une autre vers celui sur lequel on veut lui dérober un mouvement. D'autres fois les circonstances et les positions respectives des armées sont telles que, si elles remuent, ce ne peut être que pour se porter vers un objet indiqué ; alors il est inutile de se fatiguer à ouvrir des marches vers les autres points. D'autres fois on est en défensive absolue et déterminée de manière à ne pouvoir ou à ne vouloir faire de mouvements qu'en arrière de soi; alors il est certainement inutile d'ouvrir des marches en avant, puisque ce ne serait que fournir à l'ennemi des débouchés offensifs. Pour l'éclaircissement du principe que j'ai exposé au commencement de cet article, il faut enfin conclure qu'il peut y avoir des occasions où il est inutile et même impossible d'ouvrir des marches sur toutes les directions ; mais que du moins il est important que toutes les directions soient reconnues par les officiers de l'état-major, ou, si cela en se peut, par des renseignements pris avec les gens du pays ; il faut conclure que le maréchal-général des logis doit se faire un tableau exact de ces itinéraires et reconnaissances, de façon à ne jamais quitter une position sans avoir poussé des rayons par ses reconnaissances ou par les renseignements qu'il prendra sur toutes les directions environnantes, et à parvenir par ce moyen à la plus parfaite connaissance possible du théâtre de la guerre.

Disons maintenant comme les marches d'armée doivent être ouvertes, et remontons pour cela aux premiers principes de la marche des troupes. Un bataillon ne peut se mouvoir que perpendiculairement ou parallèlement au terrain qu'il occupe. Il en est ainsi d'une armée. Les ordres de marches se réduisent donc conséquemment à deux espèces, *marches de front*, et *marches de flanc;* ces deux espèces exigent des précautions et des combinaisons absolument différentes.

Toutes les fois que l'armée doit exécuter une marche de front (soit en avant ou en arrière), le front de cette marche doit être égal à l'étendue du terrain qu'occupe l'armée en bataille ; c'est-à-dire, qu'il doit y avoir de la colonne de droite à celle de gauche, le terrain nécessaire pour que l'armée puisse s'y déployer. Toutes les fois au contraire que l'armée doit marcher par son flanc, alors chaque ligne ou chaque moitié de ligne formant une colonne, les débouchés doivent être ouverts très-rapprochés l'un de l'autre, de manière que les colonnes du dedans de la marche soient le plus près possible de la colonne extérieure, et par conséquent de la parallèle sur laquelle l'armée serait obligée de se former.

Dans les marches de front il n'est pas nécessaire, et il est même impossible, à moins que l'armée ne marche dans une plaine totalement dégagée d'obstacles, que les débouchés soient toujours ouverts à une distance exactement combinée sur la force des colonnes qui doivent y marcher. Il suffit qu'en arrivant sur les points où l'armée peut ou doit se former les colonnes se rapprochent le plus qu'il est possible de cette distance. J'éclaircirai ci-après ce principe.

Toutes les fois qu'il est question d'ouvrir une marche, le maréchal-général des logis doit voir par la position de l'armée, par celle de l'ennemi, par la situation du point vers lequel on veut se porter, si cette marche est de *front* ou de *flanc*, afin de pouvoir en conséquence diriger l'instruction et l'opération des aides-maréchaux des logis chargés de préparer les débouchés. Si c'est une marche de front, et qui se fasse à portée d'un ennemi entreprenant et manœuvrier, le maréchal-général des logis doit reconnaître l'ensemble et le front du pays que les colonnes traversent, et pour cet effet le parcourir transversalement de la droite à la gauche, afin de reconnaître sur le front de la marche une ou plusieurs positions successives où l'armée puisse se former dans la supposition que l'ennemi arrive inopinément sur elle, et de diriger en conséquence de ces reconnaissances les opérations des aides-maréchaux-généraux des logis, qui font ouvrir ou tracer les débouchés derrière lui.

Les mêmes précautions doivent être prises en longeant le flanc extérieur de la marche quand l'armée doit faire une marche par ses ailes.

Après avoir donné ces aperçus, je vais passer aux règles générales qui sont la base de toutes les marches.

Les différentes manières dont une armée peut marcher dépendent en grande partie de la conformation du pays et surtout du plus ou moins d'éloignement de l'ennemi. On marche autrement dans un pays ouvert et de plaine que dans un pays coupé ou de montagnes. La proximité de l'ennemi, la crainte que l'on peut avoir d'être inquiété ou même attaqué pendant la marche, obligent à prendre de nouvelles précautions.

Dans un pays de plaine, où l'on peut découvrir au

loin devant soi et sur toutes les directions, on peut envoyer fort en avant sur la tête et les flancs de la marche des détachements et petites patrouilles, sans avoir à craindre qu'ils puissent être enlevés ou coupés et recevoir par là promptement des nouvelles de l'ennemi et de ses mouvements. Mais dans un pays coupé c'est tout autre chose; les détachements qui couvrent la marche et fouillent la contrée sur la tête et les flancs des colonnes doivent être extrêmement sur leurs gardes, marcher lentement et avec toutes les précautions requises, car l'ennemi ayant mille occasions de tendre des piéges et de s'embusquer, ces patrouilles courent à tout moment le danger d'être enlevées; elles doivent donc peu s'écarter.

Outre cela, dans un pays rempli de bois, ruisseaux, rivières, défilés, hauteurs, et autres chicanes, les diverses colonnes de l'armée ne peuvent pas également bien se soutenir et s'entr'aider comme dans un pays ouvert : ce qui fournit à un ennemi manœuvrier mille occasions d'attaquer la portion de l'armée qui est la plus éloignée du soutien.

Quelques multipliées que puissent être les dispositions de marches, il y a cependant des règles fondamentales qui sont communes à tous les cas dont seulement la différence du pays détermine les nuances.

Règles générales des marches d'armée.

La première et la principale de toutes est que l'armée doit toujours marcher dans l'ordre d'où elle puisse le plus aisément se reformer dans l'ordre de bataille déterminé par les vues et les plans du général. C'est une règle que les colonnes en marche ne doivent jamais se croiser ni se rencontrer, ce qui pourrait facilement arriver si les chemins n'étaient pas bien reconnus d'avance. Auprès de chaque colonne il doit y avoir un guide ou directeur; on prend ordinairement soit un officier de l'état-major, soit un officier du génie; mais dans un pays où l'on n'aurait pu d'avance reconnaître les chemins, il faudrait se procurer, de villages en villages (sur la route que l'on doit suivre), des chasseurs, des voituriers, des paysans, qui marcheront à la tête des colonnes.

Les flancs de chaque marche doivent être couverts. Quand les colonnes des ailes sont de cavalerie, on n'a pas besoin de donner des détachements particuliers pour patrouiller et fouiller le pays le long des flancs de la marche. Mais si la marche devait se faire à travers un pays où il fallût nécessairement, pour la sûreté du mouvement, mettre de l'infanterie à une colonne ou aux colonnes des ailes, et s'écarter ainsi de l'ordre habituel, il faudrait alors détacher du côté où l'on peut craindre d'être inquiété de l'ennemi des détachements de cavalerie légère qui formeraient une chaîne à une assez grande distance de ce flanc. Ces petits détachements, envoyant encore des patrouilles plus en avant, l'armée est à même d'être instruite à temps des mouvements de l'ennemi et ne court point risque d'être prise au dépourvu.

Quand on marche sur le flanc très à portée de l'ennemi, on détache un corps de cavalerie légère accompagné d'infanterie et d'artillerie dans une proportion déterminée par les localités et le plus ou moins de probabilités des tentatives de l'ennemi, pour couvrir le flanc de ses colonnes. (Fig. 1, pl. III.)

Lorsque Sa Majesté le roi Frédéric II marcha de Meissen à Radeberg, toute l'armée marchait par ligne à gauche, et le générel Möhring couvrait la marche avec quelques régiments de cavalerie légère.

Les principes exposés ci-dessus sont trop importants pour que je ne cherche à répandre sur eux toute la clarté possible.

Supposons donc que (Fig. 2, pl. III) je sois chargé de diriger l'ouverture d'une marche pour porter l'armée vers l'ennemi, campé en B; je jette les yeux sur les circonstances de cette marche, je vois que c'est une marche de front dont il s'agit, je vois que cette marche est délicate, en ce que l'ennemi est en mesure de pouvoir venir au-devant de l'armée et l'attaquer dans son mouvement; je l'ouvre par conséquent avec toutes les précautions indiquées par les maximes précédentes, et, pour cet effet, voici comment je procède.

L'armée est formée en cinq divisions, c'est pour cinq colonnes que je veux préparer les débouchés. A la tête des travailleurs qui tracent et ouvrent chacun de ces débouchés, je place un officier intelligent et habitué à cet espèce de travail, et de ma personne je me porte en avant du front de la marche. Celui du camp de l'armée se trouve d'abord être en plaine unie et sans obstacle ; mes débouchés s'avancent donc rapidement, partant tous cinq de la droite ou de la gauche des divisions, tous cinq proportionnés pour leur distance entre eux, à la force des divisions ; tous cinq enfin embrassant, depuis celui de la droite jusqu'à celui de la gauche, le terrain qui serait nécessaire pour former l'armée. A une lieue du camp le pays change, la plaine se rétrécit, des obstacles l'embarrassent; alors la direction de chaque colonne devient subordonnée à ces obstacles, les colonnes s'éloignent ou se rapprochent l'une de l'autre, suivant la situation des débouchés qu'offre le pays ou de ceux qu'il permet le plus facilement d'ouvrir. Là deux colonnes se touchent presque ; ici deux autres s'éloignent beaucoup au-delà de leurs distances naturelles, et cela ne fait rien à l'ensemble et à la sûreté de la marche ; car où le pays devient couvert et se réduit à des débouchés on ne doit pas craindre d'être obligé de prendre rapidement un ordre de bataille, puisque la difficulté des débouchés empêcherait également l'ennemi qui voudrait venir attaquer d'y combiner facilement une disposition. Cependant, chargé de la direction générale de l'ouverture de la marche, je suis, comme je l'ai dit ci-dessus, en avant des travailleurs, pour en reconnaître le front, pour empêcher qu'aucune colonne ne s'écarte de la direction générale, pour raccorder ces colonnes entre elles aussitôt que le pays le permet, pour examiner quelles seraient les différentes positions intermédiaires que l'armée pourrait prendre, et les dispositions qu'elle pourrait faire, si l'ennemi se présentait pour l'attaquer et l'arrêter dans sa marche.

A l'effet de remplir tous ces objets, je ne suis pas un seul chemin, une seule direction, je vais à vol d'oiseau et à travers champs. Du centre de la direction générale, qui est le point où je suis le plus à portée de reconnaître le front de la marche, j'observe à ma droite et à ma gauche. Si quelque obstacle gêne ma vue, si quelque hauteur peut la seconder et me donner une idée plus rassemblée, plus nette du pays, je m'y porte; enfin j'avance par zigzags et de manière à embrasser toujours l'ensemble de la marche. Reprenons l'exemple et le plan sur lequel je démontre. Mes colonnes sont arrivées dans le pays difficile et couvert; là, chacun de mes officiers cherche son débouché; chacun d'eux connaît le but de la direction générale; chacun d'eux est muni de guides sûrs et intelligents; chacun d'eux est convenu, à l'avance avec moi, d'un signal différent, lorsqu'il se trouve dans un pays couvert, et où il cesse de voir, ou en avant ou autour de lui. Moi-même j'ai un signal que je fais quand je le juge nécessaire, et qui leur indique toujours le centre de la direction générale; par là ils peuvent se raccorder et entre eux et sur moi; je puis les raccorder à mon tour, je puis les diriger ainsi que mes reconnaissances me le font juger utile. Le pays s'ouvre et se dégage, mes colonnes se redressent et reprennent, en avançant, leurs distances primitives. Que l'ennemi se présente pour venir m'attaquer, le ruisseau qui est à ma gauche et le grand bois qui est à ma droite me fournissent une position. Ce même ruisseau coule pendant quatre kilomètres dans la même direction que mon mouvement. J'y appuie ma colonne de gauche, afin d'en couvrir le flanc de la marche.

Je vois au bout de ces quatre kilomètres que le ruisseau retourne et s'éloigne; j'aperçois sur la droite de ma marche le terrain qui commence à s'élever, et qui va former une lisière de hauteurs qui reversent sur la plaine où l'armée doit marcher; je dirige le débouché de ma colonne de droite sur ces hauteurs, et je les lui fais toujours suivre à mi-penchant; je dis à mi-penchant, parce que là je suis maître des hauteurs, comme si j'en tenais le sommet, et que la marche en sera moins pénible pour les troupes. Au moyen de cette lisière de hauteurs, le reste de ma marche doit s'achever avec sûreté. L'ennemi ne viendra certainement pas m'attaquer par la plaine, tandis que je tiens les hauteurs qui la dominent; s'il vient m'attaquer par les hauteurs, je les occupe, et nous sommes à deux de jeu; s'il veut m'empêcher de prendre la position DE, j'arrive à la fois sur cette position par tous les débouchés de la plaine, et principalement par mes hauteurs de la droite qui la prennent à revers. S'il reste dans son camp F, ces mêmes hauteurs me portent sur son flanc, et le jour même je combine un mouvement offensif sur lui. En voilà assez pour donner une idée de la manière dont doit se diriger l'ouverture d'une marche de *front*. Donnons sur un autre plan une idée de la manière dont il faut ouvrir celle de *flanc*.

L'armée est campée en G, et l'ennemi l'est en H, (Fig. 3, pl. III) : rien ne les sépare, et il est question pour cette première de faire une marche par son flanc droit. En conséquence du principe que j'ai établi, je fais ouvrir deux ou quatre débouchés, de manière que l'armée fasse son mouvement, chaque ligne ou chaque moitié de ligne formant une colonne. Je fais ouvrir ces débouchés très-rapprochés l'un de l'autre, de sorte que les colonnes intérieures de la marche n'aient que le moins de terrain possible à parcourir pour se rapprocher de la parallèle sur laquelle doit se former la colonne extérieure, composée de la moitié ou de la totalité de la première ligne; je veille à ce que les officiers qui conduisent le tracé de l'ouverture de ces débouchés évitent de les éloigner ou de les séparer par des obstacles qui puissent empêcher les colonnes de se mettre en ordre de bataille. Si, comme en C, la nature du pays ou le peu de temps qu'on a pour préparer les débouchés obligent à les éloigner, j'ai soin que, l'obstacle passé, ils se rapprochent peu à peu à la distance indiquée par les principes. S'il se présente en avant de mes débouchés un grand bois comme en D, au lieu de le traverser ou de le laisser sur le flanc extérieur de ma marche, comme les chemins du pays sembleraient me l'indiquer, je fais passer mes colonnes en dehors de ce bois; je les dirige ainsi, parce qu'alors la lisière de ce bois m'offre une position si l'ennemi vient à moi; parce que, mes colonnes la longeant, l'ennemi ne peut distinguer ni leur force ni les dispositions que je lui opposerai, parce qu'enfin, n'ayant pas ce masque entre lui et moi, il ne peut ni me dérober ses mouvements, ni faire sur moi une disposition offensive, ni m'empêcher, s'il se met en prise, de me former et de faire moi-même une disposition offensive sur lui. Si, huit kilomètres plus loin il se présente sur mon flanc droit une lisière de hauteurs, je dirige mes colonnes à droite, et je continue ma marche sur elles, etc. Enfin, par une conséquence du principe que j'ai suivi dans l'ouverture de la marche de front, je conduis l'ensemble de l'ouverture de la marche de flanc, en reconnaissant le pays qui est sur le flanc de la marche, et en m'occupant d'y chercher successivement une ou plusieurs positions intermédiaires où l'armée puisse se former si l'ennemi se présente à elle.

Il me reste à parler de l'ouverture des débouchés des colonnes, considérée en elle-même et relativement à la largeur qu'on doit donner à ces débouchés.

A la guerre il faut sur cet objet, comme sur tant d'autres, souvent recevoir la loi de la nature du pays, du temps et des moyens qu'on a. Mais selon la règle générale, et à laquelle il est important de s'assujettir toutes les fois que cela est possible, leur largeur doit être relative aux principes de tactique d'après lesquels les troupes doivent marcher. Or comme dans l'exposition de ces principes il a été fixé et démontré que les colonnes de marche doivent être habituellement formées par pelotons, c'est-à-dire, pour parler un langage plus précis et qui puisse s'appliquer à toutes les constitutions, par fractions de douze ou seize hommes de front, il faut que les débouchés aient 20 ou 25 pas de largeur, de manière que non-seulement les soldats puissent y marcher avec liberté, mais que les officiers puissent cheminer à cheval à droite et à gauche de la colonne, ou tout au moins sur un des flancs. Dans de pareils chemins la cavalerie pourra marcher par 2 ou par 4, les officiers marchant de même sur les flancs de la colonne et jamais dans les intervalles des compagnies. L'artillerie et les voitures auront assez d'espace pour marcher sur deux voitures de front, ou tout au moins pour que, marchant sur une seule, la colonne ne soit pas arrêtée par un accident. Les chevaux ou mulets d'équipage pourront enfin marcher sur deux ou sur quatre de front. Je reviendrai avec détail sur cet objet, en traitant de la disposition des ordres de marche.

Mais, comme je l'ai dit ci-dessus, souvent le défaut de temps et de moyens, la nature du pays empêchent d'ouvrir des marches à l'avance et avec tant de soins ; quelquefois les colonnes sont obligées d'ouvrir leurs débouchés chemin faisant et par le moyen des travailleurs qui sont à leur tête ; alors la nécessité fait loi, alors c'est à l'intelligence et à l'activité de celui qui dirige la marche de la colonne, à prévoir les directions les plus courtes, à percer dans les endroits les moins difficiles, à faire hâter le travail. La conduite de ce travail exige des officiers qui en aient l'habitude et l'intelligence, car rien n'est minutieux à la guerre, rien ne s'y fait bien sans intelligence et habitude.

De la disposition des marches d'armées.

Je viens de dire comment les débouchés des marches d'armée devaient être reconnus et ouverts; il s'agit maintenant d'exposer les différentes manières dont une armée peut être disposée en ordre de marche.

Pour qu'une grande masse puisse être mue avec plus de facilité, il faut la partager, s'il est possible en plusieurs parties; alors chacune de ces parties est susceptible de recevoir plus de mouvement et d'action, alors on peut, par des forces combinées et multipliées, agir sur toutes ses parties à la fois; il en est ainsi d'une armée. Qu'on veuille la mouvoir en masse, elle sera maladroite, lente, incapable de grandes manœuvre; qu'on la partage en plusieurs corps, chacun d'eux agira séparément avec plus d'ordre et de célérité; tous pourront agir à la fois et concourir à l'exécution d'un mouvement général.

A l'égard de la proportion sur laquelle le partage d'une armée en divisions doit être fondé, la mécanique va encore me fournir une démonstration sensible. Si, voulant organiser une machine, on en fait les mobiles trop nombreux et trop faibles, on complique les détails de cette machine et on diminue sa force. Si on les fait trop peu nombreux et trop solides, ils deviennent susceptibles de trop peu d'action, soit en force, soit en vitesse. Il en est de même d'une armée : si en composant ses divisions d'un trop petit nombre de troupes, on la forme d'un trop grand nombre de divisions, on tombe dans la complication, on manque d'hommes capables de conduire ces divisions, et on a de la peine à combiner tant de mouvements séparés. Si en composant les divisions d'un trop grand nombre de troupes on forme l'armée d'un trop petit nombre de divisions, chacune d'elles restant trop massive et trop pesante, l'opération ne remplit pas son objet, qui est d'alléger et de mettre en état d'agir.

La véritable proportion du partage d'une armée, combinée sur les manœuvres de déploiement et sur les vues de la grande tactique, est de trois et au plus quatre divisions pour l'infanterie, indépendamment des ailes de cavalerie, dont chacune en formera une. Quant à la force des divisions elle doit être au plus de vingt-quatre bataillons, dont moitié de première et moitié de seconde ligne, et rarement au-dessous de douze. Chaque aile de cavalerie devant former une divison, il n'y a pas de bornes précises à lui assigner.

Il me reste à examiner quelle doit être la disposition intérieure des ordres de marche, relativement à la nature de la marche qu'on exécute et aux différents mobiles qui composent les colonnes; ces mobiles sont les troupes, l'artillerie, les équipages. Je dirai donc successivement quelles doivent être les dispositions des troupes, de l'artillerie et des équipages dans les colonnes de marche.

Je renverrai pour tout ce qui concerne la formation des troupes en colonnes de marche, et les mouvements par lesquels elles doivent passer de l'ordre de marche à l'ordre de bataille à ce que j'ai dit à ce sujet dans la tactique élémentaire de l'infanterie et de la cavalerie.

Tout étant dit et entendu sur ces objets, on voit facilement comment il faut que les troupes qui composent une armée forment les colonnes de marche. Elles se mettent en bataille devant leur camp et se forment sur le champ en colonnes vers les directions qu'elles doivent suivre, observant de se mettre au pas libre et naturel, dès l'instant qu'elles sont formées. Si la colonne n'est pas toute formée de troupes, qui soient à côté l'une de l'autre, et à portée de se suivre sans interruption, il faut que la colonne attende, allongée sur sa direction, qu'elle ait été jointe par toutes les troupes qui doivent la composer, afin de s'ébranler toutes à la fois au pas de route. De là dépend la commodité de la marche, la moindre fatigue des troupes, et la sûreté d'avoir la colonne rassemblée sur l'espace qu'elle doit occuper dans sa marche.

Quant à la manière dont les colonnes doivent être ordonnées entre elles, c'est une chose simple, le principe habituel devant être de marcher comme on campe, chaque division formant sa colonne.

Soit l'armée (Fig. 4, pl. III) campée sur deux lignes, la réserve en troisième ligne et la cavalerie sur les deux ailes, qui doit faire un mouvement en avant ou exécuter une marche de front. Voici les mouvements particuliers des divisions. La cavalerie de la première ligne marche par la droite, et se met en colonne de route d'après le rang que les régiments occupent dans l'ordre de bataille. Les régiments de la seconde ligne suivent dans leur ordre; les hussards de la réserve, marchant de même par la droite, viennent gagner la tête de cette colonne.

La première colonne d'infanterie est composée des bataillons D, E, F, G, H de l'aile droite de la première ligne, que suivent immédiatement les bataillons *d*, *e*, *f*, *g*, *h* de la seconde, et ceux R, S, T de la réserve. Tous ces bataillons, marchant par la droite, doivent garder exactement leur distance, et marcher, quoique commodément, dans un ordre qui ne cause pas d'allongement dans les colonnes.

La troisième colonne consiste dans le train d'artillerie et bagages de l'armée. L'artillerie à la tête, les deux bataillons *i* et *h* de la seconde ligne sont donnés pour escorte à cette colonne.

La quatrième colonne est composée des bataillons I, K, L, M, N de la première ligne, suivis de ceux *i*, *k*, *l*, *m*, *n*, de la seconde ligne et de ceux U, V, W de la réserve, le tout marchant par la droite. Enfin la troisième colonne est formée par la cavalerie de l'aile gauche. Les hussards du corps de réserve en prennent également la tête. Dans cet ordre, l'armée s'avance par cinq chemins différents vers la nouvelle position qu'elle doit occuper.

Si, au lieu de marcher en avant, l'armée devait se porter en arrière et faire un mouvement rétrograde, la cavalerie de l'aile droite formerait la première colonne et marcherait par la gauche. Les régiments de la seconde ligne auraient la tête de la colonne, suivraient les régiments de la première ligne; les hussards garderaient la queue de la colonne. La destination des troupes légères étant toujours de rester le plus à portée de l'ennemi, dans un mouvement rétrograde la queue de colonnes est l'endroit le plus exposé, et qui demande le plus de précaution.

La seconde colonne serait composée de l'aile droite de l'infanterie, tous les bataillons marchant la gauche en tête; les trois bataillons de l'aile droite de la réserve auraient la tête de la colonne, suivraient les quatre bataillons de droite de la seconde ligne; ceux de la première ligne marcheraient après. La troisième colonne, consistant toujours dans l'artillerie et les équipages, aurait deux bataillons *i* et *n* de la seconde ligne pour escorte. La quatrième colonne, composée de l'infanterie de l'aile gauche, également la gauche en tête, marcherait de même, l'aile gauche de la réserve la première, suivie de la seconde ligne, et enfin de la première.

Enfin la troisième colonne, formée de la cavalerie de l'aile, marchera de même, la seconde ligne en tête, suivie de la première, rompue par la gauche, et la colonne sera fermée par les hussards du corps de réserve.

Si cette même armée devait exécuter une marche de flanc par sa droite ou par sa gauche, il est trop facile de se faire une idée du mouvement qu'auraient à faire les divisions de l'armée pour qu'il soit nécessaire d'en donner le dessin. Je renvoie à la figure première de la planche III.

Avant que l'armée se mette en colonne de marche, il part un corps composé d'infanterie, d'artillerie et de cavalerie de diverses espèces, pour reconnaître le terrain, les débouchés des colonnes. Ce corps, dont la force est proportionnée à celle de l'armée et au plus ou moins de proximité de l'ennemi, s'appelle avant-garde. Cette avant-garde, toujours commandée par un général, marche par le chemin le plus court sur la nouvelle position ou le nouveau camp à prendre, et occupe sur le champ toutes les avenues qui doivent en faire la force et en assurer la tranquillité. Les circonstances décident le temps où cette avant-garde doit partir et de combien d'heures elle précèdera le départ de l'armée. Il paraîtrait convenable de la faire partir la veille au soir et de la faire marcher toute la nuit; elle pourrait peut-être encore partir plus tôt, si l'ennemi était éloigné et le pays obstaculeux, mais il ne serait pas prudent de mettre une marche entière entre l'avant-garde et le corps d'armée, si l'on était trop près de l'ennemi. Si l'ennemi est à portée, il est assez temps de détacher l'avant-garde deux à trois heures avant le départ de l'armée ; alors, en cas d'engagement, elle est à même d'être soutenue de l'armée, et si l'ennemi s'opposait trop fortement à son débouché, elle peut se replier lentement sur l'armée même.

Les campements de chaque régiment, tant infanterie que cavalerie, suivent cette avant-garde pour préparer, sur le plan qui leur sera indiqué, le campement de leurs troupes respectives.

Soit que l'on marche loin de l'ennemi, soit que l'on marche à sa portée, c'est l'avant-garde qui reconnaît le terrain et les débouchés; mais chaque colonne doit encore prendre pour elle en particulier les précautions indiquées à l'article de la marche des détachements. Si l'on débouchait pour livrer bataille à l'ennemi, on sent combien l'avant-garde devrait être attentive à se saisir de tous les avantages du terrain.

Disposition de l'artillerie dans les ordres de marches.

Mais toutes les armées traînant à leur suite de l'artillerie, il faut indiquer comment elle doit être disposée, pour ne pas embarrasser les marches et pour concourir à la formation d'un ordre de bataille.

Les mêmes raisons qui ont fait admettre le système du partage de l'armée en plusieurs divisions exigent que l'infanterie soit divisée dans la même proportion. Si l'infanterie de l'armée forme trois ou quatre divisions, l'artillerie formera de même trois ou quatre divisions d'égale force, dont chacune sera attachée à une division d'infanterie, pour camper, marcher et combattre avec elle. Indépendamment de cela, il y aura une autre division, appelée *division de réserve*, composée de gros calibres et d'obusiers. De celle-là, qui marchera à la tête du parc, seront tirés les renforts qu'on voudra porter sur un point, les détachements qui seront nécessaires, l'artillerie que, suivant mon opinion, on devra quelquefois employer à l'appui de la cavalerie, et pour cela faire marcher avec elle. Enfin il y aura une autre petite division, composée de deux, quatre, ou au plus six pièces de gros calibre; cette division sera appelée *division d'avant-garde*, campera en avant de l'armée, et marchera avec l'avant-garde. Je la forme de pièces de gros calibre, parce que c'est de l'avant-garde que doivent être faits les signaux qui règleront les mouvements de l'armée, et parce que, si cette avant-garde trouve sur son chemin quelque poste retranché, il lui faut du gros calibre pour le battre et l'emporter. Je ne parle ici que de l'artillerie du parc; car, pour celle des régiments, elle campe et marche avec eux, ainsi elle est tout naturellement divisée [1].

1. Dans la plupart des marches de la guerre de sept ans, et surtout dans celles exécutées pendant l'année 1760, l'armée prussienne avait ainsi distribué son artillerie. Le parc n'était composé que des canons à cartouches, des voitures de rechange, d'ou-

Cette grande division de l'artillerie est indépendante des subdivisions intérieures qu'on doit y former, de manière, par exemple, que chaque subdivision soit composée de pièces du même calibre, et que chaque division le soit d'un nombre égal de subdivisions composées de calibres différents.

C'est la nature et l'objet de la marche qui doivent déterminer l'ordre dans lequel l'artillerie doit marcher. Ainsi il faut se rappeler à ce sujet les distinctions que j'ai posées entre *marches de route et marches-manœuvres*, *marches de front et marches de flanc*, puisque, relativement à chacune de ces sortes de marches, l'artillerie doit observer un ordre différent.

S'il s'agit d'une marche de route, comme son but unique est la plus grande commodité des troupes, ou la plus grande célérité possible, comme il n'y est point question d'arriver à un ordre de bataille, et conséquemment d'avoir de l'artillerie à portée de le protéger, l'artillerie marchera tout simplement à la queue des troupes, afin de ne pas les retarder dans leur marche et de ne pas gâter les chemins; c'est-à-

tils, etc., etc. Il est aisé à sentir combien cette répartition de l'artillerie était avantageuse pour la formation de l'ordre de bataille, dans ces marches toutes parallèles ou de flanc, faites à portée de l'ennemi et d'un ennemi supérieur. (*Note de l'auteur.*)

dire que, si l'espèce des débouchés le permet, chaque division marchera à la suite de la division d'infanterie à laquelle elle est attachée; et que si elle ne le permet pas, on mettra l'artillerie à telle colonne que l'on jugera à propos. Dans les deux cas, la division de réserve et le gros parc marcheront à la colonne dont le débouché sera le meilleur et le plus facile.

S'il s'agit d'une marche-manœuvre, et par conséquent d'une marche faite à portée de l'ennemi, et avec le but de prendre une ordre de bataille, il faut que l'artillerie soit disposée de manière à ne gêner les troupes et ne ralentir la marche que le moins qu'il sera possible, et en même temps à pouvoir entrer dans la combinaison de l'ordre de bataille et à protéger son exécution. D'après cela on doit voir si la marche est de *front* ou de *flanc*, et faire ses dispositions en conséquence.

Si la marche est de front, voici comment marcheront les divisions d'artillerie. A la tête de chaque colonne, et précédées seulement d'un bataillon de grenadiers, seront placées une ou deux subdivisions de gros calibre, débarrassées de toutes leurs voitures d'attirails, et ayant une vingtaine de coups par pièce, pour commencer le combat. Le reste de chaque division d'artillerie suivra la division d'infanterie à laquelle elle est attachée, de manière que le canon soit immédiatement à la queue des troupes, et que toutes les voitures d'attirails et de munitions soient derrière lui. Par le moyen de cette disposition, on aura à la tête des colonnes l'artillerie nécessaire pour protéger le déploiement; les troupes n'étant point embarrassées, se mettront rapidement en bataille, et l'on disposera ensuite, ainsi que l'on voudra, du reste de l'artillerie; soit en la faisant arriver à l'appui de celle qui sera déjà postée, soit en lui faisant prendre des emplacements collatéraux à la disposition des troupes, soit enfin en la laissant derrière les lignes, si l'on veut entrer sur le champ en action décidée, et pour cela ne pas embarrasser le front. L'artillerie de réserve marchera derrière les colonnes du centre; elle sera toujours renforcée d'attelages, afin de pouvoir, à toutes jambes, se porter aux points de l'ordre de bataille où elle sera jugée nécessaire.

Voilà, dans les *marches-manœuvres de front*, quelle sera la disposition habituelle, mais les circonstances pourront y occasionner différents changements. Quelquefois, par exemple, les points d'attaque étant connus à l'avance, on saura que telle colonne doit s'emparer d'un village ou d'un retranchement qu'il sera nécessaire de battre auparavant par un grand feu d'artillerie; alors on mettra à la tête de cette colonne un plus grand nombre de subdivisions et toutes de gros calibre. Quelquefois on voudra appuyer et soutenir une aile de cavalerie; l'on joindra en conséquence à la colonne qui doit la former une ou plusieurs subdivisions de bouches à feu et particulièrement d'obusiers; cette artillerie, pourvue de 20 coups et plus par pièce, marchera à la tête de la colonne couverte par quelques escadrons, et ses voitures de munitions marcheront à la queue.

Il reste ensuite toutes les dispositions intérieures, qu'il sera à propos de faire dans les divisions d'artillerie, lorsque, marchant pour attaquer l'ennemi, l'on aura connaissance des parties de l'ordre de bataille avec lesquelles on veut faire effort et de celles qu'on veut lui refuser. Ces dispositions auront pour but de renforcer d'attelages l'artillerie des colonnes destinées à agir, de mettre dans les divisions d'artillerie de ces colonnes plus de pièces de petit calibre, et d'attacher les calibres les plus forts aux colonnes qui doivent former les parties de la disposition les plus éloignées de l'ennemi, et où par conséquent les plus longues portées seront le plus nécessaires, etc.

Quant aux pièces de canon de régiment, elles marcheront avec leurs bataillons et en suivront les mouvements ; mais je ne puis m'empêcher de répéter que, telles qu'elles sont par leur espèce, et multipliées au point où elles le sont, elles donnent plus d'embarras qu'elles ne rendent de service.

Je dois maintenant parler des marches de flanc. Si elles ne sont pas faites dans des circonstances qui fassent craindre que l'ennemi, longeant une parallèle à la direction du mouvement de l'armée, ne cherche à l'attaquer pendant sa marche, l'artillerie pourra marcher à la queue des troupes de chaque colonne, ou dans une colonne séparée sur le flanc intérieur de l'ordre de marche. Si l'on peut craindre d'être attaqué par l'ennemi, chaque division d'artillerie marchera à la tête et à la queue des troupes de chaque division, n'ayant toutefois, lesdites divisions d'artillerie, avec elles, que les caissons de munitions nécessaires pour le premier moment, et tout le reste marchant, ainsi qu'il est dit ci-dessus, dans une colonne séparée en dedans de l'ordre de marche.

Je laisse à juger aux gens de guerre si cette théorie des dispositions de l'artillerie dans les marches n'est pas supérieure à la routine qu'on a suivie jusqu'à présent. Je laisse à juger si, ayant de l'artillerie divisée et manœuvrée ainsi, on ne pourrait pas en avoir une bien moins grande quantité qu'on n'en a aujourd'hui, une bien moins nombreuse que celle de l'armée que l'on aurait vis-à-vis de soi, et avec cela ne jamais manquer d'artillerie, et se procurer sur les points nécessaires un feu supérieur à celui de l'ennemi.

De la disposition des équipages dans les marches.

Il y a peu de chose à dire sur cet objet. On ne doit jamais mêler les équipages avec les troupes; on les fait marcher à la suite des colonnes dans le même rang que les troupes y tiennent, les mulets ou chariots de campements des soldats ayant toujours la tête. Si l'on a à craindre pour les flancs de la marche, on n'en place point aux colonnes extérieures de marche, et on prend des précautions pour les couvrir.

Comme la conservation des bagages et des chariots de munitions qui appartiennent au parc et au train d'artillerie est une chose des plus importantes; il faut, autant que faire se peut, assigner à cette colonne le meilleur chemin et la route où elle a le moins à craindre de l'ennemi. C'est pour cela que, si sur un des côtés de la marche il se trouve une grande rivière, ou ruisseau, dont les bords encaissés ne permettent aucunes tentatives à l'ennemi, on y fait filer cette colonne. Si des marais, des étangs ou ruisseaux couvrent sur une grande longueur un des flancs de la marche, c'est de même le côté destiné aux équipages. A la tête de cette colonne doit toujours marcher un détachement de travailleurs avec les instruments nécessaires pour aplanir les difficultés qui pourraient se rencontrer sur le chemin; comme fossés, marais, haies, bois trop fourrés. Il serait bien d'y joindre quelques chariots de planches et de poutres, pour jeter sur les fossés, ravins, et ainsi en faciliter le passage; de même que quelques ponts de chevalets pour les petits ruisseaux [1].

S'il est question d'une *marche-manœuvre* ou d'une marche forcée, on prend le parti de laisser les équipages en arrière, choisissant, pour cet effet, un lieu sûr et qui, à tout événement, puisse être couvert par l'armée. Toutes ces règles sont connues. Mais ce sur

1. Dans les marches de flanc exécutées par S. M. le roi de Prusse pendant l'année 1760, chaque colonne avait à sa tête un équipage de ponts. Quand des rivières ou petits ruisseaux forçaient à l'employer, l'arrière-garde de chaque colonne était chargée de faire replier ces ponts et de les garder avec soi jusqu'au camp; alors les pontons regagnaient la tête de leurs colonnes pour la marche du lendemain. — On ne peut trop recommander de pareilles précautions, ajoutant à la tête de chaque colonne un certain nombre de travailleurs, avec quelques voitures d'outils, de câbles, de madriers, etc., on ne sera jamais pris au dépourvu : aucuns obstacles ne sauraient s'opposer à la marche de l'armée; que de temp, perdus que d'accidents arrivés pour avoir négligé des précautions aussi simples!

quoi on est dans la routine la plus mal-entendue, c'est l'ordre individuel de ces équipages. Je vois que, dans les chaussées, dans les pays les plus ouverts, sur les mêmes débouchés où les troupes ont marché par pelotons, les mulets ou chevaux d'équipages y marchent sur une seule file, comme si on était dans les défilés des Alpes; il serait certainement possible qu'au lieu de cela ils marchassent sur deux ou trois files. J'en dirai autant pour les voitures, qui souvent pourraient marcher sur deux de front. Enfin il devrait y avoir une règle de proportion établie, d'après laquelle on dirait : les troupes de telle colonne peuvent marcher sur tel front, par conséquent les équipages de cette colonne marcheront de telle manière.

Mais à quoi servira toute l'intelligence possible dans la disposition des marches, si on ne cherche à diminuer cette quantité énorme d'attirails, d'équipages, de valets, si justement nommée par les anciens *impedimenta*, si pour cela nous ne devenons plus sobres, moins amoureux de nos aises, plus endurcis aux travaux? Je ne m'étendrai pas là-dessus : car une pareille révolution ne peut s'opérer qu'en changeant l'esprit et les mœurs actuelles.

Après ces détails préliminaires, qui étaient indispensables pour faire connaître la disposition générale et le mécanisme particulier des marches, je vais donner l'application de ces principes aux diverses localités et faire exécuter sur le pays entre Berlin et Potsdam[1] différents mouvements de marche adaptés aux différentes espèces de terrains; ce qui achèvera de donner le dernier degré d'évidence à tout ce que nous avons dit.

Marche de front en pays de plaine.

Je suppose, par exemple, une armée campée l'aile droite à Teltow et la gauche à Marienfeld, qui doit se porter sur trois colonnes dans un autre camp auprès de Trebbin, la gauche appuyée à Salow. Voici les chemins qui devraient suivre les colonnes.

La première, formée de la cavalerie de la droite, marchera (laissant à sa gauche les villages de *Ruhlsdorf*, *Neu-Beeren*) par Spulendorf, *Siethen* et *Tirow*, débouchera sur la route de Trebbin, et laissant Trebbin à droite, entrera au camp marqué.

La seconde colonne, composée de l'aile droite de l'infanterie, marche par Ruhlsdorf, Neu-Beeren, ou bien, laissant ces villages sur la droite, traversera le bois au plus près pour gagner Kertzendorf, et par Wilmersdorf, Christinendorf, entrer au camp.

1. Un manuscrit allemand, dont je ne connais point l'auteur, m'a guidé dans la plupart des dispositions adaptées au terrain que je vais offrir au lecteur. (*Note de l'auteur.*)

La troisième colonne d'artillerie et équipages se dirige par *Gross-Beeren*, *Genshagen*, *Lowenbruch*, (laissant *Wittstock* à gauche) sur le Helleberg, où elle se parque.

La quatrième colonne ou l'aile gauche de l'infanterie débouche par *Lichtenrade*, Glasow, Dalewitz, Rangsdorf, Pramsdorf, et par Schunow arrive au camp.

Enfin la cinquième colonne, que forme la cavalerie de la gauche, s'avance par Gross-Ziethen, Klein-Ziethen, Selchow, Brusendorf, Gros-Machenow (laissant Dabendorf à gauche), par Salow, au camp.

Cette disposition de marche est bonne si l'on a rien à craindre de l'ennemi, mais si l'on en était à portée, elle ne vaudrait plus rien. La quatrième colonne, composée de l'infanterie de la gauche, marche trop loin de celle que forme l'aile droite de l'infanterie; ces colonnes ne peuvent s'entr'aider, s'entre-soutenir. Il en est de même de la troisième colonne qui est trop isolée. Pour y remédier, voici le nouvel ordre de marche que l'on pourrait suivre, et où les colonnes seraient d'autant plus en sûreté que leurs débouchés seraient plus rapprochés, et la marche couverte par les marécages entre Wittstock et Diedersdorff.

La première colonne s'avancerait toujours jusqu'à Siethen et de là se dirigerait sur Trebbin par Klein et

Gross-Beuten. La seconde colonne conserverait son ancienne direction jusqu'à Tirow, d'où elle se renderait au camp par Willmersdorff, Christinendorf.

La troisième colonne cheminerait par la grande route de Trebbin jusqu'à Tirow, y attendrait que la colonne d'infanterie fût défilée et s'avancerait jusqu'à Trebbin, d'où elle entrerait au camp, laissant la ville à droite.

La quatrième colonne, se dirigeant par Groos-Beeren et le bois sur Kertzendorff, marcherait par les prairies (laissant Wittstock à gauche) sur le Helleberg, d'où elle entrerait au camp.

La cinquième colonne, laissant Gros-Beeren à gauche, se rendrait au camp par Genshagen, Lowenbruch, Schulzendorf, Schunow.

Marche en pays de bois.

Dans un pays boisé il y a quelques précautions à prendre qui sortent des règles ordinaires. La cavalerie dans de tels pays ne doit jamais avoir les colonnes extérieures de la marche, et si sur un des flancs de la marche quelques colonnes avaient à passer à travers des bois, la colonne extérieure doit être d'infanterie, et la cavalerie en une ou plusieurs colonnes reçoit alors l'un des débouchés du centre.

Dans ces passages de bois les colonnes d'infanterie couvrent elles-mêmes leur marche. De chaque bataillon on détache un officier avec un peloton à 2 ou 300 pas en avant des flancs du côté de l'ennemi; cet officier détache un sous-officier avec 4 ou 6 hommes pour patrouiller à pareille distance. Entre ces détachements on pourrait placer des navettes de patrouilles de hussards, ce qui permettrait de pousser plus au loin les patrouilles extérieures. Après ces détails préliminaires, passons à un exemple de marche d'armée en pays de bois.

Je suppose une armée campée en arrière de Wensickendorff, la droite au bois près Schmachtenhagen, la gauche appuyée au lac près Stolzenhagen. Cette armée veut marcher sur Berlin et prendre un camp à Blanckenfelde entre Rosenthal et Schönelinde; l'ennemi est maître de Spandau et de Berlin. Voici à peu près la disposition de marche que l'on doit suivre.

La première colonne, composée de la droite de l'infanterie des deux lignes et de la réserve soutenue des hussards, s'avance le long du bois appelé *der Brisen*, se dirigeant sur le four à goudron marqué sur la carte[1] T, O, ou elle traversera le petit ruisseau qui se jette dans le lac Birkenwerder, et s'avançant par Zerensdorf, Glinicke (laissant Lubars à gauche), entrera au camp.

La deuxième colonne, consistant dans la cavalerie de l'aile droite, marchera sur le four à goudron (Thee-

1. Cette carte n'existe pas dans l'atlas qui accompagne l'ouvrage (*Note de l'Éditeur*).

rofen) entre le bois de Zuhlsdorf, traversera le grand bois, se dirigeant par Schönesfliess, Schilde, au camp près Blanckenfelde.

La troisième colonne, composée de la cavalerie de la gauche, s'avancera par Zuhlsdorf, gagnera, à travers le bois Sumpt, Muhlbeck, et laissant à gauche le Münchmühle, arrivera au camp de Blanckenfelde.

La quatrième colonne ou l'infanterie de la gauche, rompue de même par la droite, laissant Zuhlsdorf à droite, s'avancera sur Basdorff, Damms, Mühle et de là à travers les bois et les champs par la direction la plus courte au camp près Schönelinde.

Les bagages et trains pourraient, étant partagés en deux colonnes, être attachés à la queue de chaque colonne de cavalerie ou du centre, et filer avec elles vers le camp : ce qui semble être le chemin le plus convenable et le plus sûr.

Voici un autre exemple de marche dans un pays coupé.

Supposé qu'une armée fût campée la droite à Predickaw, la gauche à Ruhlsdorf, et que, s'avançant sur Berlin, elle voulût prendre un camp auprès de Alten-Landsberg, de manière à ce que la droite fût vers Krummensee et la gauche restât appuyée à la ville de Landsberg. Voici à peu près les dispositions à suivre.

Toute l'armée marche par la droite. La première

colonne, composée de l'infanterie de la droite de l'armée et de la réserve, se dirige sur Wilckendorf, Gielsdorf, Wesenthal, et laissant Bucholtz, Wedigendorff à gauche, elle entrera au camp.

La seconde colonne, formée de toute la cavalerie, laissant les villages de Wilckendorf et Gielsdorf à droite, s'avancera, par la trouée entre les deux lacs auprès de Bucholtz et les terrains à gauche de Wedigendorf, droit au camp.

La troisième colonne, composée du train et des bagages, suivra la grande route de poste de Berlin par Strausberg jusqu'à Alten-Landsberg.

La quatrième colonne ou d'infanterie de la gauche, se dirigeant entre Klosterdoff et Hubenstein sur le Untermühle, laissant Eggersdorf à droite, et longeant toujours le flanc gauche de la troisième colonne, entrera par Landsberg au camp.

Si l'on pouvait craindre de rencontrer l'ennemi, qui s'avancerait de Berlin, avec sa gauche par Friederichsfelde, Biesdorf, Mahlsdorf, et avec sa droite par Köpenick, il serait convenable de changer la direction de la colonne du parc et des équipages. Pour leur plus grande sûreté, on les ferait filer par Prötzel, le bois de Blumenthal sur Hirschfelde et Wernaeuchen, d'où ils arriveraient au camp. Les autres colonnes suivraient toutes leurs mêmes directions, excepté la quatrième, qui prendrait celle qu'avaient auparavant les équipages, et s'avancerait par la grande route de Strausberg sur Alten-Landsberg. Si l'ennemi, débouchant entre Tasdorf et Eggersdorf, se portait sur le flanc de la marche pour attaquer l'armée, il faudrait choisir la position la plus avantageuse que l'on trouverait entre Eggersdorf et Gielsdorf, pour s'y camper ou bien rétrograder sur l'ancien camp.

Outre les précautions ordinaires et générales à la marche d'une armée, quel qu'en soit le terrain, il faut avoir l'attention dans un pays coupé (et où les diverses colonnes ne peuvent s'apercevoir) que les têtes des colonnes restent toujours à hauteur. Il y aurait un véritable danger à portée de l'ennemi; si une tête de colonne dépassait beaucoup les autres, elle serait exposée à ne pouvoir être soutenue. C'est pourquoi si la tête d'une colonne se trouvait arrêtée et embarrassée dans sa marche, il faudrait aussitôt en faire avertir les autres colonnes, pour qu'elles puissent s'arrêter jusqu'à ce que ces difficultés fussent franchies, ou mieux encore, afin qu'elles aient le temps de s'en rapprocher et de se mettre en mesure de soutenir cette colonne, si l'ennemi voulait entreprendre quelque chose contre elle.

Marche de front en pays de montagnes.

Les marches en pays de montagnes demandent beaucoup plus de précautions que toutes celles que l'on peut faire dans les autres pays. Dans les pays ouverts, même coupés, on peut éclairer sa marche par des détachements de cavalerie légère, qui, patrouillant fort en avant des flancs et des têtes de colonnes, apportent des nouvelles sûres des mouvements de l'ennemi. On est rarement exposé à être inopinément inquiété dans sa marche.

Mais, dans un pays montueux, il en est tout autrement. On a rarement la facilité de pouvoir faire marcher l'armée sur plusieurs colonnes et d'en ouvrir les débouchés selon les directions les plus courtes. On est contraint de s'astreindre aux seuls chemins qui les traversent et d'y proportionner le nombre des colonnes. Ces chemins étant peu fréquents, ou trop distants les uns des autres, on est souvent forcé à diminuer le nombre des colonnes, conséquemment à augmenter leur profondeur, ce qui rend les mouvements plus lents. D'ailleurs l'ennemi a de fréquentes occasions de s'embusquer, d'inquiéter tant les flancs que les têtes des colonnes. Si ces efforts ne rendent pas la marche impossible, ils la retardent et arrêtent l'armée à chaque pas. Il est fort difficile de pouvoir reconnaître le pays assez loin en avant des colonnes pour débusquer l'ennemi et fouiller tous les lieux propres à l'embusquer. Les patrouilles ne peuvent guère s'aventurer hors de la ligne des colonnes ; d'ailleurs, obligées de s'astreindre à suivre les sentiers qui conduisent d'un village à l'autre, elles peuvent rarement pénétrer dans l'entre-deux sans courir risque d'être coupées. Les hauteurs sur lesquelles elles peuvent monter leur servent peu à découvrir au loin dans un pays aussi inégal et aussi inégalement boisé.

Tout projet de marche par les montagnes ne peut être conçu et exécuté que quand on est sûr de n'avoir rien à craindre de l'ennemi. Cette certitude s'obtient, partie par les connaissances provisoires qu'on a du local, et partie surtout par les reconnaissances exactes que l'on a fait faire des débouchés de cette marche. Si, d'après ces rapports, l'on peut exécuter la marche, on distribue l'armée en autant de colonnes qu'il y a de chemins praticables suivant la direction déterminée. Avant de quitter son camp, on doit détacher une forte avant-garde, composée d'infanterie et d'artillerie légère, pour occuper les débouchés qui pourraient faciliter à l'ennemi quelque entreprise contre l'armée. Si l'ennemi vous avait prévenu, il faudrait faire forcer les postes qu'il aurait établis dans les défilés, l'armée ne devant entrer dans les montagnes que quand elles sont bien nettoyées.

La nature du terrain ordonne la disposition de cette avant-garde. Elle doit être composée presque toute d'infanterie, et le peu de cavalerie qu'elle doit avoir ne doit être que de hussards. Cette avant-garde, quoique forte, ne doit pas se séparer trop de l'armée, elle doit toujours rester en mesure de pouvoir être soutenue et renforcée par elle. D'ailleurs, si cette avant-garde marchait a une trop grande distance de l'armée, et qu'elle laissât, par exemple, les montagnes entre deux; comme, dans ces sortes de contrées, la chaîne des hauteurs se prolonge plus ou moins sur la droite et sur la gauche (mais toujours dans une étendue trop longue pour pouvoir être toute exactement reconnue), l'ennemi se tiendrait embusqué dans des endroits assez écartés pour échapper aux recherches de l'avant-garde, et après son passage se posterait entre elle et l'armée. On sent le danger qui en résulterait.

Ordinairement l'avant-garde part la veille au soir, et, si elle ne trouve point d'obstacles ou d'inconvénients, elle s'avance jusqu'à la nouvelle position que doit venir occuper l'armée et s'y établit de la manière la plus convenable aux localités. Le lendemain le corps d'armée se met en marche sur autant de colonnes qu'il y a de chemins pour déboucher; mais la répartition des troupes dans la formation des colonnes dévie des règles ordinaires. Comme la cavalerie ne peut pas être employée sur un terrain qui lui est aussi peu favorable, on ne peut la laisser marcher en colonne séparée, elle serait trop exposée; elle doit suivre l'infanterie. Si l'on voulait faire marcher la cavalerie à la tête des colonnes, cela ne serait pas prudent. Dans de pareils pays, où les affaires de postes peuvent être aussi inopinées que fréquentes, on sent bien que la tête des colonnes doit être composée des troupes les plus propres à frayer la route et à en assurer la sûreté. Il en est de même du train et des bagages. Comme il y a peu de chemins pour pouvoir leur en consacrer un particulier, ils doivent suivre immédiatement la queue des colonnes [1].

Outre ces précautions relatives à l'ensemble de la marche, chaque colonne doit encore faire des dispositions particulières pour assurer sa marche. Chaque colonne forme une petite avant-garde, qui la précède d'environ quelques cents pas. Auprès de cette avant-garde se trouve un petit détachement de cavalerie légère, pour patrouiller, quand le pays s'ouvre, et des travailleurs avec tout ce qui peut être nécessaire

1. Toutes ces précautions ne regardent que les marches-manœuvres ou à portée de l'ennemi ; car dans son propre pays, ou éloigné de son adversaire, on s'arrange avec plus de commodité. (*Note de l'auteur.*)

pour surmonter et aplanir les difficultés et les obstacles qui pourraient arrêter la marche des colonnes. Tous les bataillons de chaque colonne détachent un peloton sur leur flanc extérieur. Partout où le terrain le permet, ces pelotons doivent marcher sur le sommet des hauteurs, occuper tous les débouchés par où l'ennemi pourrait s'approcher et détacher encore des patrouilles au-delà. Si le pays, ce qui cependant est fort rare, était assez decouvert, on enverrait encore extérieurement aux patrouilles d'infanterie de petits détachements de cavalerie légère. Les bagages, quoique à la queue des colonnes, reçoivent aussi une escorte, qui marche sur leur flanc extérieur. Comme il pourrait se faire que, malgré toutes ces précautions, l'ennemi se tînt embusqué et attendît que toute la colonne d'infanterie fût passée pour paraître sur le flanc de la cavalerie ou des bagages, il faut que les pelotons des flancs attendent dans les positions les plus élevées que la colonne ait entièrement défilé et qu'ils soient relevés par les derniers pelotons de l'escorte [1].

Il est encore quelques détails à observer avant de donner un exemple. Les têtes de colonnes doivent

1 S'il ne se trouvait pas à la queue des colonnes quelques troupes pour renforcer l'escorte des flancs en cas d'attaque, il est fort douteux que l'étroit des chemins ou des défilés permît aux troupes de la tête de pouvoir revenir à temps. C'est pour obvier à cet inconvénient que je trouve que l'on devrait laisser quelques bataillons avec des pièces légères à la queue des colonnes.

marcher à hauteur, et ne former ni saillant ni rentrant. Aucune colonne ne doit entrer dans un défilé, sans l'avoir fait soigneusement reconnaître et sans avoir garni de troupes les hauteurs qui le dominent sur les flancs. Comme les colonnes sont plus difficiles à mouvoir, à cause de leur profondeur forcément augmentée par le petit nombre des débouchés, on ne peut trop apporter de soins à empêcher leur allongement. Pour y obvier autant que possible, on augmentera leur front toutes les fois que le terrain pourra le permettre.

Comme c'est une mode devenue généralement une loi que les armées ne marchent plus sans une très-nombreuse artillerie, il faut que la vitesse de la marche des colonnes soit calculée sur celle que peut avoir l'artillerie, pour ne pas être exposé à s'en éloigner de manière à ne pouvoir en être soutenu. Lorsque la colonne arrête, toute l'artillerie ne doit pas s'arrêter dans le chemin, il faut la faire former sur un front aussi étendu que les localités pourront le permettre en doublant les lignes, ce qui raccourcit prodigieusement la colonne. Cette manœuvre a les avantages suivants : 1° on ne perd pas de temps ; 2° on tient sa colonne mieux en main ; 3° on est à même d'arriver plus promptement au secours des parties de la colonne qui pourraient en avoir besoin ; 4° on peut laisser prendre du repos aux hommes, et donner du fourrage aux chevaux, pour peu que l'obstacle arrête quelque temps. Ce qui cause le plus d'embarras dans les marches en pays de montagnes sont les équipages et le parc; ceux qui conduisent les colonnes et les chefs des troupes qui les escortent ne peuvent faire trop d'attention à ce que rien n'arrête inutilement. Les valets, et les soldats détachés des régiments pour la conduite des équipages, prennent d'autant plus volontiers des prétextes pour arrêter qu'ils espèrent y trouver une occasion plus facile de marauder dans les environs. Pour obvier à ces inconvénients, dès qu'une voiture arrête, il faut tout le long de la colonne, partout il y a place (ne fût-elle même suffisante que pour y ranger 3 ou 4 voitures de front), faire doubler successivement les voitures les unes derrière les autres, sur le plus grand front que l'on peut. On ne doit jamais souffrir qu'une voiture arrête dans le chemin, pour peu qu'il y ait de la place sur les côtés. Les officiers commandant les pelotons de l'escorte doivent y avoir l'œil et faire sortir de la file la voiture qui doit arrêter [1]. Après ces observations je vais don-

1. Cette même précaution est également à observer dans un convoi que l'on conduit à l'armée. Le général qui en est chargé doit la faire observer avec d'autant plus d'exactitude que de la promptitude de sa marche dépend la sûreté de son transport, et que le succès de toute une campagne dépend souvent de son heureuse arrivée.

ner sur la carte l'exemple d'une marche en pays de montagnes.

Supposons que la contrée entre Protzel, Alten-Landsberg, en descendant jusqu'à Erckner, soit une chaîne de montagnes, et qu'une armée de 40 bataillons, 30 escadrons de cuirassiers, 25 escadrons de dragons, 30 escadrons de hussards, campée auprès de Pradickau, dût venir prendre un camp entre Alten-Landsberg et Dahlewitz, pour de là s'avancer sur Berlin ; voici les dispositions que l'on pourrait suivre. Je suppose qu'il n'y ait que deux chemins qui conduisent à travers les montagnes et qui débouchent sur la position que l'on doit occuper : le premier par Strausberg, Eggersdorf, Alten-Landsberg ; le second par Hohenstein, Rehfeld, Lichtenow, Tasdorf, Vogelsdorf, Bollensdorf.

L'avant-garde, composée de 8 bataillons d'infanterie, 10 escadrons de dragons, 10 de hussards, 2 bataillons d'infanterie légère , 200 chasseurs et une ou deux batteries d'artillerie à cheval, s'avancera la veille au soir par le chemin de Strausberg sur Eggersdorff. Le général qui la commande fait occuper à la moitié du détachement les défilés et hauteurs près d'Eggersdorff; avec l'autre moitié il descend sur Petershagen, s'avance à Tarsdorf et en occupe les hauteurs environnantes. La cavalerie s'avance avec toutes les précautions requises à droite sur Landsberg et à gauche sur Dahlewitz, suivant le chemin en dehors Tasdorf. L'on envoie de petites patrouilles fouiller le pays entre Erckner et Köpenick. Si l'on ne rencontre point l'ennemi, l'avant-garde, descendant des hauteurs qu'elle avait garnies jusqu'alors, s'avance en deux colonnes (par les deux seuls débouchés supposés) sur l'emplacement du camp, s'y établit, et occupe les postes les plus avantageux, pour pouvoir, en cas d'attaque, se maintenir jusqu'à l'arrivée de l'armée. Cependant pour à tout événement assurer sa retraite, on laisse un bataillon au défilé d'Eggersdorf et un autre à celui de Tasdorf.

Le lendemain matin, à la pointe du jour, l'armée se met en marche sur deux colonnes (la droite en tête). La première colonne, composée de toute l'infanterie de la droite, de la cavalerie de cette aile, des bagages et artillerie qui y appartiennent, s'avance par Strausberg, Eggersdorf, Alten-Landsberg sur la droite du camp. La seconde colonne, composée du reste de l'armée ou de toute la gauche, s'avance par Hohenstein, Rehfeld, Lichtenow, Tasdorf, Vogelsdorff, Bollensdorff sur la gauche du camp. La colonne de droite détache sur son flanc droit des patrouilles qui doivent garnir et longer la crête des hauteurs; la colonne de gauche en fait autant pour la chaîne de montagnes supposée sur cette gauche vers Rudersdoff.

La marche de S. A. R. le prince Henri en 1778 (pour entrer en Bohême) ne peut trop être étudiée. C'est un des exemples les plus mémorables d'une marche en pays de montagnes. Rien de plus brillant et de mieux combiné que la disposition des colonnes.

La marche que fit le maréchal de Villars en 1703, pour forcer le passage des montagnes noires, n'eût été que hardie, s'il eût tâché préliminairement d'avoir quelque connaissance du local et des mauvaises dispositions de l'ennemi. Mais dépourvu de ces connaissances, s'étant aventuré dans six lieues de défilés continuels, où 200 hommes pouvaient arrêter son armée et la faire périr, on peut bien l'appeler téméraire, malgré son succès. M. de Villars en convient lui-même. Les grands hommes n'ont point de peine à avouer leurs fautes. Turenne, qui est certainement un de ceux qui en aient le moins fait, ne cessait de parler de Marienthal et de Rethel. Interrogé par un jeune homme, comment il avait pu perdre ces deux batailles, il répondit simplement : par ma faute.

Je ne parlerai point du passage du Simplon, ni de la marche de l'armée française à travers les Alpes, quand, conduit par la victoire, Bonaparte vint délivrer l'Italie. Ces phénomènes de l'enthousiasme et de l'énergie des légions françaises ne peuvent être cités comme des exemples, ils appartiennent trop au caractère de cette guerre nationale pour pouvoir en parler avec détail dans un ouvrage qui ne doit contenir que les vérités fondamentales de l'art militaire.

Des marches parallèles ou de flanc.

Nous avons vu que l'on nommait marches parallèles les mouvements que fait une armée pour passer d'une position à une autre en se prolongeant sur sa droite ou sur sa gauche. Cette espèce de marches est la plus fréquente dans le courant des campagnes; elle permet à l'armée de réformer son ordre de bataille avec plus de promptitude que les marches de front, où il faut toujours déployer. Une armée chargée de couvrir une province s'en sert d'autant plus souvent que c'est la manière la plus prompte de prévenir l'ennemi sur tous les points où il pourrait tenter de pénétrer. Si l'on veut se représenter les frontières limitrophes de deux États, il s'y rencontre toujours quelque débouché principal dont la possession permettrait à l'ennemi de pénétrer facilement dans le pays et de s'y maintenir; il en est d'autres, qui loin d'avoir la même importance, offrent à l'ennemi qui voudrait en profiter des difficultés nullement proportionnées aux avantages qu'il pourrait retirer de leur possession. L'armée qui doit défendre l'entrée du pays prend ordinairement un poste avantageux vis-à-vis le principal débouché. C'est de cette position que, d'après les mouvements de l'ennemi, elle se porte sur la droite ou sur la gauche et longe toujours parallèlement les mouvements de son adversaire.

La Silésie a quatre débouches sur la Bohême. Le premier par Landshut sur Schatzlar, Trautenau; le second plus à gauche par Friedland, Braunau, Böhmische-Neustadt; mais il n'est pas à beaucoup près aussi bon que le premier. Le troisième vient du comté de Glatz par Reinertz, Nachod; enfin le quatrième, à droite de Landshut, conduit en Bohême par Greiffenberg sur Böhmische-Friedland, Reichenberg. Si l'on prend la carte et qu'on l'examine avec attention, on reconnaîtra sans peine que le débouché de Landshut est le plus important. L'armée chargée de couvrir la Silésie, prenant un camp avantageux aux environs de cette ville, peut se porter facilement par sa gauche sur les débouchés de Friedland et du comté de Glatz et par sa droite sur Greiffenberg. Presque toutes les marches de la guerre de 7 ans ont été parallèles ou de flanc. L'armée prussienne marchait par lignes à droite, pour venir de Silésie en Saxe, et de nouveau par sa gauche, pour retourner de Saxe en Silésie [1]).

1. On ne peut trop étudier les marches manœuvres exécutées

Dans une marche parallèle les équipages doivent toujours marcher derrière toutes les colonnes de troupes, pour éviter que dans la formation de l'ordre de bataille la colonne des bagages ne se trouve entre entre les deux lignes de l'armée[1]. Comme il n'y a qu'un flanc de la marche qui soit exposé à l'ennemi, c'est sur celui-là seul que doivent être disposés les détachements chargés de couvrir la marche (Fig. 1, Pl. III). Outre l'avant-garde, que l'on peut former des corps qui ont la tête de l'aile par laquelle on marche, il faut encore donner une arrière-garde aux colonnes, pour empêcher l'ennemi d'inquiéter l'armée sur ses derrières, ou de se glisser sur le flanc intérieur de la marche et d'y attaquer les équipages. D'après ces principes exécutons une marche sur le terrain.

Une armée, qui devrait couvrir Berlin contre la

par S. M. le roi de Prusse en 1760. Les marches faites avant l'investissement de Dresde, et celles faites après la levée du siége, pour se porter en Silésie, offrent les détails les plus instructifs. Les dispositions données par le roi, et rapportées pages 125 et 126 du IVe volume de l'*Histoire de la guerre de sept ans*, par S. E. le lieutenant-général de Tempelhof, sont de vrais modèles. Il n'y avait qu'une armée aussi brave et des généraux expérimentés qui pussent permettre au roi de se tenir continuellement à portée d'un ennemi si supérieur en force. Si quelquefois, comme dans la marche du camp de Quolsdorf à Nauendorff, on s'est écarté des vrais principes des marches parallèles, la connaissance que Frédéric II avait acquise de ses adversaires peut lui servir d'excuse.

1. Comme il arriva à Ramillies.

Saxe, en se campant à Trebbin (l'aile droite à la ville la gauche, appuyée au Helleberg), pourrait par des marches de flanc prévenir l'ennemi partout. Supposé que l'ennemi s'avançât par la grande route sur Beelitz, l'armée défensive marchant par sa droite, vient occuper sous Beelitz une position avantageuse. Voici à peu près la direction et la disposition de la marche des deux lignes de l'armée.

La première ligne marche par Cliestow, Arendsdorf, Stangenhagen, Kortzin, Zauchwitz. La seconde ligne s'avance par Trebbin, Schonhagen sur Stangenhagen, où les deux colonnes se rapprochent et continuent à portée leur marche jusqu'au camp sous Beelitz. Dans cette marche la cavalerie peut garder la place qu'elle a dans l'ordre de bataille, c'est-à-dire qu'elle demeure à la tête et à la queue des colonnes. Les bagages et le parc, laissant Trebbin à gauche, se rendent au camp par Lowendorff, Blanckensée, et Schlunckendorff.

Les grandes gardes de la cavalerie et de gros détachements de troupes légères à pied et à cheval couvrent le flanc gauche ou extérieur de la colonne de la première ligne. Ces troupes se portent pendant la marche de l'armée en longeant la lisière du bois entre Martensmühle et Hennickendorff sur Dobricke; de là, côtoyant les hauteurs situées entre les lacs, elles s'avancent sur Rhiben, d'où, poussant des patrouilles et petits détachements vers Wittbritzen, Elsholtz, elles se dirigent par le chemin le plus court sur Schonefeldt, où elles se réunissent à l'avant-garde. De cette manière la marche se trouve parfaitement couverte. On donnera aux bagages quelques bataillons d'escorte. Mais comme les colonnes de l'armée en couvrent suffisamment les flancs, ces bataillons à la queue de cette colonne de bagages et équipages, sur laquelle des corps de troupes légères de l'ennemi pourraient par un détour vouloir tenter quelque surprise.

Si l'ennemi voulait, par la grande route de Baruth, pénétrer par Mittenwalde, l'armée campée près Trebbin avec un petit mouvement par sa gauche vient occuper une position avantageuse entre Zossen et Mittenwalde. Le front de ce camp est couvert par la Notte, petite rivière dont les bords sont encaissés et entourés de prairies marécageuses: la gauche est appuyée à Mittenwalde et la droite défendue par les prairies marécageuses et les lacs auprès de Zossen. La ville de Zossen devient un bon poste en faisant retrancher quelques bataillons dans son vieux château. Examinant la carte avec soin, on sera à même de juger les autres marches qu'il faudrait faire pour couvrir le pays entre la Sprée et la Havel et y prévenir partout l'ennemi.

Il ne faut pas croire que l'emploi des marches parallèles se borne à la défensive; leur utilité est générale. Quand on est à portée de l'ennemi et que l'on veut par de simples manœuvres le faire sortir d'une position avantageuse, soit en menaçant un de ses flancs ou la sûreté de ses communications, ce sont les seules marches à employer[1]. Si l'on veut en venir à une bataille, cet ordre de marche est très-bon à employer. Car quand on s'avance en colonne de déploiement sur l'ennemi, la formation de l'ordre de bataille est plus lente. D'ailleurs le déploiement est soumis à plus de détails, conséquemment à plus de difficultés. Une armée qui marche de front ou perpendiculairement à l'ennemi doit déjà déployer, à une certaine distance de lui, pour n'être pas exposé à le faire sous le feu du canon. En marchant par ligne à droite ou à gauche, l'armée est formée en bataille en un clin d'œil, tout est lié ensemble, la formation de la ligne et le commencement de l'attaque sont tellement instantanés que l'on peut se former aussi près de l'ennemi qu'on le veut.

1. Frédéric II et son frère, le prince Henri, sont les deux généraux qui ont su le mieux les employer. Les campagnes de ces deux grands hommes offrent les détails les plus instructifs à qui voudra les étudier.

Mouvements des deux armées marchant l'une contre l'autre.

Supposons une armée campée devant une place qu'elle assiége. Cette armée est couverte par une armée d'observation dont le camp ne peut lui servir de champ de bataille pour attendre l'ennemi, qui n'est éloigné que de 24 à 28 kilomètres. Supposons encore que son chemin, pour se porter sur les hauteurs qui doivent lui servir de champ de bataille, soit ouvert de tous côtés, et que ces hauteurs soient en deçà d'un ruisseau, à 12 kilomètres du camp, vers la tête duquel ruisseau l'ennemi est déjà en marche. La marche, pour cette armée d'observation, se fait (supposé) sur neuf colonnes, savoir :

Les deux lignes de cavalerie de l'aile droite forment la première et seconde colonnes de la droite et marchent par leur gauche.

Les deux lignes de la droite de l'infanterie, marchant par leur gauche, forment la troisième et quatrième colonnes.

L'artillerie, parquée au centre de la première ligne, forme la cinquième colonne[1].

Les gauches de l'infanterie de la première et de la

1. Il serait cependant plus avantageux de distribuer l'artillerie par divisions, à la tête des colonnes d'infanterie, comme nous l'avons observé dans le chapitre précédent.

seconde ligne, marchant par leur gauche, forment la sixième et septième colonnes.

Les deux lignes de cavalerie de l'aile gauche, marchant par leur gauche, forment la huitième et neuvième colonnes.

Lorsque la tête de ces colonnes est encore à 2 kilomètres du champ de bataille qu'on va occuper, on suppose que les partis qu'on a sur les ennemis donnent avis qu'ils voient la tête de leur armée venir droit au ruisseau; qu'elle marche sur cinq colonnes, qu'elle arrive au terrain, qu'il paraît qu'elle veut occuper sur le ruisseau, par les derrières de la droite, à quoi elle est forcée par la situation du pays; que la colonne de la droite est toute de cavalerie, la seconde d'infanterie, la troisième d'artillerie, la quatrième d'infanterie et la cinquième de cavalerie.

Quelque temps après on apprend que la colonne de la gauche, composée de cavalerie, marche beaucoup plus vite que l'infanterie, et se sépare en deux colonnes, qu'apparemment c'est toute l'aile gauche, qui gagne le devant, pour prendre son terrain sur la gauche de celui de l'infanterie, ou qui se presse, pour venir occuper les passages du ruisseau. Sur cette nouvelle, lorsque l'armée d'observation est prête à monter sur la hauteur de son champ de bataille, elle fait halte un peu en deçà, pour ne pas se faire voir, et laisser engager l'ennemi au passage du ruisseau, ayant calculé qu'elle peut encore être en bataille avant qu'il puisse avoir fait passer un nombre de troupes suffisant pour lui disputer la victoire, lorsqu'elle descendra de la hauteur pour l'attaquer.

L'aile gauche de cavalerie arrive la première sur la hauteur de l'autre côté du ruisseau, et occupe la gauche du champ de bataille : les autres colonnes arrivent ensuite, et toute l'armée se met en bataille de l'autre côté du ruisseau. L'armée d'observation se remet alors en marche, pour monter sur la hauteur de son champ de bataille. Pendant ce temps-là l'ennemi, qui ne l'a pas aperçu, prend le parti de passer le ruisseau, et toute sa première ligne se met en marche sur quatre colonnes, pour passer le ruisseau à deux gués, et sur deux ponts qui sont les seuls qu'il y a là-dessus ; sa seconde ligne reste en bataille sur la hauteur.

Comme les colonnes ennemies commencent à passer le ruisseau, leurs troupes restées sur la hauteur aperçoivent la tête des colonnes de l'armée d'observation, et les voient peu de temps après s'étendre, pour prendre leur champ de bataille.

Les ennemis, voyant notre armée formée, envoient ordre à leurs colonnes d'arrêter et à ce qui a passé le ruisseau de rétrograder. Après avoir examiné le terrain, et ne croyant pas pouvoir forcer le passage, les quatre colonnes qui étaient descendues reviennent reprendre le terrain qu'elles occupaient auparavant, reconduites par le canon que tire l'armée d'observation de la crête de la hauteur. L'ennemi se met ensuite en marche sur neuf colonnes, jusqu'où le pays se rétrécit; pour lors il n'en forme plus que cinq, et retourne par où il était venu.

L'armée d'observation fait suivre les ennemis par un détachement de sa droite, et lorsqu'ils sont éloignés, et le détachement rentré, elle retourne dans son camp.

Quoique cette manœuvre soit extraite de M. de Puységur, serait-ce présomption d'y hasarder quelques corrections? La prise de la place qu'il suppose assiégée devant avoir une grande influence sur les opérations ultérieures de la campagne, il importe que l'armée d'observation non-seulement empêche l'arrivée des secours; mais même dans une position défensive très-forte, elle doit se contenter d'observer l'ennemi, sans s'exposer à une affaire, dont le succès toujours incertain pourrait compromettre les opérations du siége. Je trouve l'armée trop éloignée de son champ de bataille, où elle pourrait être prévenue par l'ennemi, si, conduit par un général hardi et habile, et couvrant ses mouvements par une double et triple chaîne de troupes légères, il parvenait à enlever les partis de l'armée d'observation. D'ailleurs tombant sur eux inopinément avec toutes ses forces, l'ennemi peut, marchant avec célérité, passer le ruisseau et s'établir sur les hauteurs déterminées pour champ de bataille de l'armée d'observation, avant que celle-ci soit avertie de sa marche et qu'elle se soit mise en mouvement pour l'attaquer au passage du ruisseau. Ainsi je crois qu'il serait préférable que l'armée d'observation établît, sur les hauteurs destinées à être son champ de bataille, un gros détachement ou avant-garde qui y camperait et qu'on pourrait relever. Ce corps aurait de fortes batteries sur la crête des hauteurs, et pousserait des échelons de détachements aussi loin, en avant et au-delà du ruisseau que la prudence le permettrait. Ces détachements ainsi soutenus pourraient s'avancer plus près de l'ennemi; sur son approche ils se replieraient sur le ruisseau, dont les gués auraient été gâtés et les ponts chargés de matières combustibles. L'ennemi arrivant sur les hauteurs au-delà, les troupes repasseraient le ruisseau, en allumeraient les ponts, s'étendraient de droite à gauche sur les bords du ruisseau et prendraient poste dans les villages qui pourraient y être situés. L'avant-garde canonnerait vivement les têtes de colonnes de l'ennemi, quand elles paraîtraient, et ferait avertir le corps d'armée. Avec de telles dispositions, il est à croire que l'ennemi ne tenterait pas le passage du ruisseau.

Ordres de bataille.

Ordre de bataille dans la tactique actuelle peut s'entendre de deux manières. Il signifie d'abord l'ordre primitif et fondamental dans lequel une armée se dispose pour camper et pour combattre, étant mises à part toutes circonstances de manœuvre et de terrain ; il doit signifier ensuite toute disposition quelconque dérivant de cet ordre primitif, avec telles ou telles différences quelconques occasionnées par ces circonstances. Je vais éclaircir cette double définition, cela répandra du jour sur la théorie qui en sera la suite.

Considéré comme disposition primitive et fondamentale, l'ordre de bataille d'une armée est le tableau qu'on forme, au commencement de la campagne, pour régler l'emplacement et la disposition des différents corps qui composent l'armée. C'est d'après lui que les troupes sont disposées sur deux lignes, l'infanterie au centre et la cavalerie sur les ailes. Ce premier arrangement est fondé en raison, quand il n'est que la disposition préparatoire, et, si je peux m'exprimer ainsi, la disposition d'attente et d'organisation ; mais il devient abus et erreur quand il dégénère en routine ; quand on le prend également dans toutes les circonstances et dans tous les terrains ; quand surtout on en fait sa disposition de combat.

Je dis que cet arrangement est fondé en raison, quand il n'est que la disposition de campement et d'organisation : en effet, quand on rassemble une armée, il faut bien y établir un ordre primitif et habituel, un ordre qui soit la base d'après laquelle on puisse partir pour opérer et à laquelle on puisse revenir, quand les circonstances qui en éloignent n'existant plus. Je dis que cet arrangement devient abus et erreur, quand on ne sait pas s'en écarter suivant les circonstances, quand on en fait aveuglément sa disposition de combat. En effet, il est aisé de sentir que des incidents, des circonstances et des vues sans nombre doivent obliger de faire des changements à l'ordre primitif; il est aisé de sentir, par exemple, que, quoique suivant cet ordre l'armée doive être formée sur deux lignes, l'infanterie étant au centre, la cavalerie sur les ailes et tous les corps qui composent chaque ligne étant contigus l'un à l'autre, les circonstances à la guerre peuvent exiger que là il faille mettre de la cavalerie au centre et de l'infanterie sur les ailes; ici combattre sur une ligne, plus loin se former en trois; ailleurs séparer l'armée en plusieurs corps, pour les faire agir chacun sur différents points; toutes ces dérogations à l'ordre primitif n'empêchent cependant point que la totalité de la disposition ne soit un ordre de bataille, puisqu'elle a pour but de combattre. Concluons de là qu'ainsi que la postérité se tromperait, si elle imaginait, en voyant le tableau de nos ordres de bataille actuels, que telle était la disposition sur laquelle combattaient toujours nos armées, nous nous trompons sans doute étrangement, lorsqu'en trouvant dans l'histoire la disposition d'une armée grecque ou consulaire nous croyons qu'elles combattaient toujours dans cet ordre. Car vraisemblablement cet ordre n'était qu'une disposition fondamentale et primitive, à laquelle ils faisaient des changements, suivant ce qu'exigeaient la nature du terrain et les mouvements de l'ennemi.

Considéré comme disposition dictée par le terrain et par les circonstances, l'ordre de bataille d'une armée est l'ordre quelconque dans lequel elle se range pour combattre; c'est-à-dire que ce n'est jamais et ne peut presque jamais être l'ordre de méthode; car rarement se trouve-t-on dans des plaines où l'armée puisse être formée sur des lignes droites et continues; aussi rarement dans des pays où l'on doive composer tout le centre d'infanterie et les ailes de cavalerie. Souvent on affaiblit et on met hors de prise une partie de sa disposition, pour en renforcer une autre, avec laquelle on veut combattre. Dans ces différentes circonstances on se conduit ainsi que je l'ai dit ci-dessus, on s'écarte de l'ordre de méthode, on prend une disposition qui y a quelquefois très-peu de rapport. Il y a même plus : c'est que plus un général est habile, plus son armée est manœuvrière, et plus il s'écarte de la routine établie, afin de porter à son ennemi des coups imprévus et décisifs. Telle est la différence qu'il y a entre la disposition de méthode et la disposition de circonstance, qui toutes deux cependant peuvent s'appeler *ordre de bataille*. La première n'a lieu que dans les camps et dans les rêves des tacticiens, la seconde est celle dans laquelle on donne les batailles, et surtout celle qui les fait gagner.

C'est à l'armée prussienne, à ses généraux, à leurs travaux, à leurs succès et à leurs études que l'on doit la nouvelle clarté et le nouveau jour répandus sur cette partie sublime de l'art de la guerre, qu'on ne pouvait exécuter de même avec les anciens principes et les mouvements pratiqués jusque-là dans les armées; car outre que les idées de la grande tactique étaient très-faibles, outre que les armes n'étaient ni divisées ni constituées de façon à pouvoir être manœuvrières, les différents corps qui les composaient ne se réussissaient individuellement que par des méthodes lourdes et lentes, dont elles n'avaient pas même l'habitude.

De cette maladresse générale, tant de la part des

agents que des conducteurs, il résultait qu'il fallait plusieurs heures pour mettre une armée en bataille; qu'une fois cette armée en bataille, on n'osait, de peur de tout confondre, de tout perdre, faire le moindre changement dans la disposition. Il résultait qu'il fallait toujours combiner l'ordre de marche sur la disposition qu'on voulait prendre; ainsi, par exemple, on se mettait en marche avec l'objet d'attaquer l'ennemi sur tel ou tel point; on renforçait en conséquence telles ou telles colonnes. Arrivait-on en présence de l'ennemi, l'ordre de bataille était dicté par l'ordre de marche, et se prenait en conséquence. Qu'arrivait-il cependant? c'est que souvent cet ordre de bataille se trouvait vicieux, ou parce qu'on avait eu de fausses connaissances du terrain et de la position de l'ennemi, ou parce que l'ennemi avait fait des changements dans sa disposition; comment y remédier? Le moyen de changer sa disposition primitive dans des armées sans tactique? Quand le général se serait senti le génie de l'entreprendre, comment oser le tenter avec des troupes et des officiers-généraux incapables d'aucune grande manœuvre? C'était une si difficile, une si lente opération alors que celle de mettre une armée en bataille! Qu'arrivait-il encore? c'est que l'armée employant un temps infini à passer de l'ordre de marche à l'ordre de bataille, l'ennemi pouvait à loisir juger la force des colonnes, le point vers lequel elles se dirigeaient, l'objet qu'on avait en vue, et faire ses dispositions en conséquence. S'il fallait des exemples pour appuyer ce que j'avance, j'en pourrais citer une foule, et la guerre du commencement du XVIIIe siècle en fournira suffisamment.

Dans la tactique moderne on arrive d'une manière toute différente à la formation des ordres de bataille. Veut-on, par exemple, aller attaquer l'ennemi? Comme on peut ne pas connaître précisément la position qu'il occupe, comme, quand même on la connaîtrait, on ne peut pas être sûr qu'instruit du mouvement qu'on fait sur lui, il ne fera pas quelques changements dans cette position ou dans la disposition par laquelle il compte la défendre, on met l'armée en marche dans l'ordre habituel; ainsi disposée l'armée s'avance, le général étant en avant d'elle à la tête de l'avant-garde. On arrive à portée de l'ennemi; alors le général détermine son ordre de bataille conséquemment à la nature du terrain, à la position qu'occupe l'ennemi et à la disposition qu'il a prise. Il renforce ou affaiblit, à cet effet, telles ou telles colonnes qu'il juge à propos, fait avancer l'une, laisse l'autre en arrière, dirige celle-là vers un point, celle-ci vers un autre, donne le signal pour que l'ordre de bataille se prenne. A l'instant toutes ses troupes, qui sont accoutumées à l'exécution des grandes manœuvres, qui ont des méthodes rapides de déploiements, se mettent en bataille, et l'attaque commence avant que l'ennemi ait eu le temps de démêler où l'on veut le frapper, ou que s'il l'a démêlé, il ait eu le loisir de changer sa disposition pour y parer. Mais que ne peut point encore le général, ayant derrière lui toutes ses colonnes, pour ainsi dire, dans sa main, et prêtes à prendre les dispositions qu'il leur indiquera! Arrivé à la vue de l'ennemi, et ne trouvant pas que celui-ci soit en posture désavantageuse, il manœuvre vis-à-vis de lui, il cherche à lui donner le change, il emploie toutes les ressources du terrain et de la tactique pour lui faire illusion sur son projet, il feint un mouvement offensif sur sa gauche, pour former son attaque réelle sur sa droite; là il lui présente des colonnes ouvertes, ici il lui en présente des colonnes à distances serrées, il fait tant, en un mot, que, si cet ennemi n'est pas aussi habile que lui, il prend le change, abandonne ou occupe un poste qui le met en prise, ou bien s'affaiblit sur un point, soit en y laissant trop peu de troupes, soit en y laissant trop peu de l'arme propre à le défendre, soit en y laissant les troupes les moins bonnes de son armée; et alors cette faute est saisie, le général habile et manœuvrier porte sur-le-champ ses efforts sur cette partie faible. Si pourtant l'ennemi ne se met en prise ni par sa position ni par sa disposition, alors ce général se trouve n'avoir rien engagé, il se retire, prend une position et attend une occasion plus favorable. Voilà quelle est la véritable science de la formation des ordres de bataille.

Voilà celle qui a fait gagner au roi de Prusse la bataille de Lissa ou Leuthen, au prince Henri celle de Freyberg, et a acquis à l'armée prussienne une place si éminente dans les fastes de l'histoire moderne; telle est la science dont je vais essayer de développer les principes et le mécanisme. La diversité des situations peut se réduire à de certaines maximes générales, et on en peut établir les principes sur les mêmes règles dont on se sert pour parvenir à la connaissance des fortifications. Car une armée rangée en bataille n'est qu'une fortification mouvante, dont toutes les parties doivent se flanquer et se soutenir. Tels sont les principes qui doivent présider à la disposition des troupes sur le terrain.

Il n'y a proprement que deux façons de ranger les troupes pour aller à l'ennemi : l'une est de combattre sur un front étendu; celle-ci convient quand on est en plaine, l'autre est de combattre sur plus de profondeur que de front; celle-ci convient dans les attaques des retranchements ou dans les pays coupés. Dans le premier cas la cavalerie et l'infanterie peuvent être rangées l'une à côté de l'autre, pour combattre ensemble ou entremêlées. Dans le second cas c'est l'infanterie seule qui doit faire l'attaque, ayant la cavalerie derrière elle pour protéger ses manœuvres. Il est inutile de dire qu'à ces dispositions générales est attachée la nécessité de placer chaque arme dans le terrain où elle a le plus d'avantage et qui est le plus convenable pour ses évolutions. Ces deux principaux ordres d'arrangement des troupes sont susceptibles de quantité de sous-divisions, qui, ne consistant que dans la différence des manœuvres, n'ont d'autres règles que les talents du général qui sait les employer.

Il ne peut y avoir que deux manières de donner bataille à l'ennemi et d'employer au combat les troupes dont nous venons d'indiquer l'arrangement ou l'ordre. La première en engageant ou en se mettant à portée d'engager à la fois le combat sur toutes les parties de son front : la seconde en l'attaquant seulement sur un ou plusieurs points. Ainsi l'on peut d'aprés cela réduire les sept ordres dont Végéce a parlé, et dont tous les tacticiens ont parlé après lui, à deux ; l'ordre direct ou parallèle, et l'ordre oblique. Un examen rapide suffira pour le prouver.

Végéce distingue sept dispositions ou ordres de batailles, qu'on peut employer pour faire combattre une armée dans une plaine où le terrain ne donne aucun avantage; c'est-à-dire qu'elles sont purement tactiques: je vais les rapporter avec les remarques dont elles sont susceptibles.

« Le premier ordre pour combattre, dit Végéce, est « celui du front fort étendu, du carré long (Fig. I, « pl. IV).

« Mais il n'est pas estimé des personnes habiles, « parce que des troupes sur un grand front ont de la « peine à marcher sans s'ouvrir; et si l'ennemi s'en « aperçoit, il peut pénétrer par ces ouvertures; de plus « si l'ennemi est supérieur, et qu'il vous prenne par « les flancs, il vous faut des réserves pour s'y porter. « Ainsi cet ordre n'est bon que pour celui qui, étant » supérieur en nombre et en qualité de troupes, peut « embrasser et tourner les flancs de l'ennemi. »

Ce que dit Végéce est vrai, dit le maréchal de Puységur; j'ajouterai que dans un ordre étendu en plaine, comme peu de temps décide du gain d'une bataille ou de sa perte, un général qui emploie cette disposition ne donne aucune force à son ordre de bataille, et abandonne à la seule valeur des troupes la conduite et la réussite de l'action. Il ne faut donc pas combattre dans cet ordre, à moins que votre supériorité en nombre ne vous permette d'envelopper l'ennemi.

La seconde disposition est oblique (Fig. 2, pl. IV); voici la manière de la former. Quand les deux armées marchent l'une à l'autre, on fait arrêter la gauche 2, et le centre 1, à une distance suffisante de l'ennemi, pour n'être pas à portée du trait, tandis que la droite 3, renforcée de quelque réserve d'élite, marche toujours et s'approche de la gauche 4 de l'ennemi, pour l'attaquer avec ce que l'on a de meilleure infanterie et de cavalerie, faisant en sorte de le prendre en flanc et à dos.

Cet ordre de bataille ressemble assez à l'équerre brisée du maçon ou compas ouvert de 45 à 60 degrés. Si l'ennemi vous prévenait par une disposition pareille, il faudrait promptement vous renforcer à votre gauche d'infanterie et de cavalerie, lui refuser la droite et le centre, et se précautionner contre les attaques qu'il pourrait entreprendre contre les flancs et le derrière de votre position.

Le troisième ordre de bataille est semblable au second, excepté que c'est la gauche qui marche et la droite que l'on refuse. « Cet ordre n'a pas la même force que l'autre par la droite, dit Végéce, attendu qu'on ne peut marcher qu'à découvert. »

La raison du désavantage de ce troisième ordre de bataille vient de ce que les Grecs et les Romains, pour lesquels Végéce écrit, portaient leurs boucliers sur le bras gauche et s'en servaient en marchant par leur droite pour parer les flèches de l'ennemi dont ils voulaient attaquer le flanc gauche. Il n'en est pas de même en marchant par la gauche pour attaquer le flanc droit de l'ennemi, attendu que pour lors ils présentaient leur côté droit à découvert. Ce second et ce troisième ordres sont également bons pour nous, vu les armes dont nous nous servons. Nos généraux peuvent les employer différemment pour attaquer avec une aile renforcée et plus forte une des ailes de l'ennemi ou partie faible de sa position. Attaquer par sa disposition la partie faible de son ennemi, et y porter ses efforts les plus violents, c'est probablement décider de la victoire.

Le quatrième ordre de bataille (Fig. 3, pl. IV) consiste à refuser le centre et attaquer avec les ailes. Quand deux armées marchent de front, et qu'elles sont à 4 ou 500 pas de distance, une des deux arrête son centre 1, fait marcher brusquement ses deux ailes renforcées 3, pour tomber au pas redoublé sur celles de l'ennemi et les culbuter; mais comme pour cette manœuvre il faut diminuer les forces du centre, si l'ennemi n'est pas bientôt rompu, il peut trouver le moyen de l'attaquer, et, se jetant dans les trouées entre les ailes et le centre, séparer votre armée en plusieurs parties.

Le cinquième ordre diffère seulement du quatrième en ce que l'on couvre le centre des archers et armés à la légère, pour qu'il ne soit pas si facilement exposé aux attaques de l'ennemi, en cas que l'attaque des deux ailes n'ait pu le culbuter dès le premier effort.

« Le quatrième et le cinquième ordres n'en font qu'un pour nous aujourd'hui, dit le maréchal de Puységur [1], qui ne distinguons plus d'armure légère ni d'armure pesante. » On les emploie quand les ailes sont supérieures à celles de l'ennemi. Une attaque de cette nature qui réussit peut donner promptement la victoire, mais si l'ennemi n'est pas rompu aux premières charges, il est possible qu'il tombe avec des troupes supérieures en nombre sur le centre que l'on a dégarni, qu'il l'enfonce, coupe ainsi la communication de l'une à l'autre aile, situation très-critique, et qui exposerait à une défaite.

Le sixième ordre (Fig. 4, pl. IV) a beaucoup de rapport avec le second. « Quand deux armées marchent l'une à l'autre, attaquez avec votre aile droite très-renforcée 1 la gauche 2 de l'ennemi, qu'il faut tacher de culbuter par une attaque vive; le centre et la gauche 3, disposés obliquement comme un javelot 5, qui se présente de pointe, restent éloignés de la droite 4 de l'ennemi. »

1. *De l'Art de la guerre*, p. 343 du tom. Ier.

Cette disposition est la meilleure de toutes et peut être la ressource d'un général qui est inférieur en nombre et en qualité de troupes. Sa propriété est de rendre inutile une partie des forces de l'ennemi, car tandis que la droite 1 attaquera la gauche 2 de l'ennemi, celui-ci ne pourra secourir ni sa droite ni son centre 4, attendu qu'il craint la partie de l'armée, qui est étendue en forme de 1, et qui tiendra en échec toute la partie de sa disposition qui ne serait pas attaquée. S'il dégarnit quelques parties de sa ligne pour renforcer les troupes qui combattent, on peut en faire autant, ou attaquer les endroits affaiblis.

Cette manière de combattre fut employée avec succès par Epaminondas à la seconde bataille de Mantinée rapportée par Xénophon à la suite de Thucydide. Par ce récit, il paraît que l'armée du général thébain formait une perpendiculaire sur le flanc gauche de l'ennemi. Profitant de la confusion qui arrive toujours quand on est pressé de ce mettre en bataille, Epaminondas tomba avec toutes ses forces sur la partie la plus proche de lui, et l'enfonça avant qu'elle pût être secourue par les plus éloignées. Il est bon d'observer que, par une disposition contraire, on peut entreprendre avec sa gauche contre la droite de l'ennemi, et lui refuser son centre et sa droite.

Cet ordre de bataille, qui est assez souvent celui qu'il convient de prendre, quand il s'agit de combattre dans une marche, doit subir quelques changements dans la tactique moderne, relativement à la à la différence des armes à jet dont nos troupes font usage. L'artillerie rend impraticable ce que l'auteur latin propose ici ; car des troupes rangées sur un grand front disposé perpendiculairement à celui de l'ennemi auraient beaucoup à souffrir de son canon qui les prendrait d'écharpe. On ne peut remédier à cet inconvénient que par une position oblique 3; l'inspection de la figure 4 suffira pour en voir l'avantage.

Le septième ordre est celui où, étant inférieur en nombre, on appuie un de ses flancs à quelque localité avantageuse qui le couvre ; telle que marais, rivière, hauteur, ou même des retranchements qui empêchent l'ennemi de vous déborder de ce côté. L'on porte à son autre aile ses meilleures troupes, le reste de l'armée est disposé selon la méthode ordinaire, observant de placer la cavalerie 3 à l'aile qui n'est pas appuyée (Fig. 6 pl. IV). Végèce dit ensuite qu'il faut choisir les meilleurs troupes pour former le coin. On appelle coin une certaine disposition de soldats qui se termine en pointe, s'élargit à la base, et rompt la ligne des ennemis en faisant qu'un grand nombre d'hommes lancent leurs traits sur un même endroit. A cette manœuvre les anciens en opposaient une autre qu'ils nommaient tenaille. Cette disposition, ressemblante à la lettre V, se formait de soldats d'élite bien serrés, qui reçevaient le coin, l'enfermaient ainsi des deux côtés et rendaient son effet inutile. Ce septième ordre n'est autre que le premier, dont une des ailes est appuyée. Quant au reste de la disposition, la nature de nos armes nous interdit ces saillants et ces rentrants. Les circonstances, la variété des localités ne permettent pas de regarder comme règle le conseil que donne Végèce, de mettre toute la cavalerie à l'aile qui n'est pas appuyée[1].

Toutes les dispositions précédentes et toutes celles que l'on peut former sont parallèles ou obliques; il n'existe donc réellement que deux ordres de batailles, le direct ou parallèle et l'oblique. Je vais tâcher d'en développer les principes et l'application aux diverses irrégularités du terrain, de manière à offrir aux jeunes gens curieux de s'instruire des points fixes d'après lesquels ils pourront facilement dessiner et concevoir des dispositions.

Ordre direct ou parallèle.

On appelle ainsi une disposition de bataille dont

1. On peut disposer obliquement, si l'on veut, l'aile qui n'est pas appuyée. (N°. 4, Fig. 5, pl. IV.)

le front, développé parallèlement à celui de l'ennemi, peut entrer en action à la fois de toutes les parties qui la composent. Quand je dis paralélllement, on ne doit pas entendre ces mots dans la précision géométrique, car il y a peu de pays qui puissent permettre à deux armées de s'étendre sur des fronts exactement parallèles l'un à l'autre. Le nom d'*ordre parallèle* appartient donc à toute disposition qui place tous les corps de deux armées les uns vis-à-vis des autres en mesure et à portée de combattre.

Voilà certainement comme ont dû se disposer les armées dans les premiers âges de la science militaire. Alors elles n'étaient pas si nombreuses qu'aujourd'hui; elles se formaient sur une ordonnance moins étendue; on était armé de manière à avoir besoin de s'approcher pour se nuire. On ne connaissait pas toutes les finesses de la tactique; en raison de ce qu'on était moins éclairé, on était plus courageux peut-être. Chacun voulait combattre; chacun voulait avoir part au danger et à la gloire : de là ces batailles si terribles et si sanglantes, que nos combats actuels, qui ne sont que des jeux auprès d'elles, nous les font presque regarder comme fabuleuses. Qu'on voie encore aujourd'hui deux nations sauvages violemment animées l'une contre l'autre, et ne connaissant pas l'usage de nos armes à feu ; leurs braves s'assembleront, marcheront les uns aux autres, se joindront, et là leur disposition sera de s'étendre pour pouvoir tous combattre et chercher chacun son homme. Ainsi se battent, dans l'Amérique septentrionale, toutes les nations que les Européens n'ont pas formées et armées ; aussi leur guerres finissent-elles quelquefois par la destruction entière du peuple vaincu. Ainsi ont combattu toutes les premières races d'hommes qui ont habité l'Europe, jusqu'à ce que le hasard, l'ambition et le raisonnement aient fait naître parmi elles quelques lumières.

On voit que l'ordre parallèle, étant le plus naturel et le plus simple, a dû être la plus ancienne disposition connue. Ce ne sont pas les mots qui font les choses, et quoique des sauvages ne connaissent peut être ni le mot *ordre* ni certainement le terme *parallèle*, c'est cette disposition informe et d'instinct qu'ils prennent pour aborder tout à la fois l'ennemi et le combattre ; c'est elle qui, se perfectionnant peu à peu, et les mots naissant avec les idées, est devenue et a été nommée *ordre parallèle*.

A mesure que les hommes s'éclairèrent, les armées supérieures en nombre durent chercher à tirer parti de leur supériorité, et, pour cet effet, à envelopper l'ennemi et à embrasser ses flancs. De là cette disposition en forme de croissant qui subsiste encore aujourd'hui dans les armées turques et asiatiques. D'un autre côté, des généraux habiles, se trouvant à la tête d'armées inférieures, durent chercher les moyens de suppléer à cette infériorité par la perfection de la tactique : ils durent sentir qu'en se présentant parallèlement à un ennemi supérieur en nombre ils s'exposaient à être enveloppés et battus ; qu'il y avait telle autre sorte de dispositon, telle science de mouvements, au moyen de laquelle ils pourraient porter l'élite de leurs forces à un des points de l'ordre de bataille, n'engager le combat que sur ce point et mettre hors de prise toutes les autres parties de leur disposition ; de là l'ordre oblique et toutes les autres dérogations à l'ordre parallèle. Enfin, entre des généraux tant soit peu éclairés de part et d'autre, l'ordre parallèle cessa d'avoir lieu dans les batailles, parce que, supérieurs ou inférieurs en nombre, ils calculèrent, avec raison, qu'il y avait d'autres dispositions plus avantageuses.

Ce qui prouve que telle a dû être, dans l'antiquité, l'origine des différents ordres de batailles, c'est que nous les avons vu renaître dans la même progression. Avec l'empire romain, la science militaire déchut et s'anéantit ; il succéda des siècles de ténèbres; les hommes redevinrent à peu près aussi ignorants que l'avaient été ceux des premiers âges. Cette ignorance s'étendit sur tout, elle s'étendit particulièrement sur la manière de faire la guerre; car il faut observer en passant qu'alors c'était tout ce qu'il y avait de plus grossier et de plus ignorant dans les nations qui se dévouait aux armes; les habitants des villes n'étaient pas guerriers, et le petit nombre d'hommes livrés à l'étude étudiait pour l'autel, pour la scolastique ou pour quelques arts échappés à la barbarie générale.

On en revint donc alors à se battre comme dans les premiers temps. Ce fut multitude contre multitude, hasard contre ignorance, les armées s'abordaient et s'engageaient de tout leur front; ainsi se donnèrent les batailles de Clovis contre Attila, de Charles-Martel contre les Sarrazins, de Charlemagne contre les Saxons. La preuve qu'elles se donnaient ainsi, c'est qu'il y périssait un nombre incroyable de combattants. Les chroniques de ces guerres disent souvent que peu de vaincus se sauvaient du carnage des combats. Ces armées prenaient, sans le savoir, l'ordre parallèle; il eut lieu encore longtemps après, il eut lieu tant que la tactique resta dans l'enfance; on le trouve à Marignan, à Agnadel, à Pavie, partout où les armées eurent le temps de se mettre en bataille la veille et la possibilité de s'aborder.

Quand la science militaire commença à renaître, on fit le même raisonnement qu'avaient fait les anciens, et en conséquence on s'écarta de l'ordre parallèle. On chercha à manœuvrer, à tourner son ennemi par les flancs: il n'y eut presque plus de batailles engagées sur la totalité du front; il y en eut bien moins encore quand les armées devinrent plus nombreuses et se rangèrent sur une ordonnance plus mince. Le moyen en effet que, sur des fronts aussi étendus, il n'y eût pas quelque obstacle qui empêchât de se joindre. On adopta alors un nouveau genre de guerre fondé sur la nature du terrain et sur le choix des positions. Les armées inférieures se mirent, soit par les retranchements, soit par les obstacles naturels du pays, à l'abri de toute attaque, ou réduisirent la possibilité de les attaquer à des points. Tous les combats devinrent des affaires de postes; il n'y eut plus de batailles générales, par conséquent plus d'ordre parallèle. Depuis la fin du dernier siécle on ne peut pas, je crois, citer une action où les armées aient engagé le combat sur tout leur front.

Ce qui contribue maintenant à faire rejeter généralement l'ordre parallèle, c'est, outre l'immense front des armées et la difficulté de se joindre, la nécessité où sont tous les États de ne pas compromettre au hasard d'une action générale des armées qui font toutes leurs forces et leurs destinées. Aujourd'hui qu'aucune nation n'est guerrière ni par ses mœurs ni par sa constitution, aujourd'hui que les peuples n'ont pour défense qu'un certain nombre de troupes, que hors de ces troupes tout le reste des citoyens n'est qu'une multitude inaguerrie, sans aucune idée de guerre et de discipline, prête, par conséquent, à subir le joug du vainqueur, la politique respective des gouvernements veut que les généraux ne donnent rien au hasard. On vient de voir comment le résultat des ordres parallèles mis en exécution un jour de bataille était de rendre l'action générale; comment elle devenait plus terrible, plus décisive, plus sanglante; comment il se pouvait qu'elle entraînât la destruction totale des vaincus. Qu'on se peigne la détresse d'une de nos nations, si on venait lui dire, comme on le dit aux Romains après la journée de Cannes : « L'ennemi arrive, l'armée qui couvrait la capitale a engagé une bataille générale et cette armée n'est plus » [1]).

1. Que dirait M. de Guibert (dont j'ai tiré beaucoup de ces réflexions), si, sortant du tombeau, il pouvait revenir sur les événements qui se sont passés depuis 1790. Il était si bon Français, qu'il ne pourrait entendre sans attendrissement le récit des efforts glorieux de sa patrie. L'ennemi est à cinq marches de Paris, les frontières sont entamées; à la nouvelle du danger de la patrie la France entière se change en un camp, chaque Français devient soldat; les dissensions, les factions, les partis se taisent, il n'est plus qu'un cri, qu'une volonté, c'est de marcher aux frontières. Le fanatisme de la patrie allait si loin que les Vendéens même oubliaient leur vengeance et les forfaits de leurs oppresseurs, pour célébrer les victoires des armées républicaines. La

L'ordre parallèle, pris dans la signification que je lui ai donnée au commencement de ce chapitre, n'est donc plus aujourd'hui mis en exécution dans les batailles; mais ce nom peut rester à la disposition primitive et habituelle d'organisation et de campements d'une armée, puisque toutes les parties de cette disposition se trouvent d'égale force et prêtes (les obstacles du terrain mis à part) à entrer en action avec l'ennemi, s'il venait attaquer à la fois tout le front.

Cependant je dois dire, avant que de quitter cet article, qu'il pourrait y avoir des occasions où une armée supérieure en courage et sûre de ne pas être prise par ses flancs pourrait se servir de l'ordre parallèle. Ce qu'il y a de certain du moins, c'est que les batailles qu'une pareille armée gagnerait dans cette

nouvelle d'une ville prise, d'une victoire remportée, d'une province conquise suspendait les horreurs de la guerre civile.

On a été injuste envers M. de Guibert; avec de grands moyens, des vues vraiment utiles, ayant eu le malheur de heurter l'orgueil et l'amour-propre de la première classe de la nation, on lui a refusé jusqu'à des talents. Les étrangers ont été plus vrais, ils ont avoué son mérite, mais sont convenus en même temps qu'une grande suffisance l'avait souvent égaré. Il est impossible de ne pas être étonné de l'esprit de parti qu'il a montré en traitant la question de l'utilité des places fortes. M. de Guibert avait trop de connaissances réelles pour pouvoir être cru de bonne foi dans la manière dont il a envisagé ce sujet. Un peu d'égoïsme, un grand désir de se singulariser, ont pu seuls l'entraîner. M. de Bousmard, dans une brochure aussi pleine d'esprit que forte de raisons, a détruit le système de M. de Guibert au moment de sa naissance.

disposition ruineraient l'armée qui lui serait opposée, tandis que les batailles actuelles entre deux généraux habiles ne peuvent jamais avoir de si grands résultats.

Dispositions parallèles offensives.

Je suppose qu'on soit obligé d'attaquer une armée 1, dont la droite est appuyée à une rivière et la gauche à un marais (Fig. 6, pl. IV). La nature du terrain empêchant l'assaillant (qu'on suppose supérieur) de pouvoir déborder l'ennemi et agir sur ses flancs, on ne peut attaquer que de front. L'infanterie 2 et la cavalerie 3 seront donc rangées sur un front égal à celui de l'armée 1 et l'excédant des troupes 4 sera placé derrière les ailes, en réserve. Le but de cette disposition est de faire craindre à l'ennemi pour ses ailes et de l'engager à tirer des troupes du centre pour les renforcer. Si l'on parvient à le déterminer à ce mouvement, les ailes feront de fausses attaques, tandis que les troupes du centre, soutenues des réserves 4, qui s'y porteront et s'y formeront en troisième ligne, chargeront avec la plus grande vigueur. Si l'on est victorieux, les ailes de l'ennemi se trouvent séparées, et les troupes qui ont percé le centre, tournant à droite et à gauche, les prendront en flanc et à dos et faciliteront leur défaite. Mais si l'ennemi n'est pas la dupe de ces mouvements et ne dégarnit point son centre, il n'y a d'autre parti à prendre que de renforcer ses ailes, de manière à attaquer celles de l'ennemi avec une supériorité qui puisse faire espérer de les enfoncer, tandis que le centre fera de fausses attaques. Comme j'ai supposé l'armée assaillante plus forte, il est possible d'entreprendre contre les ailes de l'ennemi avec des forces supérieures et d'avoir un centre égal au sien.

Si l'on voulait attaquer une armée qui, outre les avantages ci-dessus indiqués pour appuyer ses ailes, aurait un village 3 au centre; voici quelle pourrait être à peu près la disposition. (Fig. 7, pl. IV). Il n'y a que deux partis à prendre dans l'attaque de cette armée; d'attaquer seulement le centre en tenant les ailes en échec par de fausses démonstrations; ou de simuler une attaque au centre, et de tomber sur les ailes avec des forces supérieures.

La figure fera voir les mouvements nécessaires pour l'attaque du centre de l'ennemi, en cas que, trompé par les mouvements des ailes de l'armée assaillante, et craignant pour les siennes, il ait dégarni et affaibli son centre. Lors de l'attaque les réserves 6 de l'armée assaillante viendraient soutenir en troisième ligne les troupes de son centre marchant à l'ennemi.

Quant à tenir le centre en échec et attaquer les ailes, cette manœuvre deviendrait impossible (malgré la supériorité du nombre), si l'ennemi se poste de façon que le village du centre, bien garni de troupes et d'artillerie, se trouve à quelque distance en avant de sa première ligne [1]. On ne pourrait jamais attaquer les ailes, car on prêterait toujours le flanc au feu d'écharpe du village.

Dispositions défensives parallèles.

Les dispositions parallèles défensives sont fort dangereuses, lorsqu'on n'a pas ses ailes bien appuyées, ou que l'on n'a point assez de troupes pour bien garnir et remplir totalement l'espace compris entre les points auxquels on pourrait les appuyer. Si une armée quelconque inférieure en nombre était obligée de recevoir bataille en plaine rase (Fig. 8, pl. IV), voici à peu près les attentions qu'elle doit avoir.

L'ennemi étant supérieur en nombre, profitera de cet avantage pour entreprendre contre les flancs. Parvenir à rendre cette attaque inutile, et le contraindre à n'attaquer que de front, ce sera enlever à l'ennemi une grande partie de ses avantages. C'est donc à assurer ses flancs que l'on doit porter tous ses soins.

On rangera l'armée comme de coutume sur deux lignes, l'infanterie au centre, la cavalerie sur les ailes. Aux ailes de l'infanterie on placera, entre les deux li-

1. C'était ainsi qu'était posté le général Mercy à Nordlingen.

gnes, des bataillons 3, pour les assurer en cas de défaite de la cavalerie[1]. On doit assurer, s'il est possible, les ailes de la cavalerie par des abatis 7, ou des chariots, derrière lesquels on dispose de l'infanterie 8 : des escadrons de cavalerie 4, et de dragons 5, seront placés, comme en troisième ligne, à une certaine distance en arrière des ailes, pour s'opposer à tous les mouvements que l'ennemi voudrait tenter pour tourner obstacles et s'avancer sur les derrières. Une réserve d'infanterie 6 soutiendra le centre. Lorsque l'ennemi 9 attaquera les flancs, la cavalerie 4 le recevra de front, tandis que les dragons se porteront sur ses flancs et ses derrières. Si les ailes de l'ennemi sont battues, on se précautionne alors contre les attaques de son centre[2].

Si l'on est obligé de recevoir la bataille sur un terrain, où l'on ait ses deux ailes 1 et 2 appuyées, et un village 3 au centre (Fig. 9, pl. IV); le village se trouvant au centre du champ de bataille, est un poste de la

1. Ce fut cette précaution à laquelle Frédéric II dut le gain de la bataille de Molwitz.

2. Les ordres de bataille en rase campagne doivent être partout également forts, car tous les mouvements de l'ennemi y étant libres, il pourrait bien se réserver un corps qu'il emploierait à vous donner de la besogne.

En cas que l'une des ailes ne fût pas appuyée, le général qui commande la seconde ligne doit envoyer des dragons pour déborder la première ligne sans en attendre l'ordre; et les hussards tirés de la troisième ligne viendront déborder les dragons.

dernière conséquence, c'est la clef de votre position. On le couvrira par des retranchements 4, de manière que l'artillerie rase le front des ailes et prenne en flanc les troupes ennemies qui pourraient tenter de les attaquer. On garnit en outre le retranchement d'infanterie 6, et on en place d'autre 7 en réserve derrière le village, pour soutenir ou remplacer les troupes qui le défendent; on peut les disposer en ligne ou en colonne; cette dernière manière paraît plus propre que l'autre à faire filer promptement des troupes dans le village, s'il en était besoin. On partage ensuite le reste de l'infanterie 8, et de la cavalerie 9, à droite et à gauche du village, à quelque distance en arrière, pour qu'elles soient mieux défendues par le feu du village. A l'extrémité des ailes on établit des batteries de grosses pièces, pour prendre de revers l'ennemi, s'il marchait à l'attaque du village. Ces batteries, croisant leurs feux avec celui des retranchements du centre, en avant de la trouée qui se trouve entre le village et l'appui des ailes, rendent toutes tentatives de l'ennemi impra-

La raison en est bien sensible : si l'ennemi fait un mouvement pour prendre la cavalerie de la première ligne en flanc, les dragons et les hussards feront à leur tour la même chose à l'ennemi; mais pour recevoir la bataille dans une pareille disposition, il ne faut pas qu'il y ait une trop grande disproportion de forces; sans cela l'ennemi supérieur finirait par vous entamer à cette aile, il n'y aurait alors, si l'on était contraint à combattre; que le secours des charriots et abatis pour donner un appui factice à cette aile. (*Instruction militaire* de Frédéric II, p. 114.)

ticables contre elles. Des réserves 10 ajoutent encore à leurs forces.

Si l'on n'avait pas le temps de fortifier le village, on posterait l'infanterie dans les haies et dans les maisons qui s'en trouveraient les plus proches. On la rafraîchirait continuellement, pendant le combat, par des troupes tirées de la colonne 7; et l'on porterait tous ses soins à y établir de bonnes batteries de manière à remplir l'effet de celles du retranchement supposé ci-dessus.

Si une armée doit combattre sur un terrain où ses ailes puissent être appuyées, que le front soit totalement dégarni, et qu'elle ait le temps de se retrancher, il faudra élever sur le front des redoutes ou redans dont le feu se croise à bonne portée. Les redoutes ou redans seront garnis d'infanterie et de canons. L'on disposera une ligne d'infanterie avec du canon pour en défendre les espaces intermédiaires. Quelques corps d'infanterie, de cavalerie et dragons formeront la seconde ligne. La cavalerie soutiendra le tout, et l'artillerie de position sera distribuée entre les redoutes. C'était-là la disposition qu'avait prise le maréchal de Saxe en 1748 avec l'armée qui couvrait le siége de Maestricht. Derrière ses redoutes il voulait attendre l'ennemi qui aurait tenté de vouloir faire lever le siége.

Si une armée devait combattre, sa droite à une rivière 1, sa gauche à un marais 2, et des étangs 3 et 4 vers le centre, la disposition serait très-facile (Fig. 10, pl. IV).

La droite, composée d'infanterie 5 et de cavalerie 6, serait postée entre la rivière et l'étang 3; un corps d'infanterie 7 se postera devant la trouée des deux étangs. Deux lignes d'infanterie 8 et de cavalerie 9 formeront la gauche de l'armée que l'on fera soutenir par une réserve d'infanterie 10 et une de cavalerie 11. L'artillerie sera disposée de manière à ce que son feu se croise en avant du front des troupes. Deux fortes batteries appuieront les ailes.

Pour augmenter la force de cette position, on pourrait lier les deux étangs ensemble par un bon retranchement tenaillé, ce qui augmenterait les feux qui se croiseraient en avant des ailes. Une batterie de gros calibre, placée sur la rive au-delà de la rivière, protégée d'un bon retranchement, appuyée par un corps de troupes, rendrait l'attaque de l'aile droite presque impraticable. Si le maréchal de Villeroy à la bataille de Ramillies eût établi une forte batterie sur la rive droite de la Méhaigne, il eût rendu impossible l'attaque de sa droite; et le duc de Malborough n'aurait pu se hasarder à la tourner, comme il le fit. Pendant près de 5 heures que le duc de Malborough fut à changer sa disposition de combat, après avoir inutilement essayé de forcer la gauche des Français couverte par de petites jetées et des marais impraticables, le duc de Villeroy aurait eu tout le temps de faire dresser cette batterie et d'occuper le village de Tavières, ce qui eût mis l'aile droite sur la défensive la plus imposante.

Si l'armée était obligée de combattre sa droite à une rivière, sa gauche à un marais, et au centre un village 3, qui donne au champ de bataille la forme d'un angle (Fig. 2, pl. IV); le village étant le point d'appui du centre, ne peut être retranché avec trop de soin; au moins il doit être garni d'une quantité d'infanterie 4 suffisante pour le défendre avec opiniâtreté. L'infanterie 5, soutenue d'une seconde ligne composée d'infanterie 6 et de dragons 7, sera disposée à droite et à gauche du village. On rangera la cavalerie en troisième ligne. Une réserve d'infanterie 9 renforcera, s'il est nécessaire, les troupes qui défendent le village. L'inspection de la figure fera voir la disposition de l'artillerie. Si l'on en a le temps, on peut rendre inattaquable une des ailes de l'armée par des redans tracés devant cette aile, entre le village et l'appui de l'aile. Si l'on avait un pont sur la rivière, afin de mieux appuyer sa droite, on établirait au-delà une batterie 12, pour prendre en flanc les attaques que l'ennemi pourrait tenter contre cette droite.

Ce fut sur un terrain à peu près semblable que l'armée Française combattit à la bataille de Fontenoy.

Ordre oblique.

On a vu dans l'introduction du chapitre précédent comment la science militaire a substitué l'ordre oblique à l'ordre parallèle et a rendu les batailles plus savantes et moins sanglantes. C'est un jeu de calcul et de combinaison qui a succédé à un jeu de hasard et de ruine. Il est heureux que la science militaire, qui est la science de la destruction, rende la guerre moins destructive en se perfectionnant. Il est heureux que ce puisse être l'habileté des généraux qui décide le sort des batailles, plutôt que la quantité de sang répandu. Enfin, dans un siècle où tous les arts ont fait des progrès, il est honorable, il est encourageant pour les militaires que celui de la guerre se ressente de la propagation générale des lumières.

L'ordre oblique est l'ordre de bataille le plus usité, le plus savant, le plus susceptible de combinaisons, l'ordre dont se serviront toujours les armées inférieures commandées par de bons généraux ; c'est cet ordre si fameux chez les anciens, mais dont aucun de leurs tacticiens ne nous a fait connaître le mécanisme intérieur. Les généraux prussiens sont les premiers modernes qui l'ont exécutée par principes, et qui l'ont adaptée à la tactique actuelle.

C'est à ce changement lumineux que Frédéric II a dû le grand nombre de victoires qui, sous son règne, ont immortalisé son armée et fixé à jamais les yeux de la postérité sur un pays qui, dans une période de cinquante ans, a su, par ses progrès dans la tactique, la valeur de ses troupes, l'habileté de ses chefs, sortir du rang de seconde puissance et s'acquérir une grande prépondérance.

Pour qu'un ordre de bataille soit oblique, il n'est pas nécessaire que le front de cet ordre dessine exactement une ligne oblique par rapport au front de l'ennemi, car rarement les terrains et les circonstances permettent qu'une pareille régularité puisse avoir lieu. On appelle oblique toute disposition où l'on porte sur l'ennemi une partie et l'élite de ses forces, et où l'on tient le reste sous sa portée; toute disposition, en un mot, où l'on attaque avec avantage un ou plusieurs points de l'ordre de bataille ennemi, tandis qu'on donne le change aux autres points, et qu'on se met hors de mesure de pouvoir être attaqué par eux.

Il est à remarquer qu'une disposition oblique quelconque est en même temps offensive et défensive, car on attaque l'ennemi avec une ou plusieurs parties de l'armée, tandis qu'on lui refuse les autres. Il est fort avantageux d'employer l'oblique contre une armée postée; on ne craint pas alors d'être prévenu. L'oblique peut s'employer contre la droite, la gauche ou le centre de l'ennemi, ou contre les parties intermédiaires de ces points. Cependant l'effort d'une disposition oblique se fixe ordinairement contre l'une ou l'autre aile; il est rare que ce soit contre les parties intermédiaires. Le moyen de faire échouer une attaque oblique est de prendre une disposition contraire à celle de l'ennemi, et d'avoir une réserve d'infanterie ou de cavalerie prête à renforcer la partie qu'il attaquera. La chose ainsi entendue, presque toutes les batailles qui se sont données depuis un siècle ont été données dans l'ordre oblique, car elles sont toutes réduites à des points d'attaque. Mais cet ordre était pris au hasard et dicté par les circonstances ou par la nature du terrain. On n'avait point approfondi ses avantages, on ne connaissait pas ses finesses, on ignorait la manière de le prendre rapidement sur un point indiqué par les circonstances du moment et non prévenu dans l'ordre de marche; ainsi, dans un art qui est au berceau, il arrive qu'on se sert machinalement d'un instrument dont on ne connaît ni les propriétés ni l'usage.

Pour développer parfaitement la théorie de l'ordre oblique, il faut entrer dans des détails qui fassent concevoir pas à pas ses principes, leur objet et leur application.

On distingue deux différentes espèces d'ordre oblique : l'une est l'ordre oblique de principe, l'oblique proprement dit, c'est-à-dire l'ordre dans lequel l'armée est disposée véritablement obliquement au front de l'ennemi; l'autre est l'ordre oblique de circonstance, c'est-à-dire l'ordre dans lequel l'armée, quoique n'étant point disposée obliquement au front de l'ennemi, se trouve cependant, soit par la nature du terrain, soit par l'habileté de ses mouvements dans le cas de l'attaquer sur un ou plusieurs points, et d'être elle-même hors de prise sur les autres. Je vais parler successivement de chacune de ces deux espèces et faire sentir leur différence.

Oblique de principe.

On appelle oblique de principe celui dans lequel on est précisément rangé obliquement au front de l'ennemi, et où on lui refuse une ou plusieurs parties parties. Par exemple, le quatrième et le cinquième ordres de bataille proposées par Végéce sont obliques, parce que le centre reste éloigné de l'armée qu'on attaque, tandis que les deux ailes avancent pour la charger.

L'ordre oblique proprement dit peut s'exécuter de

deux manières, par ligne ou par échelon. Par ligne, c'est-à-dire la disposition formant un front oblique et en demi-quart de conversion, tous les bataillons et escadrons étant contigus et sur le même alignement (Fig. I, pl. V).

Par échelons, c'est-à-dire chaque bataillon et escadron se laissant dépasser, du côté vers lequel on veut attaquer, par le bataillon ou escadron qui est à côté de lui, d'un certain nombre de pas plus ou moins considérable, suivant le nombre de troupes qui composent chaque colonne et le degré d'obliquité qu'on veut donner à l'ordre de bataille. Toute la partie qui doit attaquer, formant cependant une espèce de marteau en avant et étant rangée dans la disposition ordinaire (Fig. 3, pl. V).

1. Si l'on voulait attaquer obliquement une partie quelconque de l'armée ennemie, par exemple sa gauche 2, la droite, qui sera renforcée, joindrait, par un mouvement de conversion 4, la gauche de l'ennemi, tandis que le centre et la gauche le tiendraient en échec (Fig. 2, pl. V). On sent combien une pareille manœuvre est lente et difficile. Une troupe peu nombreuse fait un mouvement de conversion, mais les difficultés de cette manœuvre croissant en raison de l'étendue du front des troupes, il serait absurde de vouloir que nos armées prissent une direction oblique par un mouvement de conversion. D'ailleurs, les difficultés du terrain pourraient interrompre cette manœuvre à chaque instant.

Un autre inconvénient de former cette oblique, est que le canon de l'ennemi 7 peut enfiler une bonne partie des troupes qui ne combattent pas et leur causer beaucoup de perte.

Il ne faut pas cependant en inférer que cette oblique doive toujours être rejetée ; on peut l'employer avec succès quand on attend l'ennemi et lorsque le flanc des troupes les plus proches de lui est bien couvert.

Cette disposition par échelons peut (et elle vaut infiniment mieux), au lieu d'être formée par escadron et par bataillon, l'être par régiment ou par brigade, et même par corps plus considérables. Lesdits corps étant par échelons, sont éloignés l'un de l'autre de manière à pouvoir se donner la main au besoin et à occuper les positions qui peuvent le plus les mettre hors de prise et faire illusion à l'ennemi.

Cette seconde manière de former l'oblique est préférable à tous égards à la première. Elle est plus simple, d'une exécution plus facile et plus applicable à tous les terrains et à toutes les circonstances. Elle a encore cet avantage que l'ennemi ne peut prendre en flanc une division quelconque, sans s'exposer à y être pris lui-même par la suivante ; cependant il est sage de couvrir par une réserve les flancs de la division qui attaque. On emploie encore la disposition en échelons pour assurer une aile contre les entreprises de l'ennemi qui la déborde.

On peut parvenir de plusieurs manières à prendre ces différentes dispositions obliques :

1° En donnant à l'avance aux colonnes le degré d'obliquité que doit avoir la disposition, et le présentant à peu près dans la forme de tuyaux d'orgues ;

2° En présentant les têtes des colonnes sur un front parallèle à l'ordre de l'ennemi, le tenant ainsi en suspens sur la disposition qu'on va prendre; et manœuvrant ensuite, partie en avant, pour se porter et se déployer sur le point qu'on a reconnu le plus faible, partie en arrière, pour reculer et mettre hors de prise les portions de son ordre de bataille qu'on a dégarnies et qu'on veut refuser à l'ennemi;

3° En formant les échelons par gros corps, et dirigeant chaque colonne ou partie de colonne qui les compose sur le point où elle doit se développer;

4° On peut enfin se disposer en échelon en partant d'un ordre de bataille parallèle déjà formé. Les bataillons qui doivent attaquer marchent en avant, et ceux qui doivent soutenir et se refuser à l'ennemi restent successivent en arrière à des distances combinées sur le degré d'obliquité qu'on veut prendre. Des officiers qui ont vu exécuter cette manœuvre dans les camps du roi de Prusse ont faussement imaginé qu'elle était applicable à une armée. Elle ne l'est qu'à un corps de troupes ou à une partie de ligne qui, devant former une attaque, veut faire des efforts successifs avec une partie de ses forces, et tenir l'autre comme en réserve et hors de portée du feu de l'ennemi. Car, avec une armée, c'est toujours par des mouvements en colonne qu'on doit arriver à la formation de l'ordre de bataille, parce que tout mouvement en bataille sur un grand front est trop lent, trop pesant, et donne à l'ennemi trop de temps et d'avantages pour faire sa contre-disposition.

Le degré d'obliquité de la disposition oblique, soit que cette disposition se fasse par ligne ou par échelon, doit être combiné sur la force de l'ennemi, sur sa science, sur sa hardiesse, et plus particulièrement encore sur la nature du terrain; sur les points avantageux de défensive que ce terrain peut fournir aux parties de l'ordre de bataille que l'on veut refuser. Ainsi plus l'armée de l'ennemi est supérieure, plus cet ennemi est habile et manœuvrier, et plus l'on doit avoir d'attention d'éloigner de lui les parties faibles et défensives de l'ordre de bataille; plus il faut à cet effet que la direction d'obliquité sur laquelle l'armée est rangée forme un angle ouvert avec l'aile ennemie qu'on attaque. Il n'est guère possible au reste de donner de principe général sur cela : car la nature du terrain peut être telle que dans de certains points on puisse, sans inconvénient, approcher de l'ennemi les parties de sa disposition qui doivent rester en défensive, parce qu'au moyen de la position qu'offriront ces points on aura entre l'ennemi et soi des obstacles qui l'empêcheront de faire sur ces parties faibles un mouvement offensif. J'aurai occasion de revenir sur cette circonstance en parlant de la seconde espèce d'ordre oblique.

L'ordre oblique se formant presque toujours sur une des ailes de l'ennemi, et son objet alors devant être de la déborder et de la prendre à revers, il faut qu'aussitôt que le général a determiné celle qu'il veut attaquer les colonnes dirigent leur tête et marchent en écharpant vers ce flanc, de manière qu'au moment du déploiement la disposition de l'aile qui doit engager le combat déborde l'ennemi et puisse le prendre en flanc.

Pour se procurer plus facilement l'avantage de déborder l'ennemi, il faut, lorsque l'ordre oblique doit s'exécuter par la droite, que toutes les colonnes de l'armée, ou tout au moins celles des troupes qui sont destinées à former l'attaque, se déploient sur la droite, et qu'elles se déploient sur la gauche, si l'ordre oblique doit s'exécuter sur la gauche. Par ce moyen, on gagne sur le flanc et en dehors de l'ordre de marche le terrain où se déploie la colonne de l'aile. De ce principe il ne s'en suit pas qu'on ne puisse jamais, en pareille circonstance, déployer les colonnes par le centre ; cette espèce de déploiement étant plus court de moitié, doit au contraire être toujours employé lorsque, par la direction de sa marche, l'armée a déjà rempli l'objet de déborder l'ennemi.

Un autre avantage de l'ordre oblique étant d'étonner l'ennemi par une disposition imprévue et de l'attaquer avant qu'il ait eu le temps de changer la sienne, il faut déployer les colonnes à une distance si bien combinée qu'aussitôt déployée l'aile qui doit attaquer puisse marcher sans perte de temps à l'ennemi et arriver promptement sur lui. Il est impossible au reste d'assigner des régles précises sur cette distance, ce peut être quelquefois très-près, s'il a peu d'artillerie, ou si son artillerie est peu redoutable, ou si enfin on peut déboucher sur lui à couvert; une autre fois ce doit être plus loin, si son artillerie est nombreuse et bien exécutée, si le terrain à parcourir pour arriver à lui est plat et ouvert. L'espèce de troupes qu'on conduit doit encore entrer pour beaucoup en considération sur cet objet. Sont-elles braves, aguerries, habiles à manœuvrer? on peut plus oser, on peut hasarder de les déployer plus près de l'ennemi que quand elles sont molles et ignorantes. Est-ce de la cavalerie qu'on a à déployer? on peut la mettre en bataille de plus loin, parce qu'elle parcourt plus rapidement le terrain qui la sépare du but de son attaque. Est-ce de l'infanterie? on doit, par la raison contraire, la déployer de plus près. Enfin les seules maximes générales qu'on puisse donner à cet égard, c'est de se déployer à des distances où le feu de l'ennemi ne soit pas assez meurtrier pour jeter du désordre dans les manœuvres des troupes; c'est en même temps de ne pas se déployer à des distances trop éloignées, parce qu'alors on perd l'avantage, 1° de se remuer en colonnes, ce qui est bien plus rapide et bien plus facile; 2° celui de cacher le plus longtemps qu'on peut à l'ennemi la quantité de troupes qu'on porte sur lui, et celui de pouvoir amener ces troupes rapidement et d'une seule traite à l'objet de leur attaque. En terminant ce chapitre par quelques exemples d'attaques, j'ose espérer que je serai parvenu à lui donner toute la clarté dont il est susceptible.

Si l'on voulait attaquer obliquement la gauche de l'ennemi, voici les dispositions que l'on pourrait prendre (Fig. 4, pl. V). L'armée 1 étant rangée en bataille sur deux lignes, on placera les réserves. La première 2 d'infanterie et de cavalerie derrière le centre [1]. Deux réserves de cavalerie 3 et 4 soutiendront la droite et la gauche. Au moment de l'attaque, toute la droite 1, 5, 6, marchera brusquement à l'ennemi. La réserve 2 viendra se placer en troisième ligne de cette tête d'attaque. Les autres divisions 7, 8, 9, 10, se porteront successivement en avant à des distances calculées d'après l'obliquité déterminée de la disposition. Pendant ces mouvements, les réserves

1. On pourrait encore en placer une autre composée de quelques bataillons de grenadiers entre les deux lignes. Cette réserve, avec une batterie d'artillerie à cheval, servirait à soutenir le flanc gauche de l'attaque de l'aile droite.

3 et 4 de cavalerie se porteront vivement sur le flanc droit de l'aile attaquante, pour être à même d'agir, soit offensivement sur celui de l'ennemi, soit défensivement en assurant celui de leur aile droite. On placera la plus grande quantité d'artillerie 11 à la tête de l'aile droite et sur le flanc des divisions les plus proches de l'ennemi. On laissera pourtant quelques batteries à la gauche pour que si, pendant l'action, la droite de l'ennemi 12 s'avançait pour attaquer cette gauche, l'artillerie pût la soutenir, et tandis que les divisions du centre et de la gauche feront face à l'ennemi par un mouvement en arrière 13, la seconde ligne de la cavalerie 14 se disposera de manière à couvrir le flanc gauche de cette aile refusée.

L'on peut appliquer l'inverse de tout ce que je viens de dire pour les attaques par l'aile gauche.

On appelle ordre double oblique [1] celui au moyen duquel on peut attaquer les deux ailes de l'ennemi, ou lui refuser les deux siennes, et entreprendre avec son centre le sien [2].

1. L'ordre double oblique est exactement la réunion de la seconde et la troisième disposition de Végèce.

2. L'ordre double oblique se forme de deux façons : la première, par des mouvements de conversion ; la seconde, par échelons. Comme ce qui a été dit sur la formation de l'oblique simple peut s'appliquer à l'ordre double, en supposant que l'une des ailes exécute de son côté les mouvements indiqués pour l'autre, je me dispense de répéter ici les méthodes pour y disposer une troupe quelconque, et passe tout de suite aux exemples.

On ne peut attaquer obliquement les deux ailes de l'ennemi, se porter sur ses flancs, ses derrières, et pousser en même temps son centre, si on ne lui est très-supérieur en nombre : mais si l'on n'a d'autre objet que d'entreprendre contre ses ailes et de les tourner, il est facile d'y réussir même à égalité de nombre, au moyen d'une disposition qui mette à couvert le centre, que l'on a affaibli pour renforcer les ailes devenues parties attaquantes.

Si l'on voulait attaquer les deux ailes de l'ennemi qu'on suppose inférieur, et pousser en même temps son centre, il faudrait partager l'armée en 3 corps, dont le premier attaquerait l'ennemi de front, et les deux autres se replieraient sur ses flancs et sur ses derrières. Mais si l'on était inférieur à l'ennemi et qu'on voulût attaquer ses deux ailes, voici je crois les dispositions qu'il faudrait faire (Fig. 5, pl. V). Les ailes 1 et 2, en s'ébranlant pour aller à la charge, observeront de se jeter chacune un peu sur leur flanc extérieur, pour déborder l'aile ennemie qui leur est opposée, et pour ne l'être pas, si elles lui étaient trop inférieures. Ces ailes exécuteront ces mouvements inégalement, c'est-à-dire que l'aile droite, en tirant à droite, refusera sa gauche et poussera sa droite en avant; de même que l'aile gauche, en tirant à gauche, refusera sa droite et portera sa gauche en avant. Des troupes 3 et 4 tirées de la seconde ligne rempliront les distances que ce mouvement occasionnera entre les ailes et le centre. Des troupes 5 et 6 de la cavalerie de la seconde ligne seront détachées pour tomber sur les flancs et les derrières de l'armée attaquée. L'artillerie sera distribuée au centre et aux ailes de l'infanterie et devant les intervalles, de manière à prendre d'écharpe l'ennemi qui voudrait avancer pour attaquer le centre.

Voici une seconde disposition pour le même but (Fig. 6, pl. V). Les deux ailes de cavalerie 1 et 4, la droite et la gauche de l'infanterie 2, 3, s'avanceront vers l'ennemi. Les différentes divisions du reste de l'armée 5, 6, 7, 8, 9, marcheront en avant en échelon par les deux ailes, jusqu'à des distances déterminées par le terrain et la position de l'ennemi. Pendant ce temps, une partie de la réserve 10 d'infanterie ira se poster à droite et à gauche des échelons, pour en assurer les flancs; le reste 11 de cette réserve avec quelques pièces légères se disposera de manière à assurer les derrières et favoriser son ralliement si la cavalerie était battue. Les réserves de cavalerie des ailes 12 et 13 tomberont sur les flancs et derrières de l'ennemi, tandis que les troupes de cavalerie 14 et 15, postées en réserve derrière le centre, iront s'aligner avec les ailes pour en augmenter le front. La seconde ligne des divisions 6, 7, 8, pourra renforcer la droite et la gauche, s'il en était besoin. L'ennemi ne peut être assez imprudent pour tenter d'entrer dans le rentrant que forme le centre, il serait exposé à être écrasé par le feu combiné de l'artillerie et de l'infanterie ; si le succès couronne cette disposition, il pourra être d'autant plus décisif que toutes les parties de l'armée se donnant la main, pourront sans délai profiter de leurs avantages.

Des attaques par le centre.

Les attaques par le centre sont en général fort dangereuses ; on les évite avec soin, à moins que le centre de l'ennemi ne soit très-faible et que son front ne soit protégé par aucun poste ou défendu par des feux croisés. Dans l'article de l'oblique de circonstance je parlerai des dispositions à faire pour une manœuvre aussi délicate.

Oblique de circonstance.

Parlons maintenant de la seconde espèce d'ordre oblique, de celui dans lequel l'armée, quoique n'étant point disposée obliquement au front de l'ennemi, se met cependant, soit par la nature du terrain, soit par l'habileté de ses mouvements, en situation de l'attaquer sur un ou plusieurs points et d'être elle-même hors de prise sur les parties de sa disposition qu'elle veut refuser. Cet ordre est celui qu'on est le plus communément dans le cas de prendre à la guerre, parce qu'il est rare que les batailles se donnent dans des plaines absolument rases et découvertes, où par conséquent les dispositions puissent se faire sans relation avec le terrain et dans l'obliquité régulière établie en principes. On est presque toujours assujetti à s'écarter de cette régularité, pour profiter des positions avantageuses offertes par la nature du pays, soit pour favoriser l'illusion qu'on veut faire à l'ennemi, soit pour mettre plus en sûreté les parties faibles de l'ordre de bataille. Ainsi j'appelle la disposition de la bataille de Leuthen ou Lissa une disposition oblique, quoique certainement l'armée du roi de Prusse ne fût pas rangée obliquement au front des Autrichiens; mais il attaqua leur aile gauche avec l'élite de ses forces, la prit de revers et la culbuta, tandis qu'il profitait d'une lisière de hauteurs qui était vis-à-vis de leur droite et de leur centre pour leur faire illusion, le tenir en échec et y placer, dans une excellente défensive, le reste de son armée affaibli par les renforts qu'il avait portés à sa droite. Ainsi je pourrais dire que presque toutes les armées qui ont engagé des batailles depuis un siècle, les ont engagées dans l'ordre oblique, puisqu'elles ont réduit leur attaque à des points. Pour en mieux faire connaître le mécanisme aux jeunes gens, je vais joindre ici quelques exemples.

Si l'on voulait attaquer une armée dont la droite fût appuyée à une rivière, le front de cette aile couvert par un ruisseau, un village garni d'infanterie au centre et sa gauche touchant à un étang : la partie la plus faible du dispositif de l'ennemi étant sa gauche, c'est contre elle que le général doit porter ses efforts, pour de là, en cas de succès, prendre en flanc et de revers le reste de la position (Fig. 7, pl. V).

Il faut disposer ses troupes 6 vis-à-vis de l'ennemi dans le même ordre que les siennes, et les faire soutenir par une réserve 7 d'infanterie et de cavalerie. Lorsqu'on jugera à propos de faire commencer l'attaque, la gauche 8, le centre 9, la droite 10, s'avanceront : la gauche et le centre s'arrêteront à une certaine distance; la droite s'approchera obliquement et s'appuiera à l'étang 5. Pendant cette manœuvre, l'infanterie 7 de la réserve s'avancera pour soutenir l'aile droite, et la cavalerie 11 de cette même réserve, renforcée plus ou moins selon le terrain, soutenue même, s'il le fallait, d'un corps d'infanterie et de quelques canons, tournant l'étang, ira se former sur les derrières de l'ennemi. Lorsque le général sera nstruit de l'arrivée de ce détachement, il fera charger vivement la gauche de l'ennemi par son aile droite renforcée et précédée d'une nombreuse artillerie; Cette attaque, soutenue du corps qui a tourné l'étang, ne peut guère manquer de réussir. Les généraux qui commandent la gauche et le centre doivent, par une vive canonnade et par des démonstrations, tenir en échec le reste de l'armée ennemie, et l'empêcher de détacher au secours de son aile gauche. Si, malgré ces précautions, l'ennemi détachait et dégarnissait sa droite ou son centre, les troupes 8 et 9, qui se trouvent en présence, leur étant alors supérieures, pourraient les attaquer avec avantage. La cavalerie de la gauche de l'ennemi étant enfoncée, celle 10 de la droite de l'armée attaquante se formera sur le flanc de l'infanterie, ayant à son dos l'étang et donnant la main au corps qui a tourné l'étang. On détachera à la poursuite de l'ennemi ce qui sera nécessaire pour empêcher son ralliement. Alors l'infanterie 12, soutenue de la réserve 7, précédée d'un feu violent, marchera contre l'infanterie ennemie qui ne peut soutenir plus longtemps une attaque aussi générale sur son front et son flanc. Cette infanterie culbutée, on prendra le village à revers; il tiendra d'autant moins longtemps que, pendant toute l'attaque, le centre doit l'avoir foudroyé de ses batteries de gros canons et d'obusiers. On continuera de mettre ainsi successivement en fuite les différentes parties de l'armée ennemie, jusqu'à ce qu'elle soit entièrement délogée.

Si une armée qui a sa droite appuyée à un bois, sa gauche à un marais et un village au centre, veut attaquer la gauche de l'enuemi (Fig. 8, pl. V), l'aile droite qui attaque quittera l'appui du bois pour charger la gauche 4 de l'ennemi. La cavalerie 7 de la réserve se portera par un circuit sur le flanc et les derrières de l'ennemi; si la droite 8 de l'ennemi voulait attaquer l'aile gauche 9, celle-ci refusera sa gauche, observant de maintenir toujours sa droite au village, dont le feu, rasant le front de cette trouée, empêchera qu'on ne la suive. A mesure que l'aile gauche se refusera et s'éloignera du marais, des escadrons de la seconde ligne 10 doivent entrer en première ligne pour le front et ne pas perdre cet appui.

Si une armée, avec la droite appuyée à un bois, la gauche à un marais et un étang au centre, voulait attaquer la gauche de l'ennemi 4 (Fig. 9, pl. V), il faudrait garnir d'infanterie et d'artillerie le bois en face de l'aile de l'ennemi, ranger la cavalerie et de l'infanterie 6 entre le bois et l'étang, et d'autres troupes 7 et 8 derrière la queue de l'étang vers le marais. On pourrait poster l'artillerie comme la planche l'indique. Pour engager l'action, on attendra qu'un corps de cavalerie 11 ou même toute la réserve de l'armée, ayant tourné le bois, se soit porté à hauteur des flancs de l'ennemi; alors à la faveur d'un vif feu d'artillerie, une partie de l'infanterie sortirait du bois, attaquerait la gauche de front pendant que le détachement, que nous supposons sur le flanc de l'ennemi, agirait sur ses derrières. Si l'ennemi dégarnissait les autres parties de sa disposition pour les porter à sa gauche, on renforcerait les troupes qui combattent de celles que l'on tirerait de la gauche 8, avec autant moins de danger que le ruisseau marécageux qui la couvre l'assure contre toute entreprise de l'ennemi.

Attaque par les deux ailes.

S'il fallait déposer une armée dont la droite fût appuyée à un marais, la gauche à une rivière et dont le centre fût couvert par un étang et un ruisseau (Fig. 10, pl. V), il est évident qu'on ne peut entreprendre que contre les ailes, et pour obtenir un succès plus prompt, c'est alors contre les deux ailes à la fois qu'il faut agir. L'on peut d'autant plus affaiblir son centre, pour renforcer les parties attaquantes, que les obstacles qui se trouvent entre celui de l'ennemi et le vôtre vous assurent contre toutes ses tentatives offensives.

Ainsi, tandis que les troupes 5 s'avanceront vers l'ennemi, celles 6, qui sont en face de l'étang et qui, par cette position, ne peuvent combattre, doubleront derrière les premières. Ces forces rangées derrière le ruisseau, et supérieures à celles 7 qui doivent le défendre, feindront de le vouloir forcer et empêcheront l'ennemi de s'affaiblir pour renforcer les autres parties de son armée. Après que l'artillerie aura vivement tiré contre les ailes **9** et **10** de l'ennemi, la cavalerie **11** et **12**, suivie de ses réserves **13** et **14**, attaquera avec vigueur; le combat engagé, l'artillerie cherchera de nouveaux emplacements d'où elle puisse voir les flancs de l'infanterie ennemie, et les prendre d'écharpe.

Si au lieu d'un étang et d'un ruisseau, qui couvrent son front, l'ennemi avait un village, pour la défense et la sûreté duquel il aurait pris toutes précautions convenables (Fig. 11, pl. V), l'attaque deviendrait très-difficile. Les batteries des flancs du village défendent et assurent le front des ailes droite et gauche, et pour peu que ces ailes aient sur leurs flancs des batteries bien servies, toute opération contre elles serait téméraire. Cependant s'il fallait absolument combattre, voici je crois les dispositions qu'il faudrait suivre.

Faire avancer à une certaine distance du village le centre **4** de son armée, précédé d'une nombreuse artillerie pour brûler, incendier le village, en faire taire les batteries autant que possible, et forcer l'ennemi par cette canonnade et quelques mouvements de troupes à croire qu'on a dessein de l'y attaquer. Pendant ce temps-là on fera avancer les ailes 7 et 8, suivies des réserves 9 et 10, qui marcheront contre les ailes 5 et 6 de l'ennemi, observant de s'avancer inégalement, pour ne pas prêter le flanc au feu de l'artillerie et des troupes postées dans le village. A mesure que la cavalerie fera son mouvement, de l'infanterie 11 et 12 tirée de la seconde ligne se portera pour remplir l'espace laissé entre les ailes et le centre. On dirigera l'artillerie à peu près d'après les emplacements de la planche.

Si l'on était dans le cas de combattre par le centre; les appuis des ailes une fois trouvés, la disposition peut se régler d'après celle d'une armée obligée de combattre une rivière à dos. Je renvoie le lecteur à cet article, pour ne pas grossir inutilement l'ouvrage.

L'ordre oblique de la seconde espèce étant celui qui s'adapte le plus facilement aux terrains et aux circonstances, c'est donc celui-là particulièrement que les jeunes officiers qui veulent se former pour le service à venir de leur patrie et désirent d'être à même de lire avec fruit l'histoire militaire des peuples de l'antiquité et modernes, doivent faire l'objet particulier de leurs études et de leurs méditations [1].

1. Je ne puis trop engager à lire les réflexions judicieuses que

Quartiers d'hiver.

La mauvaise saison mettant les armées hors d'état de tenir la campagne, on les met en quartiers d'hiver. Le succès de la campagne décide de la possibilité de pouvoir prendre ses quartiers d'hivers chez l'ennemi, ou de la nécessité de les établir dans son propre pays. Les règles dont nous avons parlé à l'article des cantonnements servent ici de base à la dislocation de l'armée.

L'infanterie n'ayant pas autant besoin de place et de fourrages que la cavalerie, on peut la tenir plus ensemble; mais il ne faut jamais la dénuer de troupes à cheval, à cause de leur utilité, pour fouiller au loin le pays en avant et sur les flancs des quartiers. La cava-

M. de Feuquières a rassemblé sur toutes les batailles de son siècle. L'*Essai théorique et pratique sur les batailles*, de M. le chevalier de Grimoard; les *Mémoires* de M. de Bourcet sur les campagnes des Français dans la guerre de 56, sont des livres qu'on ne peut trop étudier pour se faire une idée de la manière d'analyser la conduite des généraux dans le choix de leurs champs de bataille et la disposition de leurs troupes. Qu'il est fâcheux que M. de Tempelhoff n'ait pas orné son *Histoire de la guerre de sept ans* de réflexions étendues sur les batailles qui s'y sont livrées. La crainte de trop grossir cet ouvrage me fait supprimer un extrait raccourci de toutes les batailles qui se sont livrées depuis la fin de la guerre de succession jusqu'à nos jours. J'avais précisément commencé où finit M. de Feuquières. Peut-être un jour soumettrai-je ce travail au public. C'est dans une pareille analyse que les jeunes gens peuvent se former facilement à la théorie des dispositions. (*Note de l'auteur.*)

lerie ne doit jamais être sans infanterie pour la soutenir, si sa position pouvait être exposée aux coups de main de l'ennemi.

Quand on prend ses quartiers d'hiver en pays ennemi, il faut tâcher de placer les troupes dans des lieux fermés. Celles de la première ligne doivent surtout avoir à leur centre et à leurs ailes quelques petites villes en état de loger de gros corps de troupes.

Les officiers-généraux doivent rester dans les quartiers avec leurs brigades, tant pour veiller à la subsistance des troupes qu'à l'exactitude du service et au maintien de la discipline.

Le général en chef doit fixer son quartier vers le centre de ses lignes. Il doit apporter le plus grand soin, pour être averti à temps des moindres mouvements de l'ennemi ; c'est le moment de payer une grande quantité d'espions et de tenir beaucoup de partis en campagne.

Ce qui regarde les subsistances et le rétablissement des troupes se soigne de deux manières.

La subsistance se prend par des répartitions tant sur les lieux où sont logées les troupes que sur le plat pays aux environs, aussi loin que l'on peut. Cette subsistance est en argent et en nature. Par celle en nature on entend : les logements, les grains, les fourrages, la paille, les lits, etc. La subsistance en argent est celle qui se lève pour le rétablissement des troupes, et dont on soulage les coffres de l'armée. Cet argent se tire du pays par un traité. Le traitement particulier que les villes, bourgs et villages accordent aux troupes qui y séjournent pour le maintien du bon ordre est proportionné à l'abondance du pays.

On ne peut apporter trop de soin à ce que la quantité des livraisons soit proportionnée au plus ou moins d'abondance du pays, calculée avec le temps que l'on prévoit devoir rester dans ses quartiers. La dissipation ou des fournitures disproportionnées exposeraient l'armée à ne pouvoir y rester. On sent quels grands inconvénients pourraient résulter pour une armée obligée au milieu de changer de quartiers.

Quand on prend ses quartiers d'hiver dans son propre pays, on a soin de distribuer l'infanterie dans les places frontières et autres qui en sont voisines, afin qu'elle ait moins de chemin à faire quand on voudra rassembler l'armée. Pour la cavalerie, on n'en doit laisser dans les places frontières que ce qui est indispensable au service et à la sûreté de leurs garnisons; le reste doit être réparti dans l'intérieur de la province de la manière la moins onéreuse au pays. Le service militaire de ces quartiers, pris loin du théâtre de la guerre, rentre dans le service des places et des garnisons, réglé par les règlements ou ordonnances particulières à chaque puissance. Quant aux subsistances, elles sont réglées par des ordonnances que l'on distribue aux divers corps. Après ces observations préliminaires, je vais entrer dans quelques détails nécessaires à l'intelligence de la distribution des quartiers d'hiver.

Règles générales pour les quartiers d'hiver.

Quand un général veut mettre son armée en quartiers d'hiver, il ne saurait prendre trop de précautions pour en assurer la tranquillité et déjouer tous les projets que l'ennemi pourrait avoir contre eux. La grande étendue de pays sur laquelle on est obligé de répartir l'armée rend cette opération très-délicate; elle est soumise à une infinité de combinaisons, car, outre la nécessité de conserver le pays qu'il a conquis, ou de couvrir le pays qu'il défend, le général doit encore songer à établir ses quartiers de manière à ce qu'ils puissent servir de base aux premières opérations de la campagne suivante. A tous ces détails se joignent encore ceux relatifs aux approvisionnements et aux subsistances, etc.

Les quartiers d'hiver devant être regardés comme un camp très-étendu, les règles dont nous avons parlé à l'article *Castramétation*, sont les mêmes. Mais leur application devenant plus difficile en proportion du plus de développement de la position que doit occuper l'armée, l'étude approfondie du pays peut seule la diriger.

Par la connaissance exacte du terrain, le général mettra non-seulement ses quartiers en sûreté, mais épargnera beaucoup de fatigues aux troupes, en ne mettant que les gardes nécessaires et ne multipliant pas le service sans nécessité. Un grand défaut dans des quartiers d'hiver serait de les prendre dans un pays qui forçât l'armée à un service trop pénible. Ce serait absolument en manquer le but, qui doit être de procurer du repos aux troupes fatiguées de la campagne précédente.

Le pays une fois bien reconnu, l'on procédera à la dislocation de l'armée. Les troupes sont ordinairement réparties dans les quartiers d'après l'ordre de bataille; c'est-à-dire l'infanterie sur deux lignes; la cavalerie sur les ailes ou en troisième ligne; les troupes légères dans les villages ou endroits situés le plus avantageusement en avant et sur les flancs de la première ligne. Il est prudent de placer de distance en distance, entre les deux lignes, des réserves de troupes et d'artillerie, pour se porter sur tous les points que l'ennemi attaquerait, et l'empêcher de forcer la première ligne avant que les troupes de la seconde et de la troisième soient à même de s'y opposer [1]. Les hussards et les troupes légères sont chargés des détachements et patrouilles que l'on fait faire, tant pour la sureté des quartiers que pour inquiéter l'ennemi. Les dragons pouvant, selon les circonstances, faire le service à pied et à cheval, pourront être placés sur les flancs de la cavalerie, en tant que les localités permettent d'en avoir en première ligne. Toutes les villes, bourgs et villages, qui se trouvent dans la première ligne des quartiers, doivent être mis dans un état de défense proportionné à l'importance de leur situation [2]. Ces précautions ne suffisent point encore à la sûreté des quartiers; que pourraient des troupes, ainsi morcelées, contre les efforts d'un ennemi qui agirait avec ses forces réunies sur un point de cette ligne? Pour obvier à cet inconvénient, il est nécessaire de donner aux troupes un lieu de rassemblement sur lequel elles doivent se porter à la moindre démonstration sérieuse de l'ennemi. Ce lieu de rassemblement ou champ de bataille doit avoir toutes les qualités requises pour être une bonne

1. Il est impossible de donner des règles positives, les localités et la nature du pays peuvent seules déterminer la disposition des troupes, mais quelle qu'en soit la répartition, toutes les parties doivent toujours être à même de s'entre-secourir et pouvoir agir sur le terrain qui leur offre le plus d'avantages.

2. C'est surtout sur les flancs des quartiers et vers leur centre que l'on doit chercher à se former des points d'appui.

position [1]. Une seule place d'armes ou champ de bataille ne saurait suffire pour être à même de tenir tête à l'ennemi; il faut en choisir sur tous les points contre lesquels l'ennemi pourrait diriger ses attaques, c'est le moyen de n'être jamais pris au dépourvu. Si le nombre des champs de bataille est fixé par celui des points d'attaque de l'ennemi, il faut, pour leur déterminer un emplacement convenable à chaque supposition, combiner le temps nécessaire à l'ennemi pour s'y avancer avec celui dont auront besoin les troupes des quartiers pour s'y rassembler [2].

Ces premières dispositions une fois terminées, on s'occupe des détails relatifs aux subsistances de l'armée et aux diverses livraisons à faire aux troupes. L'établissement des grands magasins, des dépôts et des entrepôts doit être calculé relativement à la plus grande commodité des troupes[3], sans perdre de vue

1. Son développement doit être proportionné à la force de l'armée, et le terrain doit réunir les propriétés qui offrent la plus grande somme d'avantages. Comme ces lieux de rassemblement sont toujours prévus, si l'on était obligé d'après telle supposition de choisir un champ de bataille peu avantageux, il faudrait avec le secours de l'art y ajouter le complément de forces que l'on jugerait nécessaires; et l'on pourrait faire garder ces ouvrages par des détachements qui seraient relevés tous les jours des quartiers les plus proches.

2. Les localités indiqueront si le champ de bataille doit être pris en avant ou en arrière de la première ligne des quartiers, il est impossible de rien déterminer à cet égard.

3. Les dépôts et entrepôts où doivent se fournir les quartiers,

cependant que les principaux emplacements doivent être à portée des places de rassemblement et approvisionnés, de manière à pouvoir y nourrir l'armée pendant le temps que les mouvements de l'ennemi y rendraient sa présence nécessaire.

Quand l'armée est entrée dans ses quartiers d'hiver, il reste au général à régler l'ensemble des précautions qu'il juge nécessaires à leur sûreté. Il envoie à chaque commandant particulier les ordres relatifs au service des troupes. Il ordonne les détachements qui doivent battre et fouiller le pays, indiquer les principales directions qu'ils doivent suivre[1]. La situation du pays règle l'éloignement où ces détachements doivent se porter; avec de telles précautions, il est impossible d'être surpris.

Si l'on sait que l'ennemi marche pour attaquer les quartiers, on se prépare à le recevoir. On ne saurait être trop sur ses gardes, pour n'être point trompé par de fausses démonstrations de l'ennemi, qui pourrait montrer des têtes de colonne sur un point de votre ligne pour vous engager à y concentrer vos forces, tandis qu'avec un gros détachement préparé à cet effet

ne doivent pas en être trop éloignés, pour ne pas fatiguer les troupes de courses ou voyages trop longs.

1. S'il n'y avait point de rivières ou autres obstacles sur le front des quartiers, et que l'ennemi pût facilement s'en approcher, il faudrait multiplier les détachements et patrouilles en proportion de la facilité des approches.

il entamerait vos quartiers dans un autre point éloigné et se trouverait par ce mouvement sur le flanc ou les derrières du champ de bataille que vous occupez. C'est pour obvier à ces inconvénients que je voudrais qu'on indiquât, dans trois ou quatre points de chaque ligne, des lieux de rassemblement, que je nommerais d'attente[1]. Ces lieux de rassemblement, choisis de manière à pouvoir être occupés promptement par de gros corps, devraient être situés à portée des principaux champs de bataille ; on occuperait alors avec un de ces corps celui que la direction de l'ennemi ferait croire nécessaire, et ce ne serait que lorsqu'il n'y aurait plus le moindre doute sur ses projets que le reste de l'armée s'y rendrait. Il n'y aurait point le moindre danger à cette manœuvre; d'abord le corps qui se porterait sur le champ de bataille général est supposé d'une force à pouvoir s'y maintenir jusqu'à l'arrivée du reste de l'armée, qui devrait forcer de marches; ensuite ayant indiqué les places d'armes d'attente de la seconde ligne devant les intervalles de celles de la première, il se trouvera des corps à portée de venir le renforcer assez promptement. Toute l'armée étant rassemblée, on poussera en échelons des

1. Pour plus de sûreté, il faudrait indiquer aux troupes de la seconde ligne leurs places d'attente sur les intervalles de celles de la première ligne.

détachements de cavalerie pour reconnaître l'ennemi, examiner ses forces et la disposition de marche de ses colonnes. Il arrive souvent que lorsque l'ennemi se voit prévenu il se retire. Alors le général, qui doit avoir pour premier objet la tranquillité de ses quartiers, se contentera, sans chercher d'engagement, d'envoyer de gros corps reconduire l'ennemi. Ces détachements ne doivent s'avancer qu'avec précaution[1]. Mais si l'ennemi, quoique sûr de trouver l'armée des quartiers en bataille, continuait sa marche pour l'attaquer. l'événement du combat déciderait de la conduite que l'on aurait à tenir. Tel est l'abrégé des règles à suivre dans la disposition des quartiers d'hiver d'une armée.

Des précautions que doit prendre chaque commandant dans son quartier.

Dès que les troupes sont entrées ou établies dans un quartier, celui qui y commande doit en reconnaître les dehors et décider d'après cet examen les endroits où les postes sont le plus nécessaires. Ce n'est pas la multiplicité des gardes qui fait la sûreté d'un quartier, c'est la manière de les disposer et de les adapter aux localités. Quoique l'éloignement de l'ennemi ne soit pas une raison de négliger le service, on sent facile-

1. Il n'y a point de règles sans exception. Si ces détachements trouvaient le moment d'attaquer l'arrière-garde de l'ennemi, ils devraient le saisir.

ment que sa proximité, le plus ou moins d'obstacles qui couvrent les quartiers, doivent faire redoubler de précautions et conséquemment augmenter les gardes, patrouilles, etc. Outre les gardes, il doit toujours y avoir un piquet prêt à marcher au premier ordre. Les piquets doivent être postés sur la place ou le point milieu du quartier, pour être à même de se porter au soutien de tous les postes qui seraient attaqués.

Après la disposition des gardes, on indiquera une place d'armes ou de rendez-vous, afin que les troupes puissent s'y rassembler au moindre avis de la marche de l'ennemi, pour suivre plus promptement les ordres qu'enverra le général en chef. Cette place d'armes doit être choisie selon la situation du terrain, et d'après l'espèce de troupes qui se trouvent dans le quartier. Pour surcroît de précautions il faut indiquer aux équipages un lieu de rassemblement à portée de celui des troupes, mais cependant séparée pour qu'elles n'en soient pas génées dans leurs mouvements. Quant aux patrouilles et détachements avec lesquelles on doit fouiller le pays environnant le quartier, la proximité de l'ennemi en détermine leur nombre et leur force; et les localités, l'éloignement jusqu'où il leur est permis de s'avancer. Avec de pareilles précautions et de l'activité on sera à l'abri de toute surprise et l'ennemi ne pourra enlever le quartier qu'à force ouverte.

Lorsque les patrouilles annonceront l'approche de l'ennemi, le chef du quartier fera prendre les armes à toute sa troupe, garnira les avenues de son poste, fera charger les équipages et les enverra sous une escorte à l'endroit où ils doivent se rassembler. Il s'entend de soi-même que la place de rassemblement des troupes et des équipages doit être prise vers l'intérieur des quartiers, pour qu'en cas de retraite on puisse se replier en sûreté sur le quartier le plus voisin. En même temps que l'on prend toutes ces précautions défensives, on envoie à tous les quartiers voisins annoncer l'approche de l'ennemi. Par là le succès que peut avoir l'ennemi en forçant le quartier se borne à la prise de ce poste, dont il ne restera maître que le temps nécessaire à l'armée pour se porter sur lui.

Je crois faire plaisir au lecteur en terminant ce chapitre par deux mémoires relatifs aux quartiers d'hiver pris en Allemagne par les armées françaises dans les années 1759 et 1762. Ces deux fragments extraits des Mémoires historiques de M. de Bourcet, jetteront une grande clarté sur les règles que nous venons de détailler, et en faciliteront singulièrement l'application.

Mémoire sur les quartiers d'hiver de 1759.

Les quartiers d'hiver pour les troupes qui composaient l'armée de M. le maréchal de Soubise[1] ayant été décidés sur la Lahn et sur le Mein, on se détermina à regarder Giessen, Friedberg, Hanau et Aschaffenbourg comme la tête desdits quartiers pour leurs troupes réglées, et on prit la précaution.

1° De faire occuper le château de Marbourg (après l'avoir réparé) par 700 hommes d'infanterie, et par 50 hussards, en l'abandonnant à ses propres forces, dans l'objet d'être toujours maître du débouché de la Hesse, d'en éloigner l'ennemi, et d'en avoir plus facilement des nouvelles.

2° D'établir un cordon de troupes légères à deux ou trois lieues en avant et parallèlement à la première ligne, c'est-à-dire en avant de Giessen, qu'on mit en état de défense, à la gauche, en avant de Friedberg, dont on avait fait un poste retranché, et en avant de Hanau (qu'on répara), dans l'objet de couvrir les troupes réglées, de faire des patrouilles, pour éclairer les mouvements des ennemis, et d'extraire les fourrages et grains qui peuvent se trouver en avant de leur position.

3° De poster les troupes de Wirtemberg à la droite d'Aschaffenbourg pour communiquer avec les quartiers de l'armée de l'empire.

1. Il avait été élevé à cette dignité le 19 octobre, après la bataille de Luternberg.

4° de faire entreposer beaucoup de fourrages et de grains à Friedberg, dans l'objet de pouvoir y rassembler l'armée, si les circonstances l'exigeaient.

Ces précautions prises, on fit l'arrangement des quartiers de l'armée de France, de façon que la rive gauche de la Lahn bornât leur gauche, et qu'étant établis sur quatre lignes à peu près parallèles entre elles, et remplissant non-seulement l'espace compris entre la Lahn, le Rhin et le Mein; mais embrassant encore une partie de la rive gauche de ce fleuve, ainsi qu'une partie de celle du Mein, on se trouvât en état de faire arriver toutes les troupes en trois ou quatre marches sur Friedberg.

Cette disposition a été relative aux suppositions qu'on a faites :

1° Que les ennemis ne déboucheraient vraisemblablement pas de la Westphalie par le comté de la Mark, pour se porter sur la rive droite de la Lahn, à cause de la difficulté des communications et des obstacles que la nature même du pays leur y ferait trouver.

2° Que ne pouvant déboucher que dans l'intervalle compris entre Marbourg et l'abbaye de Fulde, ils ne pourraient arriver que sur quelques points de l'étendue comprise entre Hanau et Giessen.

3° Qu'il n'arriveraient pas directement ni sur Giessen, ni sur Hanau, parce qu'ils seraient obligés à une disposition de siége en règle ; car quoique ces places ne soient pas des meilleures, ils ne pouvaient pas se flatter de les emporter de vive force.

4° Qu'enfin il fallait trouver dans l'intervalle de ces deux places quelque point où l'on pût se rassembler et d'où on fût en état de se porter, dans une marche, sur la direction que les ennemis pourraient prendre ou à la droite ou à la gauche dudit point, ou de se trouver préparé à les recevoir sur ce même point.

Ces réflexions déterminèrent au choix de Friedberg, qui, situé exactement dans l'intermédiaire de Giessen et Hanau, pouvait remplir mieux qu'aucun autre point les objets dont on a parlé, et c'est en conséquence de ce choix qu'on y forma des magasins de fourrages et de grains, et qu'on y fit les établissement nécessaires pour les vivres ; mais on dut être occupé d'y trouver des positions relatives aux débouchés par lesquels l'ennemi pouvait descendre en Wetéravie.

Il en fallait une ayant rapport à la direction de la gauche par Butzbach, venant de Kirchheim par Lich et Müntzenberg ; une ayant rapport à la direction du centre sur Friedberg, venant d'Asfeld par Hombourg ou Gemünd sur Laubach, Hungen, Utpha et une ayant rapport à celle de la droite, venant de Fulde par Schotten sur Wenings et sur Budingen ou sur Nidda et Staden.

La position de la gauche pouvait se prendre en avant de Friedberg, appuyant sa droite à la montagne de Johannes-Berg et la gauche tirant vers celle de Transberg en faisant face aux villages d'Ober et de Nieder-Morle ; elle avait l'avantage : 1° de n'avoir pas une étendue de plus de 2000 à 2400 mètres, qu'on pouvait diminer ; d'avoir des bois et un vallon très-profond en avant de la gauche et de ne pouvoir être tournée que de très-loin vers la droite, et pour ainsi dire, par les environs de Francfort ; 2° d'occuper une hauteur d'où on voyait deux lieues en avant de soi, et sur laquelle l'ennemi ne pouvait s'avancer qu'avec beaucoup de désavantage. 3° d'avoir des débouchés sur l'ennemi qui ne présentaient aucun obstacle ; 4° d'avoir à sa droite des penchants assez rapides, et enfin de pouvoir être retranchée et mise dans un état inattaquable.

Si de Butzbach, les ennemis, laissant Giessen à leur droite et Friedberg à leur gauche, s'avançaient par la rive gauche de la Lahn, il n'y avait que le ruisseau Solms ou celui de Wiel qui pût fournir la position nécessaire, mais si de Butzbach ils voulaient déboucher par Usingen, la position qu'on a indiquée suffisait, parce qu'ils seraient obligés de prêter leur flanc gauche.

Celle du centre appuyait sa gauche à Friedberg et sa droite vers Bruche-Brucken (ou Brochen-Brughe), ayant en avant de son centre le village de Faverbach, et de sa droite celui de Bruche-Brucken avec les avantages : 1° que les ennemis, passant la rivière de Harlof au-dessus de son confluent ou celle de Nidda au-dessous de son confluent, en retranchant la position où se trouve un château et une grosse cense dépendante de l'abbaye de Fulde, vis-à-vis le village de Nider-Florstat, seraient forcés d'attaquer ce retranchement ou de déboucher au travers d'une rivière fort encaissée qu'on ne peut guéer et qui inonde les prairies contiguës à ses rives sur près de 1 kilomètre de largeur; 2° qu'en postant l'armée au-dessus du village d'Assenheim, la droite à la maison de chasse de Forsthausen et la gauche tirant vers Dorn-Assenheim, on pouvait s'avancer sans aucun obstacle en bataille sur les bords desdites rivières; 3° que de cette position du centre à celle qu'on vient d'indiquer il n'y avait que 4 kilomètres et pour ainsi dire le Wetter à passer; 4° qu'on avait, comme à la position de la gauche, Friedberg derrière soi; 5° qu'il n'y avait que 6 kilomètres au plus de distance de la position de la gauche à celle du centre; 6° qu'on avait encore la liberté de prendre une autre position sur la droite, derrière le village de Wickstat, en avant du bourg d'Assenheim et la gauche au bois, ayant derrière le camp de Wetter, sur lequel, établissant plusieurs ponts à portée du village de Bruche-Brucken, on pouvait observer tout ce qui déboucherait dans l'intervalle du Wetter à la Nidda, qui est celui qui se présente avec plus de facilité et qui, sans être coupé d'aucun vallon ni ravin, permettait d'y marcher en bataille. De cette dernière position à la droite de celle du centre, il n'y avait exactement que le Wetter à passer, et si les ennemis débouchaient par Dornheim et y passaient le Wetter, on se remettait à ladite position du centre.

Celle de la droite ne pouvait se rendre que sur la rive droite de la Nidda, appuyant sa gauche sur les hauteurs de Bruche-Brucken et la droite en arrière d'Ober-Wilstadt qu'il fallait occuper et à cheval sur le petit ruisseau de Rosbach. Cette position était la plus mauvaise, en ce que la Nidda se rapproche trop d'Ilbenstadt et en ce que le pays est très-couvert sur la rive droite et très-coupé de hauteur et de bois sur la rive gauche où l'ennemi serait posté avantageusement; mais en retranchant cette position, on pouvait la rendre meilleure et en combinant les mouvements de l'ennemi, on jugera facilement que de cette position il ne pouvait avoir que l'objet de s'avancer ser Friedberg, sur Francfort et sur Hanau. Que pour Friedberg, il fallait qu'il passât la Nidda pour ainsi dire devant la position qu'on occuperait à sa rive droite, ce qu'on ne pouvait imaginer. Que pour se porter sur Francfort, il fallait qu'il se dirigeât sur le confluent de la Nidda dans le Nidder, pour passer cette dernière rivière, ce que l'armée serait en état d'empêcher en marchant par sa droite jusqu'à Nidder-Grunau, qui se trouve sur le confluent de la Nidda, où il eût été nécessaire d'avoir plusieurs ponts établis sur le Nidder au-dessous de son confluent. Enfin, s'il se portait sur Hanau, ce ne pouvait être que dans l'objet ou d'en faire le siége, ou de s'avancer du côté d'Aschaffenbourg. On ne devait pas craindre le siége de Hanau pendant que l'armée était rassemblée à peu de distacce de cette place, et quant à l'objet de s'avancer sur Aschaffenbourg, comme l'ennemi ne pouvait y arriver qu'en passant à Gelnhausen, ou de Langen-Selbold par Murholtz sur Michelbach et Altzenau, on pouvait lui faire rencontrer des obstacles dans sa marche qui devenaient encore plus considerables si, en se portant plus à droite, il voulait traverser la chaîne des montagnes qui sépare la Kintzig du Haut-Mein; mais si, en même temps qu'ils voudraient tenter ce passage, quelques corps de troupes prussiennes s'avançaient sur Wertheim, il n'y avait aucune position que celle de Dettingen à la rive droite du Mein, et, quant à la rive gauche, il ne paraît pas qu'on en puisse trouver aucune favorable pour y attendre un ennemi supérieur. Ainsi, dans le cas d'un mouvement combiné entre un corps prussien qui serait venu par la droite et le corps qu'on pouvait donner à Mr. le prince d'Issembourg, dirigé par la gauche, il n'y avait d'autre parti à prendre que celui de faire passer le Rhin à l'armée de Soubise, à moins que ces corps combinés ne fussent inférieurs ou seulement égaux en total à ladite armée, ou que l'armée d'empire ne fît des mouvements qui pussent les inquiéter beaucoup sur leurs derrières.

Dans la détermination de rester sur le Mein, il était indispensable de décider sur les positions, de préparer les marches de tous les corps de troupes sur ce point d'assemblée; de leur indiquer la place qu'ils doivent occuper, en la faisant reconnaître par les officiers-majors; d'avoir à portée des fourrages, pailles, bois et vivres, et d'établir toutes les communications relatives aux mouvements ultérieurs sur toutes les directions, afin d'être en état de se porter en avant ou de faire des maches rétrogrades, selon que les différentes situations de l'ennemi pouvaient l'exiger.

Il y a plusieurs grandes routes connues, qui pouvaient servir et diriger les troupes pour les faire arriver aux environs de Friedberg, en les faisant partir en même temps de la droite, du centre et de la gauche des quartiers qu'elles occupaient. Ces routes pouvaient servir aux mouvements que les troupes avaient à faire en avant. On en trouvait également s'il fallait faire des mouvements rétrogrades ou évacuer les magasins. Par conséquent, dans tous les cas, Friedberg était le point le plus convenable pour rassembler les troupes, et il avait encore l'avantage d'avoir derrière lui, à six lieues de distance, la ville de Francfort, dont on pouvait non-seulement tirer beaucoup de ressources, mais encore parvenir à former un point d'appui.

Il résulte de tout ce qui a été dit dans ce Mémoire : 1° que si les ennemis débouchaient entre la Lahn et le Wetter, la position de Johannes-Berg était celle qu'on devait faire prendre à l'armée supposée rassemblée à Friedberg; 2° que s'ils débouchaient entre le Wetter et la Nidda, on devait prendre la position indiquée à Friedberg, à Bruche-Brucken, en arrière du ruisseau de Usbach ou l'une de celles dont on a parlé, qui se trouvent entre le Wetter et la Nidda; bien entendu que celle dont la droite appuie à la maison de chasse, la gauche vers Dorn-Assenheim, ne pouvait avoir rapport qu'à la marche des ennemis par la rive gauche de la Nidda, venant de Staden, dans l'objet de passer cette rivière ; et que cette position, comme celle dont la gauche appuierait au bois, et la droite sur les hauteurs en arrière du village de Wickstadt, ne doivent être regardées que comme des positions momentanées, pour marcher en bataille aux ennemis, soit qu'ils voulussent tenter de passer la Nidda, soit qu'ils marchassent entre le Wetter et la Nidda ; 3° Que s'ils débouchaient entre la Nidda et le Nidder, les positions de l'armée pouvaient se prendre sur la rive droite de la Nidda, jusqu'à son confluent dans le Nidder, et même sur la rive gauche du Nidder à Bergen, s'ils paraissaient vouloir se diriger sur Francfort ; 4° Que s'ils débouchaient par la vallée de la Kintzig, dans l'objet de s'avancer sur Francfort ou sur Aschaffenbourg, il fallait ou les prévenir sur Gelnhausen, ou leur faire trouver des obstacles sur leurs débouchés du côté de Michelbach, relativement à Francfort, et du côté de Meerholtz, par rapport à Aschaffenbourg ; et que si leurs mouvements sur cette partie se dirigeaient sur Francfort, il fallait se tenir à Bergen, et les y attendre ; mais si les mouvements se fussent trouvés combinés avec ceux d'un corps de troupes prussiennes débouchant par le Haut-Mein, il n'y avait pas de position capable de les arrêter par la liberté qu'ils avaient de marcher par l'une ou l'autre rive de Mein ; et tout au plus le ruisseau de

Gersprentz, sur lequel est situé Bobenhausen, qui a son confluent dans le Mein près de Stockstat, eût-il fourni un moyen d'arrêter les progrès de leur marche.

Les ennemis se rassemblèrent en avril, et le prince Ferdinand, ayant débouché par l'intervalle que les rivières de Kintzig et de Nidda laissent entre elles, le duc de Broglie profita du Mémoire qu'on vient de rapporter, et comme on y avait prévu tous les cas, et notamment celui du débouché de l'armée ennemie par la vallée de la Kintzig, qui lui fournissait le moyen de s'avancer sur Francfort, entre le Nidda et le Mein, le duc de Broglie prit très-judicieusement la position de Bergen et fit ses dispositions pour l'attendre dans ce poste, où il rassembla ses forces et où il attendait les secours qu'on lui envoyait de l'armée du Bas-Rhin, aux ordres du comte de Saint-Germain, qui marcha le long de la Lahn. Il aurait renforcé l'armée, s'il avait pu arriver un jour plutôt, mais la promptitude avec laquelle les ennemis s'avancèrent ne permit pas au duc de Broglie de lui ordonner d'accélérer sa marche, et ce général fut forcé de combattre le 13 avril avec ses seules troupes, ce qui ajoute à sa gloire, car par la bonne disposition des feux du canon et de la mousqueterie, et la vigueur de ses troupes, il fit repentir le prince Ferdinand de l'avoir attaqué, le repoussa, l'obligea à une retraite précipitée qui lui coûta beaucoup de monde, et le réduisit au point de ne pouvoir apporter d'obstacles à la marche des Français, lorsqu'ils s'avancèrent ensuite en Hesse.

Arrangements pris par le maréchal de Broglie pour l'établissement, la sûreté et la subsistance des quartiers de l'armée française pendant l'hiver de 1761 à 1762.

L'armée du maréchal de Broglie ayant fini la campagne de 1761 à Eimbeck, sur la Leine, et celle du Maréchal de Soubise, à Essen, entre l'Emser et la Roer, il était nécessaire de donner à ces deux armées des quartiers d'hiver qui les missent à même, 1° en se réunissant, d'ouvrir la campagne de 1762 par une offensive dans le pays d'Hanover, en débouchant par Gottingen et Emberg, ce qui y eût attiré infailliblement le prince Ferdinand; présomption d'autant plus vraisemblable que les places des Français sur le Rhin étant bien approvisionnées, il ne pouvait rien entreprendre de ce côté, et n'avait d'autre parti à prendre que d'accourir à la défense du pays de Brunswick, menacé, ainsi que l'électorat; 2° en laissant les deux armées séparées, de les faire agir de concert, de porter l'une sur la Lippe et l'autre sur le Dimel, et de tenter de nouveau l'exécution du plan de la campagne de 1761, échoué par le peu d'accord entre les généraux. Dans l'une et l'autre hypothèse, il était nécessaire que l'une des armées conservât le pays et les places du Bas-Rhin pendant l'hiver, et l'autre la Hesse ; mais il fallait que la dernière fût la plus nombreuse, attendu la grande étendue de pays qu'elle avait à garder, et les inquiétudes multipliées que l'ennemi pouvait donner sur différents points, qu'il n'était possible de mettre en état de résister que par l'appui d'un nombre considérable de troupes. On laissa au maréchal de Broglie 104 bataillons, 111 escadrons, un équipage d'artillerie, et 1 pour les vivres. Un grand nombre de régiments avaient été renvoyés en France, malgré les représentations vives et fondées du maréchal de Broglie. Les troupes du prince de Soubise, qui restèrent sur le Bas-Rhin, prirent leurs quartiers à la gauche du fleuve dès le mois de novembre, étendant leur droite vers le Haut-Rhin.

Quoique la Hesse fût épuisée en fourrages, grains, et moyens de charrois, par le séjour des armées pendant trois campagnes consécutives; cependant, par la sage économie introduite dans la manutention, jointe à l'industrie qu'on employa alors pour le rassemblement des subsistances, on assura l'entretien de l'armée pendant les quartiers d'hiver, et même pour l'ouverture de la campagne suivante. L'étendue de la Hesse, destituée de places de guerre, la nécessité de séparer l'armée par de grandes rivières, la difficulté des communications, causée par les mauvais chemins et le mauvais temps; tous ces obstacles furent levés, et les moyens employés pour y parvenir assurèrent la tranquillité de l'armée. On va entrer dans le détail de ces moyens; on traitera d'abord de ceux de défense, et ensuite de ceux de subsistance.

1° De la défense de la Hesse pendant l'hiver.

Le cordon des troupes qui devait occuper la tête des quartiers d'hiver commençait à Gotha et Muhlhusen, la droite allait aboutir à Dillembour et Siegen, étendue immense! La Werra, la Fulde, la Schwalm et l'Eder étaient les principales rivières qui séparaient les quartiers de l'armée. Les deux premières seules n'étaient pas guéables. Il s'agissait d'assurer la tête des quartiers, pour les mettre à l'abri des entreprises de l'ennemi. Pour cela, il fallait juger les points sur lesquels il porterait plus vraisemblablement ses efforts, afin d'y opposer plus de résistance en mettant ces lieux en état de défense, et en prenant des mesures pour y rassembler en peu de temps l'armée entière, ou au moins des corps assez considérables pour empêcher les ailes de pénétrer.

Le prince Ferdinand devait naturellement prendre ses quartiers d'hiver vers la Dimel, et avoir sur la Lippe un corps considérable, appuyé à Lippstat, et soutenu de Münster, pour masquer le Bas-Rhin. Il était également nécessaire qu'il eût un corps de cavalerie et de troupes légères dans le comté de Hatzfeld, pour contenir les troupes que les Français avaient sur la Werra et en Thuringe, et pour communiquer avec les Prussiens, qui occupaient les bords de la Basse-Saale. Les garnisons de Wolfenbuttel et de Brunswick avec quelques troupes dispersées dans le duché de Brunswick, et à la droite de Weser, devaient soutenir ce corps. Le reste de l'armée des alliés était répandue dans le carré que forment la Lippe, la Dimel, le Weser et le Rhin.

Quoique l'on dût conjecturer par les fatigues qu'avait éprouvées l'armée ennemie, et par ses pertes considérables, qui exigeaient du repos pendant l'hiver, qu'elle n'entreprendrait rien ; cependant l'activité du prince Ferdinand, et l'intérêt qu'il avait à chasser les Français de la Hesse, devait faire appréhender des tentatives de sa part.

D'après la disposition de l'armée française, le prince Ferdinand paraissait avoir trois moyens d'entreprendre contre elle. 1° En joignant des troupes au corps prussien établi sur la Saale, ou en le laissant agir séparément contre l'armée de l'empire, qui devait prendre ses quartiers d'hiver derrière Erfurt, pour enlever ensuite les subsistances de la Thuringe et en chasser les Français. 2° De ressembler ses forces pour tomber sur la tête de leurs quartiers, s'emparer de Cassel, et séparer ainsi leur armée. 3° De se porter en force sur la partie la plus praticable de la gauche du maréchal de Broglie, qui était celle de l'Edre, afin de percer, par cet endroit, de marcher à Francfort, et de couper ainsi la gauche de l'armée d'avec son centre et sa droite, et même d'avec ses derrières. Pour prévenir ces entreprises, le maréchal de Broglie prit les mesures suivantes.

Il fit fortifier Mülhausen, que son assiette et quelques travaux mirent à l'abri d'un coup de main. Cette place avait pour objet d'assurer l'extrémité de la droite de l'armée française, ainsi que les quartiers de la droite de la Werra, contre les tentatives du prince Ferdinand et des Prussiens. On mit dans Mülhausen 3 000 hommes, dont 900 chevaux, en partie troupes légères. Les volontaires de Hainaut furent placés sur la droite à Langen-Saltza, sur l'Unstrut, pour couvrir, conjointement avec la légion royale placée en avant entre Gotha et Ohrdruff, douze bataillons saxons cantonnés depuis Liussac jusqu'à Gotha, qui étaient occupés, le premier par le comte de Lussac, et le second par un officier-général à ses ordres.

L'armée, quoique séparée dans ses quartiers, était partagée en huit divisions. Les Saxons, au nombre de

15 bataillons et de 6 escadrons formaient la première. La seconde, de 15 bataillons, en avait 10 à la droite de la Werra, depuis la hauteur de Witzenhausen jusqu'à Allendorf. Les 5 autres étaient à la gauche de la rivière. Le château d'Areesten assez avantageusement situé et occupé par quelques troupes légères, protégeait ces quartiers, et empêchait l'ennemi de passer la Werra à gué dans cet endroit. La troisième division, forte de 48 bataillons, dépendait du quartier général à Cassel; elle était partagée en deux parties, dont l'une, de 28 bataillons, avait sur son front Göttingen, qu'une garnison de 6000 hommes, dont 1800 chevaux et quelques ouvrages extérieurs rendaient susceptible de tenir 15 jours de tranchée ouverte. Il y avait des troupes dans Minden et Cassel; 20 autres bataillons dispersés sur les deux rives de la Fulde, en arrière de Cassel, s'étendaient jusqu'à Lichtenhagen et Ellenbach. La quatrième division, composée de 20 bataillons et de 6 escadrons, avait Marbourg pour quartier principal, bordait l'Eder, occupant Fritzlar, où il y avait 2 bataillons, 150 chevaux et 6 pièces de canon; Gudensberg, où il y avait quelques détachements d'infanterie, ainsi que dans le château de Waldeck, Wildungen, Lollbach, Franckenberg et Battenberg, postes approvisionnés et mis à l'abri d'un coup de main; plusieurs d'entre eux et notamment Fritzlar, Waldeck

et Franckenberg pouvaient soutenir un siége. Le reste des troupes s'étendait sur Marbourg, Dillenbourg et Siegen. Des détachements de cavalerie, de dragons et de troupes légères, destinés à éclairer cette partie, étaient placés dans différents points en avant. Les hussards de Chamboran étaient à Biedenkorp, sur la gauche de ces quartiers. Le corps des volontaires de Saint-Victor à Franckenberg, dont quelques compagnies de grenadiers occupaient le château. La troisième division s'étendait sur la gauche; elle était composée de 7 bataillons répartis dans Weibourg, Freyenfeld, Eimbourg, Coblentz et de 36 escadrons postés derrière la Lahn, et aboutissant au Rhin. La sixième division, placée dans l'arrondissement de Francfort, consistait en 15 bataillons et en 21 escadrons. L'infanterie occupait la ville et les places des environs, de même que la plus grande partie de l'artillerie et les équipages des vivres. La cavalerie s'étendit le long du Mein et sur le Rhin. Cette division, qui était en seconde ligne, était celle du centre de l'armée. La septième division fut placée dans le pays de Fulde; elle consistait en 4 bataillons qui occupèrent la ville, et en 24 escadrons dispersés dans l'arrondissement : elle était aussi en seconde ligne et formait la seconde division du centre. La huitième division forte de 18 escadrons composait la seconde ligne de la droite, et fut envoyée dans l'évêché de Würtzbourg. Chacune de ces divisions était commandée par un lieutenant-général et des maréchaux-de-camp, ayant pour les seconder un aide maréchal-des-logis et des commissaires des guerres chargés de l'administration des subsistances.

Cinquante pièces de canon du parc furent distribuées vers les différents points où l'on craignait que l'ennemi ne se portât, comme Mülhausen, Münden, Cassel, Fritzlar, Hirschfeld, Alsfed. Les chevaux des vivres furent partagés dans les districts de Gemeinden et de Hombourg, derrière le centre des quartiers, et conséquemment à portée des endroits où ils pouvaient être nécessaires. L'hôpital ambulant occupa une semblable position.

Il faut se rappeler les trois points d'attaque auxquels pouvaient se réduire les efforts des ennemis, afin d'analyser les moyens préparés pour leur résister. Le maréchal de Broglie avait calculé les distances respectives des différents corps qui composaient son armée, relativement aux mouvements de l'ennemi, il leur avait assigné des points de rassemblement de manière qu'en quatre jours il pouvait rassembler son armée dans les points où il faudrait, lesquels étaient à portée de ceux où le prince Ferdinand pouvait donner de l'inquiétude.

Le premier motif de crainte était pour la droite, où les mouvements quelconques des ennemis pouvaient y en occasionner de trois espèces. 1° Si les Prussiens marchaient sur l'armée de l'empire et sur Gotha, pour chasser cette armée et le corps de Saoxns de ce territoire, afin de pouvoir y lever de l'argent, des grains, des chevaux, et des subsistances ; alors les Saxons devaient être renforcés de 11 escadrons tirés de l'évêché de Wurtzbourg, et de 6 pièces de canon du parc, qui étaient à Hirschfeld. Le comte de Lusace, qui commandait ce corps, devait renforcer la garnison de Gotha d'infanterie et de cavalerie, et si les ennemis, inférieurs en nombre, s'engageaient imprudemment, il devait les combattre, ce qui n'exigeait pas un mouvement général dans l'armée, mais seulement d'une partie de sa droite. 2° Si les troupes prussiennes jointes à celles des alliés étaient trop en force, ou que par un mouvement combiné elles menaçassent Gotha et Mühlhausen, alors la droite des Français était obligée à un mouvement presque général. Le comte de Lusace devait replier ses troupes de Gotha et des environs d'Eisenach, où il devait être joint par la cavalerie du pays de Fulde, au nombre d'environ 12 escadrons ; les volontaires de Hainaut avaient ordre de se jeter dans Mühlhausen, douze bataillons de la deuxième division de se porter à Engenrieden, entre Mühlhausen et la Werra; et 7 autres bataillons, dont partie de cette division, et les autres tirés de la troisième, de se porter sur la Werra.

Si les ennemis menaçaient effectivement Mühlhausen d'un siége, la garnison devait l'abandonner, après avoir fait sauter un cavalier et 150 toises de murailles. Les 12 bataillons placés à Engenrieden pour la recevoir devaient ensuite se retirer derrière la Werra, pour en défendre le passage, en faisant garder les ponts et les gués. 3° Si les alliés parvenaient à passer la Werra, toute la cavalerie de la droite devait se rassembler à Hirschfeld, ainsi que l'infanterie de la septième et de la huitième division, 12 bataillons, tirés des deuxième et troisième divisions, eurent ordre de se réunir aussi aux environs, pour agir (conjointement avec les troupes saxonnes) offensivement, c'est-à-dire pour attaquer l'ennemi fort ou faible.

Il semble que le maréchal se réservait de renforcer le comte de Lusace, si les circonstances le permettaient. Les troupes les plus éloignées n'étant qu'à 5 ou 6 marches des points de rassemblement de Hirschfeld et de Friedwald, il était facile de les avoir à temps dans ces endroits, et au comte de Lusace de les porter où il jugerait à propos de poster sa division.

Les mouvements dont on vient de parler n'en exigeaient pas un général dans l'armée française ; d'ailleurs il n'était pas vraisemblable que toutes les troupes des ennemis agissent sur sa droite, et le maréchal était décidé à régler les mouvements de son centre et de sa gauche sur ceux que feraient les alliés. Les instructions du comte de Lusace portaient d'entretenir une correspondance régulière avec le feld-maréchal de Serbelloni, commandant de l'armée de l'empire, afin qu'ils pussent s'arrêter et se soutenir mutuellement, sans faire cependant un grand fonds sur le secours de cette armée et sans trop s'engager. On prévint en même temps le comte de Lusace de la position du roi de Prusse en Silésie, et de celle d'un corps de 30 000 Autrichiens à Chemnitz et Freyberg, dont 10 000 devaient joindre l'armée de l'empire, si le prince Henri de Prusse, qui avait ses quartiers d'hiver dans la Haute-Saxe et sur la Saale faisait un mouvement. Le surplus des instructions était relatif aux opérations dont on a parlé plus haut.

Le comte de Scey, qui était en avant du comte de Lusace, devait, avec ses troupes légères, s'éclairer et communiquer avec les postes avancés de l'armée de l'empire et les volontaires qui étaient à Langen-Salza; informer le comte de Lusace des mouvements de l'ennemi et, en cas qu'ils l'exigeassent, faire rentrer à Gotha l'infanterie saxonne, qu'il avait à ses ordres dans les villages de la Saxe électorale, et au besoin se retirer à Eisenach.

M. de Grandmaison posté à Langen-Salza avec des volontaires devait s'éclairer, maintenir soigneusement ses communications par sa droite et par sa gauche, et envoyer tous les deux jours au comte de Lusace et au maréchal un rapport exact, entreprendre le plus qu'il pourrait sur l'ennemi ; au besoin, il devait se retirer à Mühlhausen, où commandait le comte de Chabot, qui outre les ordres relatifs à sa retraite, dont on a parlé plus haut, avait les mêmes que M. de Grandmaison, c'est-à-dire, d'entreprendre sur l'ennemi et de conserver ses communications par sa droite et sa gauche.

Le second sujet de crainte que pouvaient donner les ennemis, était qu'ils n'attaquassent l'armée et n'entreprissent le siége de Gottingen qui la couvrait. Les autres places, nommément Münden, n'étant pas tenables, Gottingen pouvait tenir le temps qu'on a dit, soutenu avec la nombreuse garnison qui l'occupait. L'importance de cette place, d'où dépendait la conservation de la Hesse, obligeait de risquer une bataille plutôt que de la laisser prendre. Il fallait donc rassembler l'armée assez tôt pour attaquer les alliés, encore occupés au siége. Comme on avait indiqué des premiers points de rassemblement aux troupes, qui pouvaient s'y rendre en 5 ou 6 jours, le premier mouvement des ennemis dans leurs quartiers produisait le premier rassemblement des Français, et le second la réunion de l'armée.

Voici les points de rassemblement prescrits. Le corps du comte de Lusace restait dans sa position, qui était à portée de Gottingen. La seconde division de même, à l'exception de quelques bataillons qui, par raison d'éloignement, ou pour faire place aux troupes qui arriveraient, se portaient entre Witzenhausen et Münden, ainsi que les bataillons de la troisième division placés sur la Fulde, dans la Hesse, entre cette rivière et la Schwalm, qui furent aussi répartis dans le voisinage de Cassel, de Melsungen, et de Hirschfeld. La septième et la huitième division, à l'exception des grenadiers de France, que l'on envoyait à Rothenbourg, devaient s'assembler entre la Fulde et la Werra, entre Spangenberg et Lichtenau, occupant Fritzlar avec 4 bataillons et Ziegenhain avec un. La quatrième division devait, ainsi que la cinquième, se porter sur Borcken, Marbourg et Dillenbourg. Toute la cavalerie de la gauche devait être dans les environs de Marbourg, l'artillerie, l'équipage de vivres et l'hôpital ambulant se rendre à Cassel et Fritzlar. La sixième, qui ne bougeait pas, employait son infanterie à garder les places du Mein. La cavalerie, consistant presque toute en troupes légères, et dont les corps était trop ruinés pour agir, était employée au cordon.

Le troisième sujet de crainte que les alliés pouvaient donner était qu'ils ne voulussent pénétrer par l'Eder; mais pour prévenir cette entreprise, il ne fallait pas les mêmes précautions que pour s'opposer à la seconde. Quelques régiments d'infanterie des deuxième et troisième divisions, au lieu de se porter sur Cassel et la Fulde sur la droite, se portaient sur la gauche à Borcken, étant remplacés par les mêmes qu'ils eussent remplacés. Les troupes de la quatrième division, que l'on étendait sur la droite à Borcken, devaient rester à Marbourg. Quoique le prince Ferdinand dût présenter plusieurs têtes pour donner le change, le premier rassemblement suffisait pour se préparer à l'arrêter, attendu que le maréchal avait ensuite le temps de réunir ses forces où il jugerait à propos

Voici la substance des instructions des généraux ou des commandants des postes avancés dont il n'a point été question jusqu'ici.

Le comte de Vaux, commandant de Gottingen,

devait soutenir le siége ; il avait promis de tenir 12 jours de tranchée ouverte. Au cas qu'il pût espérer que l'armée le secourût, il avait ordre de se défendre jusqu'à la dernière extrémité; dans la supposition contraire, il était autorisé à remettre la place à une composition honorable : s'il était bloqué et réduit à l'impossibilité de subsister, obtenir une bonne capitulation, ou se faire jour et tâcher de gagner l'armée française ou celle de l'empire. Il devait tant qu'il serait dans la place éclairer de près les démarches de l'armée, l'inquiéter par des attaques réitérées, lui enlever des subsistances autant qu'il le pourrait, et rendre compte, tous les deux jours, des événements parvenus à sa connaissance.

Si l'armée était forcée de se retirer, le comte de Rochambeau devait rester dans Cassel avec la garnison, augmentée de quelques bataillons, et soutenir un siége, devant être muni de tout ce qu'il fallait pour cela. La cavalerie, renfermée dans Cassel, servait à communiquer avec Münden les postes voisins de la Werra et Sababourg.

Le marquis de Rochechouart[1], commandant de Münden, communiquait avec Gottingen et Cassel,

1. Mort chevalier des ordres du roi, et commandant en Provence.

éclairait sa droite et sa gauche avec de petits détachements de cavalerie, et entretenait, à Heidmünden, dans une redoute sur le bord de la Werra, un poste pour en défendre le gué. On ne lui demandait d'autre résistance que de soutenir un coup de main. Si les mouvements de l'ennemi le contraignaient à la retraite, elle était assurée par la nature du pays.

Un capitaine, avec 100 fantassins et quelques dragons, occupait Sababourg, mis à l'abris d'un coup de main. Ce poste protégeait la Basse-Dimel; et l'instruction de cet officier ne portait que sur cet objet.

Le vicomte de Broglio, posté dans Fritzlar, avait ordre de soutenir un siége. Le poste qu'il entretenait à Wildungen devait s'éclairer et se retirer à Fritzlar au besoin. Le vicomte de Broglio devait veiller attentivement sur son front et ses flancs.

Le commandant de Waldeck avait ordre de se défendre jusqu'à la dernière extrémité. Le commandant du château de Franckenberg et celui de Battenberg avaient à peu près le même nombre de troupes et les mêmes ordres. M. de Saint-Victor, posté dans Franckenberg, avait pour objet d'inquiéter l'ennemi par ses courses et ses entreprises continuelles, devant se servir, au besoin, de toutes les troupes à cheval de Waldeck et de Fritzlar. Si l'ennemi marchait à lui en forces, il avait ordre de se retirer.

Le marquis de Maupeou, commandant la 4e division, avait dans son instruction de veiller attentivement sur les mouvements de l'ennemi. Le régiment de hussards posté à Biedenkop lui en facilitait les moyens. Le surplus de ses ordres concernait le rassemblement dont on a parlé.

Le marquis de Valence, qui occupait Siegen avec quelques bataillons et 4 escadrons, avait ordre, si l'ennemi marchait en force sur lui, de se faire joindre par la cavalerie que le marquis de la Guiche commandait sur sa gauche. Il avait son front à éclairer, le sien à défendre, et Dillenbourg pour retraite, si l'ennemi lui opposait des forces trop supérieures.

Voilà, en substance, les mesures que prit le maréchal de Broglie pour l'établissement et la sureté de ses quartiers, dont tous les commandants avaient des ordres simples, faciles à exécuter et dont l'effet paraissait infaillible, d'autant plus que les inconvénients qui s'étaient rencontrés en 1760 ne subsistaient pas.

Des subsistances.

Les arrangements pris par le maréchal pour assurer des subsistances à son armée méritent qu'on en fasse l'exposition.

1° On avait formé en Hesse trois espèces de magasins ; ceux du roi par les entrepreneurs qui avaient acheté des fourrages venus par le Rhin et le Mein ; ceux établis au moyen des réquisitions de l'intendant de l'armée à la Hesse et aux pays des alliés, et qui étaient administrés par ceux qui avaient fait les livraisons ; enfin ceux qu'on avait rassemblés dans le pays ennemi sous la direction de quelques officiers, et qu'on avait fait transporter dans Mühlhausen, Gottingen, Münden et Cassel.

Les magasins militairement assemblés pourvoyaient la cavalerie, établie dans les quatre places qu'on vient de nommer, et dans quelques-unes sur la Werra. Un aide-maréchal-des-logis de l'armée, ayant sous lui des officiers particuliers à la tête de chaque magasin, était chargé de les administrer ; ils suffisaient seuls à la subsistance de l'armée pendant quelque temps, et avaient été tirés du pays d'Hanover et voiturés par les habitants de la partie avoisinante de la Hesse ; de son côté, l'intendant avait tiré de ce Landgraviat tout ce qu'il avait pu.

Les fourrages fournis par les pays éloignés étaient distribués sur le Rhin et sur le Mein. La disposition générale des magasins étaient réglée ainsi : sur le Rhin, à Spire, Oppenheim, Mayence et Coblentz; sur le Mein, à Francfort, Hanau et Aschaffenbourg; sur la Fulde, à Hirschfeld et Melzungen; entre la Fulde et la Werra; à Fridwald, Soutra et Lichtenau; sur la Werra, à Vacha et Eschweg; et à la droite de cette rivière, à Eisenach et Gotha. Il y avait aussi des magasins sur la Saale, la Schwalm, l'Eder et la Sieg. Ces dépôts généraux en alimentaient de particuliers, établis dans tous les lieux où se trouvaient les états-majors des corps. Au moyen de ces arrangements tous les points de rassemblement des quartiers de l'armée étaient abondamment pourvus, et la Hesse renfermait assez de subsistances pour nourrir les troupes en quartier jusqu'au 1er de Juin, et pour trois mois en sus.

Le défaut de chariots avait arrêté le transport des fourrages; mais on y remédia en les faisant transporter pendant l'hiver à bras d'hommes, et de ville en ville, jusqu'à Cassel et aux dépôts les plus avancés.

Comme on n'avait pu tirer de l'électoral de Hanover et des pays voisins la quantité de fourrages demandés, ce qui n'avait pas été fourni en nature fut payé en argent dont on forma à Gottingen une caisse sur laquelle on chargea un Juif d'acheter des fourrages dans la partie de la Saxe électorale occupée par les Français. Le surplus fut employé à former un traitement aux troupes du cordon, auxquelles on payait les places de fourrages qu'elles ne prenaient pas.

Le maréchal de Broglie, ayant senti la nécessité de faire un traitement aux troupes, surtout à la cavalerie, pour lui donner des moyens de se rétablir, accorda à toutes les troupes le fourrage sur le pied complet; et le remboursement en argent des rations des détachements qui se trouvaient dans les villes du cordon; de manière que tous les corps de cavalerie recevant en proportion des postes qu'ils avaient occupés, tiraient de quoi subvenir à leurs réparations; avantage qui ne fut dû qu'au soin que prit le maréchal de rassembler pendant la campagne des fourrages dans le pays ennemi et de tirer de l'argent de celui de Hanover : ce qui donna le moyen de nourrir les troupes et de leur faire un traitement.

On fit un relevé de tous les fourrages du pays ami et de ceux de la Hesse, et on spécifia sur ces états les lieux d'où ces fourrages étaient tirés et ceux où on devait les transporter pour y être consommés.

Dans quelques parties où il y avait des troupes, comme Gotha, Wurtzbourg et plusieurs cantons du

Palatinat, on prit des mesures pour qu'elles fussent nourries pendant l'hiver des denrées du pays même.

2° Subsistances en grains. L'armée était pourvue d'avance des farines nécessaires pour sa subsistance pendant les quartiers d'hiver, et pour le commencement de la campagne suivante, au moyen des acquisitions faites dans les pays voisins du théâtre de la guerre, amis ou ennemis, et des convois dont les rivières avaient facilité le transport. Mais comme les magasins n'étaient pas placés de manière qu'au cas d'un rassemblement l'armée pût en tirer sa subsistance avec facilité, le maréchal régla, comme il suit, la répartition des approvisionnements provisoires.

1. Dans le pays de Fulde, des farines pour 20 000 hommes pendant trois distributions ou douze jours. Il y avait dix fours, qui devaient suffire.

2. A Hirschfeld pour 35 000 hommes. Quatre distributions suffisent. Quinze fours.

3. Dans le château de Marbourg, 10 000 sacs, outre son approvisionnement de six mois. Il y a suffisamment de fours.

4. Dans Ziegenhain, un approvisionnement suffisant pour quatre distributions, à 20 000 hommes.

5. A Giessen, au moins 12 000 sacs, ce dépôt devant fournir au remplacement.

6. A Francfort, 20 000 sacs.

7. Gottingen et Cassel, bien pourvus pour le moment, doivent avoir des subsistances pour nourrir l'armée deux mois.

8. Les bords de la Werra, les établissements de l'intérieur de la Hesse, reversant sur Witzenhausen, doivent fournir trois ou quatre distributions à 40 ou 50 000 hommes.

9. Dans Mühlhausen, n'y laisser des vivres que pour six semaines.

10. Dans Fritzlar, des farines pour faire subsister quatre bataillons pendant un mois, et pour le même temps à Gudensberg et Feldsberg.

11. Dans Franckenberg et Battenberg, deux mois de subsistances pour la garnison, et quinze jours de farine seulement dans Franckenberg, pour les volontaires de Saint-Victor.

Toutes les troupes avaient leur pain dans leurs quartiers, ou du moins dans leur arrondissement.

Observations sur les différents objets dont il a été fait mention.

On remarquera que l'armée conserva, quoique répandue dans ses quartiers d'hiver, son ordre de bataille, c'est-à-dire que les régiments étaient cantonnés dans le même ordre que si l'armée eût été campée.

Le prince Ferdinand pouvait donner de vives alarmes à l'armée française, afin de l'obliger à des mouvements fatigants et ruineux; mais on eut l'attention de bien garnir le cordon, surtout par les extrémités. On fit en sorte que les corps rassemblés dans les points indiqués ne pussent souffrir, parce que les lieux où ils devaient se réunir étaient abondamment pourvus de subsistances, n'ayant pas d'ailleurs été dévastés par des troupes qui y eussent séjourné précédemment; et ces endroits pouvaient et devaient même servir de cantonnements avant l'ouverture de la campagne.

XI.

MÉMOIRE

SUR LES MANŒUVRES DE GUERRE.

Les camps, les marches, les ordres de bataille et les quartiers d'hiver sont, il est vrai, les quatre principales divisions de la grande tactique, mais leur étude, quelque approfondie qu'elle peut être, ne suffit point encore pour mettre au fait des opérations d'une campagne.

Si l'on faisait abstraction de la présence de l'ennemi, de ses efforts, des difficultés que le terrain, les forteresses peuvent et doivent apporter dans vos mouvements, ces premières connaissances suffiraient, mais l'ennemi contre lequel on agit cherchant par tous les contre-mouvements imaginables à déranger votre plan d'opérations, il faut donc pouvoir le prévenir ou le déjouer par des manœuvres.

Je vais rassembler dans ce Mémoire les règles que l'expérience et les actions des grands généraux semblent avoir fixées pour tous ces mouvements.

Manœuvres de guerre.

Le but de toutes les manœuvres d'une armée est et doit favoriser l'établissement d'un camp ou de quartiers d'hiver dans une position avantageuse pour le plan offensif ou défensif de la campagne, de couvrir une marche qui conduit soit sur le flanc de l'ennemi pour l'attaquer, soit sur ses communications ou sa ligne d'opération, pour l'obliger à sortir d'un poste trop fort, pour l'en déloger à force ouverte. Les manœuvres servent encore à prévenir l'ennemi à l'ouverture de la campagne, à le surprendre, à lui disputer le passage d'un fleuve, ou le contraindre à vous l'abandonner ; les manœuvres, en un mot, assurent d'après les circonstances et les variétés du terrain l'exécution des principes théoriques que nous avons posés dans le livre précédent.

Il y a deux manières de manœuvrer à la guerre, la première avec toute l'armée, la seconde par détachements.

Des manœuvres de guerre.

DES BATAILLES.

De toutes les opérations de la guerre, les batailles sont celles qui peuvent avoir les suites les plus heureuses ou les plus funestes. La recherche des principes propres à en assurer le succès est donc de la dernière importance.

On appelle bataille, l'action dans laquelle une armée charge en totalité ou en partie celle qui lui est opposée.

Les batailles sont les actions les plus éclatantes de la guerre. « Elles donnent et ôtent les couronnes, dit « Montécuculi, décident entre les souverains sans ap- « pel, finissent la guerre et immortalisent le vain- « queur. »

Les batailles doivent être considérées sous trois aspects différents qui tous ont leurs règles. Le premier, quand on va attaquer l'ennemi ; le second, quand on attend dans sa position l'attaque de l'ennemi ; le troisième et dernier, c'est lorsque, voulant attaquer l'ennemi, on le rencontre marchant dans la même intention.

Lorsqu'une des deux armées reçoit forcément la bataille, on le regarde avec raison comme un grand désavantage. Car quelque fermes et aguerries que soient les troupes, elles sont presque toujours intimidées à l'aspect de celles qui viennent les attaquer; c'est tout le contraire, si on les mène à la charge. On ne doit jamais attendre l'ennemi dans un poste, à moins qu'il ne soit très-avantageux et très-important à conserver. Il est cependant des circonstances où un général n'a pas le choix de chercher ou d'éviter un engagement, c'est alors la promptitude avec laquelle on se saisit des avantages du terrain et la sagacité qui vous fait deviner et prévenir les desseins de l'ennemi qui assurent vos succès.

Les suites d'une bataille dépendent des circonstances et du temps où on les livre. Celles qui se donnent au commencement d'une campagne sont les plus dangereuses parce qu'elles influent presque toujours sur les opérations du reste de l'année et souvent sur celles de toute la guerre. Celles qui se livrent dans l'arrière-saison sont pour l'ordinaire de moindre conséquence, vu l'impossibilité où l'on est de profiter longtemps de la supériorité acquise contre la victoire[1].

1. A moins d'y être forcée par la nécessité d'assurer ses quartiers d'hiver, ou de délivrer son pays de l'ennemi, les généraux

Une bataille gagnée est bien peu solide si elle ne dérange pas le projet de campagne du général ennemi. Les principaux avantages qu'elle doit procurer sont la diminution des forces de l'ennemi et consé quemment son inactivité pendant le temps qui lui est nécessaire à les réparer, de rendre maître de la cam pagne et d'avoir la facilité d'assiéger une place dont la prise entraîne la perte d'une province ou d'une portion intéressante du pays ennemi, d'y faciliter la levée des contributions et celle des réquisitions nécessaires à la subsistance de l'armée.

Il y a trois différentes espèces de règles à observer dans les batailles. Les premières, déterminatives, ont rapport aux raisons qui doivent faire engager ou éviter le combat. Les secondes, préparatoires, ont rapport à la distribution des troupes, selon les divers cas et espèces de combats, et aux précautions à prendre, soit pour assurer sa retraite en cas de défaite, ou accélérer la poursuite en cas de succès. Enfin les dernières ont exclusivement rapport à l'action.

expérimentés évitent les engagements de la fin d'une campagne. Les batailles de Rosbach et de Leuthen étaient nécessaires sous ces points de vues ; la victoire de Torgau ne l'était pas autant ; le général Daun, quoique ayant perdu le champ de bataille, n'en prit pas moins tranquillement ses quartiers d'hiver.

Raisons déterminatives pour combattre.

Les batailles pouvant décider du sort de la patrie, il ne faut pas les livrer sans en examen réfléchi. Les raisons qui peuvent engager sont :

1° Quand il est possible de gagner plus qu'on ne peut perdre.

2° Pour entrer dans le pays ennemi ou empêcher qu'il ne pénètre dans le vôtre.

3° La supériorité en nombre de son côté, et de l'autre la désunion ou la présomption des généraux ennemis. Leur peu de précautions dans leurs camps, dans leurs marches.

4° Lorsque l'ennemi est affaibli par la division de ses forces et qu'on peut le joindre avant qu'il puisse se renforcer.

5° L'importance d'un poste dont il faut le chasser.

6° Lorsqu'il est encore fatigué d'une marche longue et pénible.

7° S'il n'a pas eu le temps de reconnaître le terrain où il était posté.

8° Le secours d'une place de conséquence.

9° Enfin, pour donner une nouvelle face aux affaires en passant de la défensive à l'offensive, et obliger un ennemi opiniâtre à faire la paix et terminer la guerre qui ne finirait jamais sans le succès des batailles [1].

On évite une bataille.

1° Quand on risque beaucoup plus par une défaite que l'on ne peut gagner par une victoire.

2° Si l'ennemi est dans votre pays, il faut agir avec la plus grande prudence, ne rien donner au hasard; car la perte d'une bataille dans l'intérieur d'un État doit nécessairement avoir des suites pernicieuses.

3° Si l'on est affaibli par des détachements.

4° Quand on attend la jonction d'un renfort.

5° Si l'ennemi occupe un poste si avantageux qu'on ne puisse l'attaquer sans témérité.

6° Si l'armée est fatiguée d'une longue marche ou d'un autre travail.

7° Si une défaite vous obligeait à une longue retraite, et que l'ennemi même battu n'eût que peu de chemin à faire pour se mettre en sûreté.

8° Enfin, quand il y a lieu d'espérer qu'en temporisant l'armée ennemie se ruinera. Il arrive quelquefois que, l'ennemi ayant compté finir promptement une expédition, si elle traîne en longueur, la disette et les

1. La bataille de Freyberg, livrée le 29 octobre 1762, détermina la conclusion de la paix entre la Prusse et l'Autriche. Les journées de Marengo et de Hohenlinden contraignirent la cour de Vienne au traité de Lunéville.

maladies le consument; son armée est alors bientôt ruinée et forcée à se retirer[1].

Moyens d'obliger l'ennemi à combattre.

Quand on a balancé attentivement le pour et le contre, et que l'on est décidé à la bataille, si l'ennemi refusait de combattre, il y a grand nombre de moyens de l'y contraindre; mais comme ils dépendent tous de circonstances qu'il est impossible de prévoir, je ne rapporterai ici que les plus généraux :

1° Ravager le pays ennemi.

2° Simuler le siége d'une place qui renferme ses magasins ou qui lui est nécessaire pour assurer ses convois, couvrir une grande étendue de son pays; le faire réellement s'il persiste dans sa stricte défensive.

3° Tomber sur ses quartiers ou l'attaquer durant sa marche s'il néglige les précautions nécessaires : feindre soi-même de ne vouloir pas combattre; le resserrer dans ses fourrages et ses quartiers. « Enfin, vous « obligerez encore l'ennemi à combattre, dit le roi de « Prusse, quand vous viendrez par une marche forcée « vous mettre sur ses derrières et lui couper ses com- « munications. Gardez-vous bien, en faisant ces sortes

1. Les campagnes du feld-maréchal Traun, en Bohême, en 1744, de Dumouriez, dans la Champagne, en 1792, sont la confirmation de ce principe.

« de manœuvres, de vous exposer au même inconvé-
« nient, ni de prendre une position dans laquelle l'en-
« nemi pourrait vous couper d'avec vos magasins.

Dispositions préparatoires [1].

Quand on prévoit le temps et à peu près les lieux où l'on combattera, il faut disposer avant la bataille tout ce que l'on fera pendant le combat, soit pour vaincre

1. La résolution de combattre étant prise, dit M. de Feuquières, il faut passer aux moyens de l'exécuter avec succès.

De ces moyens, les uns sont de prévoyance; pour les autres on ne les trouve que le jour du combat, et ce sont pourtant ceux qui décident presque toujours du succès.

Les moyens de vaincre qui sont de prévoyance sont de faire son ordre de bataille suivant la quantité et la qualité des troupes dont l'armée est composée, et le pays dans lequel on présume trouver l'ennemi; de distribuer des postes aux officiers-généraux; donner des copies de cet ordre de bataille à tous ceux qu'il est nécessaire qui en aient, pour le faire observer; avoir toutes les troupes bien armées; que l'armée ait eu le temps de manger et de prendre quelque repos, s'il est possible, avant le combat; être absolument débarrassé des gros bagages et avoir même placé les menus bagages en lieu sûr.

Les moyens de vaincre, qui ne se présentent que le jour du combat, sont : tous les avantages du terrain; l'observation de l'ordre de bataille qui aura été donné; son changement fait à propos, s'il y a nécessité; la distribution de l'artillerie sur la ligne, suivant le terrain; les attentions sur les avantages qui se peuvent prendre, soit en étendant ses ailes pour envelopper l'ennemi, soit en les couvrant et en les assurant, afin de pouvoir les dégarnir, pour faire un plus grand effort où l'ennemi paraîtra le plus faible; faire bien observer la droite et la gauche et la distance entre les lignes, si l'on marche de front; faire de fréquentes haltes pour donner le temps à la ligne de se redresser et à l'artillerie de tirer et recharger; défendre sur toute chose aux soldats de tirer, essuyer le feu de son ennemi et ne le charger qu'après sa décharge.

l'ennemi, soit pour tirer bon parti de la victoire, si on la remporte, sans oublier de prendre les mêmes précautions pour assurer la retraite de l'armée que si elle devait être battue. Car c'est une maxime reçue de ne pas engager une action, lorsqu'on ne peut se retirer avec sûreté et facilité. Il est donc essentiel de faire garder les passages importants qu'on laisse derrière soi ; cette précaution assure la retraite, et a de plus l'avantage de faciliter l'arrivée des convois dont on pourra avoir besoin pour poursuivre l'ennemi et tirer tout le parti possible de sa défaite.

Il faut donc :

1° Etablir des dépôts de vivres sur la route par laquelle on doit se retirer, prêts à être transportés en avant si l'armée était obligée de s'avancer.

2° Munir les places de manière qu'elles puissent faire assez de résistance, si l'on est vaincu, pour donner le temps de rétablir l'armée et de venir s'opposer aux progrès de l'ennemi.

3° Avoir soin que l'hôpital de l'armée et celui des places voisines soient abondamment pourvus des choses nécessaires au pansement et soulagement des blessés.

4° Renvoyer les équipages sur les derrières.

5° Le général doit comme dans un tableau avoir sans cesse présents à l'esprit les avantages qu'il se procurera s'il est vainqueur, les ressources qui lui resteront, s'il est vaincu, et les changements qu'il devra faire à ses projets d'après toutes les suppositions dont ces deux cas sont susceptibles. S'il perd la bataille, il doit avoir choisi d'avance des positions avantageuses, d'où il puisse empêcher l'ennemi de mettre sa victoire à profit. Tout ce qui tend à la sûreté des troupes et au désavantage de l'ennemi doit être prévu avant l'événement.

6° Enfin il faut combiner ses opérations de manière que, si l'ennemi est vaincu, la bataille soit décisive dans ses suites, et que, s'il est vainqueur, ses avantages se bornent uniquement au stérile honneur de garder le champ de bataille. Ces précautions préliminaires assurées, le général ne doit plus s'occuper que des dispositions des troupes et de tout ce qui a rapport à l'action.

Règles à suivre dans la disposition.

Il est impossible que dans une bataille les deux armées soient disposées avec un avantage parfaitement égal. Celle qui la reçoit peut avoir rendu par le secours de l'art sa position plus favorable qu'elle n'était, tandis que celle qui vient attaquer n'a d'autres avantages, en approchant de l'ennemi, que ceux que lui fournissent momentanément les lieux qu'elle parcourt. Son dispositif doit donc être réglé sur le plus ou le moins de difficultés qu'elle peut rencontrer. Le terrain varie souvent même dans les pays de plaine. On y trouve quelquefois des inégalités, des ravins, des haies, des broussailles et des marais qui obligent à changer l'ordre dans lequel on avait d'abord rangé ses troupes. La moindre difficulté pouvant arrêter la cavalerie et retarder l'infanterie, on doit combiner ses mouvements de manière que les obstacles qui se rencontrent sur le champ de bataille ou aux environs ne les interrompent pas trop. Cette diversité de lieux et de circonstances empêchant de donner des règles particulières et invariables sur les dispositions, on ne peut en détailler que les plus générales.

Principes généraux des dispositions.

Il ne faut jamais tracer de disposition pour le combat, avant d'avoir reconnu celle de l'ennemi et le champ de bataille sur lequel on doit combattre. Il est essentiel que le général ait reconnu non-seulement ce champ de bataille, mais encore le terrain qui sépare les deux armées avant qu'elles se joignent, de peur que pendant l'action il ne se rencontre quelque obstacle qui, rendant le premier dispositif insuffisant ou inutile, oblige à le changer. Lorsqu'on ne connaît pas bien le terrain, l'ennemi peut attaquer avec succès par l'endroit où on s'y attend le moins. La connaissance des chemins et même des sentiers que l'on a en tête, en queue et sur ses flancs est encore indispensable.

Il faut de plus connaître parfaitement le pays des environs, car il arrive quelquefois que, l'ennemi prévenant les dessins les mieux concertés, il est impossible à un général de combattre sur le champ de bataille qu'il avait d'abord choisi. Cet événement dérangeant toutes ses combinaisons, l'exposerait à un d'autant plus grand nombre de fautes qu'il connaîtrait moins bien le pays. Ces reconnaissances assurées, on réglera l'arrangement des troupes relativement aux localités, à la disposition que l'ennemi a formée[1], aux troupes qui peuvent agir avec le plus d'aisance sur le terrain et à celles que l'ennemi a dessein de vous opposer.

1. C'est une maxime presque toujours mal entendue, qu'une armée doit être rangée suivant l'ordre qu'on lui oppose. Si l'on interprétait bien cette maxime, on attaquerait le faible avec le fort, on avancerait les parties décidantes, tandis que l'on refuserait les autres, on se procurerait le soutien réciproque des armes là où l'ennemi les a entièrement séparées; et l'ordre, au lieu d'être le même, serait alors précisément le contraire du sien, parce qu'on ne peut se flatter de le battre que par de contre-dispositions et des contre-manœuvres. Mais point du tout; il semble qu'on soit convenu de part et d'autre de respecter la routine, et chacun fait son arrangement en conséquence et étale son tableau. Aussi, la disposition d'un ordre de bataille, qui est la chose du monde la plus difficile, parce qu'elle dépend d'une infinité de combinaisons que le génie seul peut saisir, devient une affaire de coutume fort aisée.

Il faut ensuite bien couvrir et assurer ses flancs, en les appuyant à des bois, rivières, à des marais, des montagnes, des précipices, enfin à des villages ou à de fortes batteries.

Si le terrain ne vous offre aucun appui, il faut y suppléer par le dispositif et disposer un corps de troupes sur l'extrémité de l'aile qui ne serait pas appuyée, pour en couvrir le flanc ou en augmenter le front, si les circonstances l'exigeaient. Quelque formidable que soit une disposition par le front, elle n'est pas soutenable si on la prend en flanc.

« Un axiome de guerre, dit le roi de Prusse, est d'assurer ses derrières, ses flancs et de tourner ceux de l'ennemi. » Lorsqu'un ennemi même supérieur en nombre ne peut dépasser ni tourner les ailes, le grand nombre de ses troupes lui devient inutile.

Toutes les parties d'une disposition doivent se soutenir, n'être pas trop éloignées les unes des autres, se communiquer avec sûreté et facilité [1].

Les différentes armes seront postées sur le terrain qui leur convient, où elles se prêteront le mieux un secours mutuel, et pourront combattre sans confusion. En plaine un corps d'infanterie doit toujours être sou-

1. On doit soigneusement éviter que des ruisseaux, des rivières, des marais, des ravins et des défilés séparent les lignes ou autres divisions de l'armée.

tenu d'une réserve de cavalerie; et réciproquement il faut toujours que de l'infanterie ou de l'artillerie soient à portée de soutenir la cavalerie.

Il faut suppléer à l'infériorité d'une arme par la supériorité de l'autre.

« La supériorité d'une arme sur l'autre n'est d'aucune considération pour un général habile et expérimenté, dit Folard. »

Tous les auteurs militaires sont convenus de la nécessité que l'infanterie et la cavalerie se soutiennent mutuellement[1]; mais ils diffèrent entre eux dans les moyens de le mettre en pratique. Lorsqu'on a de la cavalerie inférieure en nombre ou en qualité, quelques-uns proposent de mélanger alternativement les bataillons et les escadrons, ou bien de

1. « Je suis persuadé, dit le maréchal de Saxe, que toute troupe qui n'est point soutenue est une troupe battue, et que les principes que nous en a donnés M. de Montécuculi dans ses *Mémoires*, sont certains. — Il dit qu'il faut toujours soutenir l'infanterie avec de la cavalerie, et celle-ci avec de l'infanterie. Nous n'en faisons cependant rien ; nous mettons toute la cavalerie sur les ailes, qui n'est soutenue que par de la cavalerie, et toute l'infanterie dans le centre soutenue par de l'infanterie. Et comment soutenue? de cinq ou six cents pas de distance.

« Cette position seule intimide vos troupes, sans en savoir la raison ; car tout homme qui ne voit rien derrière lui pour le soutenir et le secourir est à demi battu, et c'est ce qui fait que souvent la seconde ligne lâche le pied, pendant que la première combat. — J'ai vu cela plus d'une fois, et, je pense, bien d'autres que moi; mais personne n'en a peut-être cherché la raison : elle est dans le cœur humain. »

placer seulement des pelotons d'infanterie dans les intervalles des escadrons.

Gustave-Adolphe employa cette méthode avec succès à la bataille de Leipsic, le grand Condé à Rocroy, Turenne à Sintzheim, Ensheim.

Ces autorités n'empêchent pas d'autres militaires de réprouver absolument le mélange[1]. Voici leurs raisons :

Si une ligne ainsi mélangée est obligée de faire un mouvement en avant ou en arrière, la cavalerie perdra la protection qu'elle reçoit de l'infanterie en la devançant par la célérité de sa marche, ce qui formera évidemment deux lignes. Si l'ennemi en attaque une sur-

1. « La faiblesse de cet ordre, dit le maréchal de Saxe, intimide seule ces troupes d'infanterie, parce qu'elles sentent qu'elles sont perdues, si la cavalerie est battue ; et cette cavalerie, qui s'est flattée de leur secours, dès qu'elle fait un mouvement un peu brusque (ce qui est de son essence), ne les voyant plus, est toute déconcertée. Si votre aile de cavalerie est battue, l'ennemi vous prend toute à l'aise en flanc et cela dans le moment. D'autres lardent l'infanterie avec des escadrons de cavalerie. Lorsque l'infanterie ennemie vient vous attaquer, elle tire également sur ces escadrons comme sur l'infanterie ; il y a des chevaux de tués, la confusion s'y met bientôt, ces troupes de cavalerie lâchent le pied ; il n'en faut pas davantage pour faire tourner la tête à l'infanterie et la faire fuir aussi. — Que feront ces escadrons ainsi placés? S'abandonneront-ils sur l'infanterie ennemie, ou bien resteront-ils comme des termes, combattant de pied ferme, l'épée à la main, contre des gens qui viennent les attaquer à la baïonnette? Veut-on qu'ils s'abandonnent sur cette infanterie? S'ils sont repoussés, comme il y a grande apparence, ils se renverseront sur votre infanterie, et la mettront en désordre, parce qu'ils retrouveront difficilement leurs intervalles. »

le-champ avec avec un front contigu, il la culbutera; et la seconde, trop faible pour en imposer à l'ennemi, deviendra inutile et sera elle-même entraînée dans la fuite. Il y a cependant des circonstances qui peuvent nécessiter le mélange des armes, c'est à la sagacité du général à les prévoir, et il est impossible de rien déterminer à cet égard[1].

Le front de l'armée ne doit être ni trop étendu ni trop resserré. Dans le premier cas, il est difficile de pouvoir être assez également fort partout pour ne pas courir risque d'être enfoncé avec facilité; et dans le second, on serait exposé à être débordé par l'ennemi. Il vaut beaucoup mieux diminuer le front de l'armée,

1. Mais ce mélange des armes ne doit pas se faire en entrelaçant sur une même ligne infanterie et cavalerie, ainsi que plusieurs écrivains militaires l'ont prétendu, et quelques généraux l'ont exécuté à leur grand détriment. Un pareil engagement ne vaut rien, à moins que des circonstances locales, jointes à d'autres tout à fait particulières, ne le rendent sur quelques parties du front utile et raisonnable. Excepté ces cas très-rares, une telle disposition n'aboutit qu'à embarrasser une arme par l'autre, à anticiper la destruction de la cavalerie, et à exposer surtout l'infanterie à être enveloppée et taillée en pièces dès que la cavalerie l'abandonne. Ces deux armes peuvent bien et doivent se soutenir, se protéger et s'entre-secourir mutuellement et successivement, mais elles ne peuvent pas manœuvrer ni combattre en même temps ensemble. Il faut donc établir un ordre par lequel l'infanterie et la cavalerie puissent se donner réciproquement tout le secours et l'appui nécessaires, sans qu'il en résulte le moindre embarras ou inconvénient. C'est ce que je présume faire en attachant de la cavalerie à chaque brigade d'infanterie et la plaçant en réserve dans l'interligne. Le terrain et les circonstances décideront si chaque troupe de cavalerie restera derrière

pour augmenter les réserves, que de vouloir occuper un terrain égal à celui de l'ennemi, surtout si l'on est inférieur.

Une disposition en rase campagne doit être également forte dans toutes ses parties. Car, dit le roi de Prusse : « les mouvements de l'ennemi y étant « libres, il pourrait bien se réserver un corps de « troupes qu'il emploierait à vous donner de la be- « sogne. »

La disposition doit être ordonnée de manière qu'on puisse la changer avec facilité suivant les circonstances.

Si en formant son ordre de bataille on rencontre un ravin, un ruisseau, un marais qui en couvre une

sa brigade, ou viendra se réunir, pour être distribuée en trois réserves, derrière le centre et les deux ailes de la première ligne. La disposition de la seconde ligne en colonne, la met à même de couvrir les flancs de l'ordre de bataille, de protéger le ralliement d'une cavalerie repoussée et battue, et de se porter plus facilement au soutien de la première ligne. La cavalerie attachée aux brigades de cette seconde ligne devrait être partagée en trois corps. L'un serait derrière les colonnes du centre de la seconde ligne, et les deux autres placés en ligne de bataille, sur les flancs extérieurs des colonnes des ailes, de manière à déborder les ailes de la première ligne ; les appuyant de batteries légères, je crois que l'on aurait un dispositif qui réunirait la légèreté des mouvements nécessaires à l'offensive avec la solidité requise pour tout ordre défensif.

Ce sont de simples idées que je soumets au jugement de militaires éclairés; je le fais avec d'autant plus d'espoir de mériter leur indulgence qu'ils y reconnaîtront un rapprochement des principes des plus grands maîtres, adaptés à nos temps et à notre tactique.

partie, il faut n'y laisser que les troupes absolument nécessaires, et employer les autres à renforcer les parties moins fortes du reste de la disposition.

Si l'on peut couvrir ses flancs ou une partie de son front avec des marais ou petites inondations, il faut les faire sonder avec soin pour reconnaître s'ils sont praticables. Un marais cru impraticable, et à travers lequel les alliés passèrent pour prendre l'armée française en flanc, fut en grande partie cause de la perte de la bataille de Malplaquet en 1709.

En cas que l'une des ailes ne fût pas appuyée, le général qui commande la seconde ligne doit envoyer des dragons pour déborder la première ligne sans en attendre l'ordre, et les hussards tirés de la troisième ligne viendront déborder les dragons.

A la bataille de Molwitz l'on avait placé quelques bataillons dans l'intervalle des deux lignes de l'infanterie pour mieux en assurer les ailes, la cavalerie ayant été battue, ces bataillons empêchèrent que l'infanterie ne fût entamée et arrêtèrent le succés des Auchiens[1].

1. C'est là l'intention qui me fait disposer en colonnes les troupes de ma seconde ligne. Pour pouvoir former plus rapidement un flanc, on pourrait disposer sur les flancs extérieurs des colonnes de la seconde ligne, de petites colonnes de deux à trois bataillons de grenadiers, qui marcheraient avec distance, pour pouvoir se former par de simples conversions et couvrir de leurs feux les manœuvres que les circonstances nécessiteraient au reste de la seconde ligne.

Si l'on est obligé de combattre ayant derrière soi une rivière, un ruisseau, des marais ou prairies peu ou point praticables, il ne faut pas y adosser exactement les troupes, mais les en éloigner assez pour qu'elles aient du terrain pour se mouvoir avec aisance. Si on les postait trop près et qu'elles fussent poussées, elles seraient obligées de se jeter dans l'eau ou dans la vase, n'ayant point assez de terrain pour se rallier[1].

Il ne faut pas laisser sur les flancs ou en avant de l'armée aucune hauteur ou poste qui la commande et d'où l'ennemi pourrait vous incommoder de son artillerie. Il faut les occuper, surtout lorsqu'on peut gêner de là les mouvements de l'ennemi et prendre de revers ou d'enfilade tous les corps qu'il voudrait porter sur les autres parties de votre disposition[2].

On doit éviter que les troupes forment des angles saillants, si par la nature du terrain ou du dispositif le sommet de l'angle restait sans défense. Les angles rentrants sont infiniment avantageux lorsque leurs côtés

1. De pareilles positions sont si dangereuses que le succès d'une bataille ne saurait même justifier le général qui s'y serait exposé. Lorsqu'on laisse des bois derrière soi, il faut y poster suffisamment de troupes pour empêcher l'ennemi de les tourner, et conséquemment de vous couper la retraite.

2 Il ne sera pas nécessaire de rappeler ici qu'il ne faut jamais se poster dans une vallée à moins d'occuper les hauteurs qui la dominent.

se prêtent un secours mutuel, d'où il résulte que l'on doit éviter avec soin de donner dans les rentrants et faire en sorte d'y attirer l'ennemi.

Etablir l'artillerie sur les hauteurs qui dominent le champ de bataille et aux endroits où elle sera nécessaire. On établit autant qu'il se peut l'artillerie sur des hauteurs en pente douce afin que les tirs soient plus rasants que plongeants. Il est très-avantageux de placer à la faveur d'un rideau, d'un village, ou des élévations du terrain, quelques pièces qui prennent en flanc ou en écharpe toute une aile de l'ennemi ou une autre partie de sa disposition.

Toujours faire en sorte de pouvoir être en bataille avant l'ennemi, et chercher à le charger avant qu'il ait fini ses dispositions.

Partager ses forces et son attention, lui cacher ou lui déguiser si bien ses mouvements qu'il n'ait pas le temps de s'y opposer. Tel fut le mouvement que fit M. de Luxembourg à la bataille de Fleurus en portant sa cavalerie, à la faveur d'un rideau, sur le flanc de l'armée de M. de Waldeck ; tel était le mouvement que M. de Turenne avait commencé contre M. de Montécuculli le jour de sa mort, mouvement qui portait toute la seconde ligne sur le flanc de l'ennemi, mouvement que l'impéritie seul de ses successeurs empêcha d'achever.

Il faut enfin tromper l'ennemi par des mouvements qui cachent longtemps vos desseins et vous mettent à même de changer votre disposition en une autre totalement différente, au moyen d'une manœuvre simple et rapide. A ces règles on pourrait encore ajouter le soin et l'attention de disposer ses troupes, s'il est possible, de manière qu'elle aient le soleil à dos et que le vent ne leur porte pas dans les yeux la poussière et la fumée.

Ces règles générales se subdivisent en d'autres relatives à l'espèce de combat, c'est-à-dire selon que l'on donne ou reçoit la bataille.

Principes des dispositions offensives.

On appelle disposition offensive celle que l'on forme pour attaquer l'ennemi.

Il y a un avantage réel à aller le combattre, surtout lorsqu'il est posté, car l'on peut alors se ranger sans précipitation, rectifier son dispositif, si l'on y reconnaît quelques défectuosités, et n'engager le combat que quand on le juge à propos.

Il faut dans une disposition offensive suivre les principes suivants.

1° Attaquer avec la partie la plus forte de votre disposition l'endroit le plus faible de celle de l'ennemi ou celui dans lequel on doit trouver le moins de résistance. La plus grande difficulté de cette opération consiste à combiner ses mouvements de manière que l'ennemi ne puisse s'y opposer ni même deviner quel est leur but, avant que l'affaire ne soit engagée.

2° Occuper l'ennemi sur tout son front, de manière à ce qu'il ne puisse détacher pour renforcer les endroits attaqués et faire les plus grands efforts aux en droits par où l'on peut pénétrer.

3° N'attaquer jamais une armée postée avec une égale vivacité sur tout son front, parce que, si l'on est repoussé dans une partie, les troupes voisines, qui s'en aperçoivent, se rebutent et l'armée entière peut être découragée.

4° Essayer de déborder l'ennemi, soit en lui faisant glisser le corps de réserve sur un de ses flancs, soit en faisant prolonger sa première ligne par des troupes de la seconde, en un mot profitant des avantages du terrain pour faire combattre à la fois un plus grand nombre de troupes que l'ennemi peut en opposer.

5° Lui préparer des embuscades. Ceci peut se faire de plusieurs manières. On feint une faute dans sa disposition, comme de dégarnir ou de laisser un vide quelque part, s'il en veut profiter, on le charge avec des troupes destinées à cet effet et dont on lui a dérobé la connaissance. Ou bien l'on tâche, au moyen d'un mouvement rétrogade d'une partie quelconque de l'armée, d'attirer l'ennemi sous le feu de corps caché dans quelques lieux couverts destinés à le prendre en flanc et à dos. Tel fut le mouvement du général Moreau à la bataille d'Hohenlinden le 3 décembre 1800. Après avoir tenu tête à l'armée de l'archiduc Jean, le 1er et le 2, il fit un mouvement en arrière, qui fut pris pour une retraite. A peine les Autrichiens se furent-ils ébranlés pour le poursuivre, que deux divisions, postées dans les bois et défilés de Hohenlinden et de Saint-Christophe, les prirent en flanc et à dos et décidèrent le succès.

6° Tourner l'ennemi et entreprendre sur ses flancs et ses derrières.

Ces sortes de manœuvres demandent une grande justesse dans leur combinaison, car si les troupes s'égarent ou si leur marche est retardée par la difficulté des chemins, par un orage qui, grossissant une rivière ou les ruisseaux, les rendent plus difficiles à traverser qu'on ne l'avait cru, elles peuvent se découvrir trop tôt ou trop tard. On ne doit tourner l'ennemi que par des corps spécialement destinés à cet objet. Il serait dangereux d'y employer des troupes tirées des parties qui peuvent en venir aux mains; en les affaiblissant ainsi l'on donnerait probablement la supériorité à l'ennemi. Quand même on parviendrait à cacher à l'ennemi la marche des corps qui veulent entreprendre sur ses flancs et ses derrières, celui qui commande cette expédition ne doit pas pour cela cesser de se conduire avec beaucoup de circonspection.

Les troupes arrivées à leur destination, on les cache à la faveur d'un bois ou d'une colline, on les dispose de manière à ce qu'elles puissent déboucher sur l'ennemi avec promptitude au moment convenu.

7° Dégarnir subitement une partie de la disposition, en renforcer quelque autre avec les troupes qu'on en tire et tomber sur l'ennemi sans lui donner le temps de faire soutenir les endroits que vous attaquez.

8° N'entreprendre que le moins possible contre les villages ou les postes fortifiés qui couvrent le front d'une armée, car, dit le roi de Prusse, on y risque l'élite de son infanterie et il est bien rare qu'on ne puisse, par quelques mouvements bien combinés[1],

1. A Raucoux, en 1745, les alliés avaient pris un camp défectueux. La communication de leur droite à leur gauche était coupée par un ravin. La nuit qui précéda la bataille, au lieu de replier leur gauche de l'autre côté du ravin, ils restèrent dans cette position et y attendirent le combat. M. le maréchal de Saxe ne profita pas de cette faute de l'ennemi, il déboucha droit sur Raucoux et sacrifia l'élite de son infanterie pour forcer un village dont la prise n'était pas nécessaire au succès de la bataille. Un autre général aurait profité de la mauvaise position de l'ennemi pour porter tous ses efforts sur leur gauche, en tenant en échec leur droite, pour l'empêcher de détacher au secours de la portion au-delà du ravin. Le terrain était constitué de manière qu'il dé-

agir sur des ailes de l'ennemi et le forcer à prendre une position qui rende nuls ses préparatifs défensifs[1]. »

9° N'attaquer jamais faiblement un poste dont il importe de chasser l'ennemi, mais y employer au contraire autant de troupes qu'il en faudra pour l'emporter avec la plus grande promptitude. Les tâtonnements sont dangereux, parce que, comme il est presque toujours nécessaire de renforcer en détail et successivement les troupes qui combattent, on y perd beaucoup plus d'hommes et de temps que dans une attaque vigoureuse[2].

terminait cette manœuvre. Par des fonds on pouvait s'avancer à couvert, jusqu'au pied d'un rideau qui n'était pas défendu par les meilleures troupes de l'ennemi, et qui dominait et prenait de revers toute sa position.

Tout en rendant justice aux grands talents du maréchal de Saxe, tout en convenant qu'il fut un des premiers à éclairer les ténèbres de la tactique moderne et à en accélérer la perfection, il est impossible de trouver qu'il ait déployé dans ses batailles le même talent qu'il montrait dans ses marches et mouvements. Suivant la maxime du grand Condé : *qu'une nuit de Paris réparerait tout cela*, il n'a jamais acheté ses succès qu'à force de morts. Des manœuvres lui eussent souvent sauvé des attaques difficiles et coûteuses. Jamais il ne les essaya, et pour me servir de l'expression judicieuse d'un grand homme, qui a parcouru tous ses champs de bataille : *Il attaqua toujours le taureau par les cornes.*

1. Telle était la disposition de la bataille de Kollin. Jamais manœuvre ne fut plus sagement combinée. Si l'armée du roi avait suivi son avant-garde, et que, longeant le front inattaquable de la position des Autrichiens, elle fût venue se placer sur leur droite, dont on avait déjà déposté le corps de Nadasti, l'armée du général Daun eût éprouvé une défaite complète, d'autant plus glorieuse pour les troupes prussiennes, qu'elles étaient très-disproportionnées en nombre.

2. Dans une attaque de poste ou de batteries établies pour ap-

10° Se ménager une ou plusieurs réserves pour les envoyer pendant le combat aux endroits où l'on se propose de faire un grand effort.

11° Ne passer jamais un ruisseau ou un ravin pour attaquer l'ennemi posté de l'autre côté, de peur qu'il ne profite du désordre que ce mouvement cause parmi les troupes pour les charger avec avantage. On s'écarte de cette règle quand l'ennemi en est trop éloigné pour pouvoir vous joindre avant qu'il y ait assez de monde en ligne pour lui résister[1].

puyer le front ou les ailes d'une armée, il n'y a rien de si redoutable que les batteries chargées à mitraille. A Torgau, une batterie autrichienne foudroya plusieurs bataillons prussiens, et à Kesselsdorff, l'attaque du village coûta leur meilleure infanterie. Ces deux batailles ont donné au roi Frédéric II l'idée d'une disposition pour l'attaque soit d'un village ou d'une batterie qu'il faudrait emporter et que l'on ne pourrait tourner :

« J'ai remarqué, dit-il, que le feu du canon et de l'infanterie qui soutient la batterie, la rend inabordable. Nous ne nous sommes emparés des batteries de l'ennemi que par sa faute. Notre infanterie était à moitié écrasée, commençait à plier, l'infanterie ennemie la voulant poursuivre quitta son poste. Par ce mouvement leur canon n'osait plus tirer, et nos troupes, qui talonnaient alors l'ennemi, arrivèrent en même temps avec lui aux batteries et s'en rendirent maîtres. L'expérience m'a fourni l'idée qu'il faudrait suivre en pareil cas l'exemple de ce que nos troupes ont fait, et former son attaque sur deux lignes ou en échiquier, soutenue en troisième de quelques escadrons de dragons.

« On donnera l'ordre à la première ligne de n'attaquer que faiblement, de se retirer par les intervalles de la seconde, afin que l'ennemi, trompé par cette retraite simulée, se mette à poursuivre et abandonne son poste.

« Ce mouvement sera le signal de marcher en avant et d'attaquer vigoureusement. »

1. Si à la bataille d'Hochstett, les Français avaient eu leur

Si l'on avait alors un ruisseau à traverser, il faut faire jeter dessus une grande quantité de ponts aussi larges que l'on peut. S'il n'est pas profond, on fait aplanir en pente douce les parties des bords qui sont escarpées, la cavalerie et l'infanterie le passent à gué; on établit seulement de distance en distance quelques ponts pour faciliter le transport de l'artillerie.

Dispositions défensives.

On appelle dispositions défensives celles que l'on forme pour recevoir la bataille.

Lorsqu'on est déterminé à attendre l'ennemi dans un poste et que les dispositions sont faites en conséquence, on ne peut s'en éloigner sans renoncer à presque tous ses avantages. Il y a cependant des occasions où il est avantageux de quitter son poste pour

troupe plus à portée du ruisseau qui séparait les deux armées, les alliés n'auraient pas osé en tenter le passage, ou s'ils l'avaient fait, on eût été à même de les charger lorsqu'ils n'avaient que peu de monde au-delà. Dans une pareille situation, de la défense du ruisseau dépend le maintien de sa position et le succès du combat. A la bataille de Cassel, en 1674, M. le prince d'Orange s'étant avancé pour secourir Saint-Omer, commit la même faute dans l'emplacement qu'il choisit pour recevoir le combat. Au lieu de mettre toute l'infanterie de sa première ligne sur le bord du ruisseau, il n'en soutînt les bords qu'avec des corps détachés, et plaça sa première ligne à mi-côteau d'une hauteur qui s'élevait en arrière de ce ruisseau. Les Français forcèrent le passage, et s'étant formés au-delà, poussèrent toute l'armée ennemie embarrassée dans ses mouvements par la déroute des corps qui avaient dû soutenir le ruisseau.

marcher à l'ennemi et déjouer ainsi ses dispositions offensives[1].

Il faut, dans une disposition défensive :

1° Assurer ses derrières avec soin et bien appuyer ses flancs[2]; si l'on reçoit la bataille, il est très-avantageux (surtout dans une plaine) de rencontrer un village, un ravin, quelques hauteurs où l'on puisse appuyer ses flancs.

Lorsque le terrain ne fournit aucun point d'appui, il faut y suppléer par des redoutes, des retranchements. S'il est impossible de mettre ces moyens en usage, on y fait servir les troupes mêmes. On en place des réserves (en potence entre les deux lignes) aux extrémités des ailes.

Quand une armée a les flancs appuyés à des bois, il faut les couvrir d'abatis garnis de troupes, et abattre les arbres au loin en avant (au moins à la demi-portée du fusil), pour que l'ennemi ne puisse approcher à couvert. Il est en outre nécessaire d'avoir de fortes et

1. Combien de fois dans la guerre de la Révolution française les armées républicaines n'auraient-elles pas été embarrassées, si les Autrichiens, au lieu d'attendre leurs attaques, eussent marché au-devant d'elles et les eussent attaquées sur le terrain intermédiaire. Les Français n'avaient pas reconnu ce terrain ; leur tactique, encore dans l'enfance, ne leur eût pas permis de le mettre aussi promptement à profit que les troupes alliées qui étaient si manœuvrières.

2. Dans la dernière retraite des Pays-Bas, en 1794, le flanc gauche des Autrichiens fut tourné plusieurs fois de suite par les Français.

nombreuses patrouilles dans le bois pour éclairer les démarches de l'ennemi et n'être pas surpris. Lorsque le bois est assez épais pour que l'ennemi ne puisse venir à vous que par les routes ordinaires, il suffit alors de les garder ou de les rendre impraticables. S'il est clair-semé on doit y profiter assez de troupes pour être préparé à tout événement.

Si l'on est appuyé à des montagnes, il faut non-seulement en occuper le sommet, mais encore en embarrasser les endroits par où l'ennemi pourrait en tourner la pente.

Si l'on veut s'appuyer à une rivière, on doit observer auparavant s'il n'y a pas de l'autre côté des hauteurs qui commandent votre emplacement et où l'ennemi pourrait établir de l'artillerie.

2° Ne laisser, devant ou près de l'armée, aucun bois d'où l'ennemi puisse déboucher et attaquer à l'improviste. Il faut au contraire faire en sorte de les avoir derrière soi; rien n'étant plus avantageux pour favoriser la retraite, pour peu que l'on ait pris les moindres précautions.

Si l'ennemi occupe des bois en avant de votre front, s'en éloigner assez pour que les batteries qu'il établira au bord de ce bois ne vous incommodent pas et qu'il ne puisse attaquer en débouchant, qu'il soit obligé de faire sa disposition à découvert. Lorsqu'il se trouve des bois sur le front de l'armée, il faut y élever des redoutes de distance en distance et faire des abatis entre elles.

Si l'on a sur son front un ravin, une rivière ou un ruisseau guéables, dont on veut empêcher le passage, s'y poster à la petite portée du canon, si le terrain est bien uni [1]; mais s'en approcher autant que l'on pourra, s'il s'y trouvait la moindre chose qui pût couvrir les mouvements de l'ennemi.

S'il se rencontre sur le front ou sur le flanc de l'armée des villages, maisons, enclos, haies, on les fortifie et on y porte de l'infanterie. On ne doit jamais dégarnir les espaces intermédiaires de ces postes, à moins que leurs feux ne s'y croisent ou qu'il soit possible d'arriver assez tôt en force pour s'opposer à l'ennemi s'il voulait y pénétrer. On a soin de brûler ou d'abattre les villages, maisons, murailles ou haies trop éloignées de la ligne, pour qu'on puisse les défendre ou les soutenir facilement ; car alors elles serviraient à favoriser l'ennemi et à masquer ses manœuvres. Il faut rendre inattaquable une ou plusieurs parties de la disposition, ou, ce qui est la même chose, diminuer les points d'attaque de l'ennemi autant qu'il sera possible.

1. De forts corps de cavalerie doivent être postés de distance en distance pour tomber sur toutes les têtes de colonnes que l'ennemi voudrait porter au-delà du ruisseau pour vous attaquer.

Les postes les plus avantageux sont ceux d'une médiocre étendue, où il est possible de réduire l'ennemi à un ou deux points d'attaque déterminés, sans qu'il puisse rien entreprendre contre le reste de l'armée.

3° Il faut se ménager des réserves pour les employer à soutenir les parties les plus menacées.

Quand on combat sur un front parallèle à celui de l'ennemi, que les ailes sont bien appuyées, mais que l'ennemi se dispose à attaquer le centre, pour, en le perçant, séparer les ailes, il faut renforcer le centre de manière qu'il ne puisse y parvenir [2].

« Il en est d'une armée ouverte au centre, dit Folard, comme d'une chaîne qui ferme un pont et dont on couperait les chaînons du milieu. Il n'y a plus de remède. Il faut que tout passe et tout suive. L'armée se trouvant ainsi séparée à ses ailes, l'une ne saurait aller au secours de l'autre.

4° Ne jamais mettre toute sa confiance dans un seul poste, parce qu'il peut être forcé.

5° Enfin comme, quand on reçoit la bataille dans une position qu'on a jugée favorable ou nécessaire à maintenir, l'essentiel est de l'avoir forcé à se replier,

1. Il faut chercher, autant que possible, à établir un juste équilibre de résistance sur toute l'étendue de son front; les parties que la nature ne fortifia pas suffisamment doivent recevoir un complément de force en y augmentant le nombre des troupes.

il ne faut pas se laisser tromper par une retraite simulée, car l'ennemi aurait pu donner ordre à la première ligne de n'attaquer que faiblement et de se retirer par les intervalles de la seconde, afin que, trompé par cette retraite simulée, vous vous mettiez à le poursuivre et abandonner votre poste, dont il s'emparerait en faisant brusquement volte-face et vous attaquant assez vivement pour arriver avec vous dans la position. Il faut donc se contenter de faire suivre l'ennemi par quelques corps de cavalerie pour éclairer la retraite, et le reste de l'armée doit se maintenir sur la position toujours en mesure de soutenir une nouvelle attaque. Ce fut cette faute qui fit perdre aux Saxons la bataille de Kesselsdorff. Ils avaient soutenu avec la plus grande valeur leur position, mais ayant été trompés par un mouvement des Prussiens, et s'étant portés trop vivement à leur poursuite, ils furent reçus si brusquement et reconduits avec tant de vigueur qu'on entra avec eux dans leur poste d'où ils furent bientôt délogés.

Je crois qu'il sera inutile de répéter ici combien la connaissance topographique du terrain environnant le champ de bataille est indispensable au général qui reçoit le combat. M. de Waldeck fut battu à Fleurus pour n'avoir pas reconnu et fait observer le rideau qui se trouvait en avant de sa gauche. M. le maréchal de

Créqui perdit la bataille de Consarbrück pour avoir négligé de reconnaître la rivière qui était devant son front, et que les ennemis passèrent avec autant de facilité que de promptitude, à deux gués qu'il avait ignorés.

De l'Action.

Jusqu'à présent je n'ai parlé que des règles, maintenant il faut venir à la manière de les employer.

Toute bataille étant, comme nous l'avons déjà expliqué plus haut, fondée sur la connaissance du terrain, il est donc nécessaire que le général, avant de faire ses dispositions, fasse reconnaître le pays aux environs du champ de bataille, et aille lui-même reconnaître l'ennemi. C'est à force ouverte que l'on fait cette reconnaissance. Elle s'exécute en plein jour. On y destine une partie de la cavalerie, dont les troupes légères font l'avant-garde et couvrent les flancs. Arrivé à une distance convenable des grands-gardes de cavalerie ennemie, on fait former ses troupes et pousser vigoureusement par les troupes légères les petits postes de l'ennemi, afin d'obliger ces postes à quelques mouvements dont on profite pour estimer la force de l'armée, et gagner la facilité d'approcher et de bien voir.

Pour peu que celui qui reconnaît s'arrête trop, il

doit s'attendre à avoir sur les bras les troupes légères et même les piquets de cavalerie de l'ennemi. Alors la retraite en général (mais surtout celle de l'arrière-garde) devient difficile. Il faut la faire soutenir, mais toujours avec beaucoup de prudence, car il serait souvent dangereux d'engager un combat. Quand il faut pousser ses reconnaissances un peu avant, il est fort sage d'amener avec soi quelque infanterie et des pièces légères d'artillerie (tirées par de doubles attelages) pour les placer sur les rideaux ou autres accidents du terrain qui y seraient favorables. Un modèle de reconnaissance d'armée et de manœuvres de cavalerie, se retirant devant toute celle de l'armée ennemie, bien supérieure en nombre, est celle exécutée devant l'armée française la veille de la bataille de Rosbach. M. de Seydlitz avança à la tête de la cavalerie prussienne. Ses belles et brillantes manœuvres en imposèrent tellement à la cavalerie française qu'elle n'osa l'attaquer, et après avoir rempli son but, il se retira devant elle en arrière d'un défilé, qu'il passa avec une célérité qui tenait de la magie.

L'ennemi ayant été reconnu, le général, d'après la force de l'armée ennemie et la position qu'elle occupe, fait ses dispositions et les donne par écrit aux généraux commandants de chaque corps. Elles doivent être courtes, claires et précises; tous les cas doivent y être prévus [1].

Malgré ces dispositions générales [2], les généraux commandant les différents corps ont encore beaucoup d'attentions à apporter dans la conduite de leurs colonnes, pour assurer le succès de l'ensemble, et sans leur valeur et leur attention, les meilleures dispositions du monde ne pourraient être exécutées. Combien de batailles perdues, de succès balancés, d'hommes de tués par les tâtonnements ou les fautes d'un général commandant une colonne.

La bataille de Nerwinde fut sur le point d'être

1. En voici un exemple : la colonne du Gl..., forte de..., prendra les armes à telle heure et marchera par la droite (ou la gauche si cela doit être); elle s'avancera sur tel point, et y attaquera l'ennemi. Si son attaque réussit, elle se maintiendra dans la position emportée, jusqu'à ce qu'elle ait des nouvelles des deux colonnes ses voisines de droite et de gauche; quand elles seront à hauteur, alors elle poursuivra ses avantages et attaquera successivement les positions de l'ennemi. Mais elle laissera une réserve sur le premier emplacement emporté pour assurer sa retraite, en cas qu'elle vînt à y être contrainte. Si la première attaque ne réussit point, le chef de la colonne, après avoir fait tout ce qui dépend d'un homme de cœur, se fera renforcer par la réserve la plus à portée, et recommencera l'attaque; si elle ne réussit pas mieux à ses nouveaux efforts, il en fera avertir le général en chef, qui enverra les ordres ultérieurs.

2. Je ne crois pas qu'il existe une bataille où les dispositions, pour tous les cas, aient été mieux prévues que celles que donna S. A. R. le prince Henri, pour la bataille de Freyberg, le 29 octobre 1762. Elles méritent les plus grandes louanges. Si le général Hulsen, qui avait ordre de passer la Mulda au gué de Rothenfurth, eût exécuté cet ordre, l'armée autrichienne eût eu infiniment de peine à se replier.

perdue par la faute d'un général. M. de Luxembourg avait ordonné que sa droite attaquât le centre et la gauche de l'ennemi, dans le moment que l'on verrait prospérer l'attaque du village de Nerwinde, village qui, avec celui de Romsdorf, était retranché en avant du front de l'armée ennemie. L'armée française était obligée à les forcer avant d'attaquer le front de M. le prince d'Orange, que l'on ne pouvait aborder sans avoir enlevé ces deux villages, qui auraient pris en flanc toute troupe qui aurait voulu s'avancer par leur trouée. Cet ordre ne fut point exécuté par le général qui commandait la droite des Français. Les troupes françaises qui étaient entrées un peu trop en désordre dans Nerwinde, et qui n'avaient pas eu la précaution de se placer dans tout le travers du village du côté de l'ennemi, en furent chassées par l'infanterie ennemie de la gauche, qui se déposta du front du retranchement pour aller faire cette attaque.

Ce mouvement était vu de la droite des Français ; il fut proposé au général qui les commandait d'en profiter en faisant sur-le-champ attaquer le retranchement qui venait d'être en partie dégarni de l'infanterie qui avait marché pour reprendre Nerwinde. Ce fut en vain, il refusa cette attaque, qui eût vraisemblablement décidé dès le moment même du gain de cette bataille.

Le village de Nerwinde fut de nouveau attaqué et repris par M. de Luxembourg, mais les troupes ne purent s'y maintenir, parce que ceux qui les commandaient ne surent pas mieux les poster. Elles furent chassées une seconde fois par la même infanterie de la gauche des ennemis, qui se déplaça de nouveau pour faire cette attaque. Ce qu'elle fit aussi impunément que la première fois, le général commandant la droite de l'armée française ne voulant pas se décider à attaquer la gauche et le front du retranchement dans le temps qu'il voyait que l'ennemi le dégarnissait.

M. de Luxembourg étant venu prendre des troupes de l'aile droite pour recommencer une troisième attaque, et le général qui commandait cette aile ayant marché avec elles, M. de Feuquières resta commandant de cette droite. Le village ayant été nouveau emporté, et l'ennemi, fier de l'impunité avec laquelle il en avait deux fois rechassé les Français, ayant recommencé le même mouvement, M. de Feuquières le laissa marcher et se porta vivement sur le retranchement qu'il força avant que le corps d'infanterie qui en était sorti pût y revenir; et ce fut positivement ce mouvement qui décida le gain de la bataille.

A l'affaire de Kaiserslautern du 23 mai 1794, affaire brillante que le feld-maréchal Mollendorff gagna sur les Français, les dispositions étaient très-belles, très-claires, bien concertées; mais un général qui commandait une colonne qui devait tourner les Français pendant l'affaire et rendre leur retraite très-difficile, par trop de lenteur n'arriva pas à temps.

Les généraux chefs de colonnes ne peuvent donc trop apporter de soin non-seulement à exécuter ponctuellement les ordres de la disposition générale, mais encore chercher à profiter de toutes les fautes de l'ennemi.

L'heure venue [1], l'armée ayant pris les armes se met en marche [2].

1. Si l'on avait détaché un corps pour agir pendant l'action sur les flancs ou les derrières de l'ennemi, il faudrait combiner le moment de son attaque d'après le temps qu'il lui faudrait pour se trouver sur le point où il doit agir, c'est dans le concert des mouvements que gît le succès des batailles.

1. Si le pays est ouvert, on marche à l'ennemi sur le plus de colonnes que l'on peut. Les officiers-généraux qui conduisent ces colonnes doivent marcher à la même hauteur et faire de temps en temps halte pour ne pas se dépasser.

Si le pays est coupé, qu'il y ait des défilés, chaque colonne a à sa tête ses travailleurs. Les officiers qui les conduisent s'envoient avertir quand ils s'arrêtent. S'il n'y avait qu'un chemin (ce qui n'arrive guère), il faudrait en faire ouvrir de droite ou de gauche pour marcher sur plus d'une colonne; ou bien il faudrait être certain de trouver au sortir du défilé une plaine assez éloignée de l'ennemi, pour avoir le temps de se former avant qu'il puisse arriver sur vous. Car, si cela ne se rencontrait pas, il serait imprudent de tenter une pareille marche, l'ennemi pouvant défaire votre avant-garde, avant que le reste de vos troupes pût le secourir.

L'armée, en arrivant sur le terrain, se met en bataille suivant l'ordre réglé par le général. Les colonnes se déploient de droite et de gauche.

Le général pendant l'action doit se placer dans un lieu d'où il puisse voir commodément, et avec sûreté pour sa personne, l'effet des premières attaques, afin d'envoyer ses ordres pour faire avancer les troupes victorieuses ou faire soutenir celles qui ont plié. Il est cependant indispensable quelquefois qu'un général aille ranimer les troupes par sa présence. Lorsqu'il a médité une manœuvre importante à une aile ou ailleurs, il fera bien de la diriger lui-même et de ne s'en rapporter à personne du soin de l'exécution.

Il ne faut point commencer la bataille, autant qu'il est possible, avant que toute l'armée soit totalement en bataille. Mais il ne faut pas trop s'y astreindre, l'occasion présentant souvent des avantages que l'on perdrait mal-à-propos en ne se hâtant pas de les saisir.

L'armée étant arrivée à portée de celle de l'ennemi, si celle-ci est appuyée à des villages et qu'ils ne puissent être tournés, il faut les faire attaquer par de bonne infanterie soutenue de réserves. Ces attaques toujours sanglantes doivent être évitées autant que possible et n'être tentées qu'à la dernière extrémité. Le moyen le plus sûr et le plus court de les emporter est de les foudroyer avec du gros calibre et d'y mettre le feu à force d'obus.

Il faut à mesure qu'on pénètre dans les villages ouvrir les haies et murailles et tâcher de se procurer un front suffisant pour arrêter l'ennemi s'il revenait à l'attaque. Il faut ouvrir des communications de droite et de gauche des vergers qu'on occupe, et continuer cette manœuvre à mesure qu'on avance. Car si les troupes se contentent de chasser l'ennemi des rues, et négligent d'occuper les vergers de droite et de gauche et de se faire un front de la largeur du village, l'ennemi, qui a fait de son côté des ouvertures dans les vergers, viendra par ces ouvertures prendre en flanc les troupes qui ont pénétré et réussira sans peine à les mettre en fuite.

S'il est possible de tourner ces villages et de couper leurs communications avec la ligne, cela vaut beaucoup mieux. Alors, il faut les éviter et essayer de battre les troupes intermédiaires; si l'on y parvient, continuer de les pousser sans s'inquiéter des postes qu'on laisse derrière soi puisqu'ils tombent ensuite d'eux-mêmes. On doit seulement les faire bloquer par un nombre de troupes suffisant pour empêcher celles qui les défendent de se retirer [1].

Lorsque le moment de combattre est venu, les troupes doivent s'avancer sur l'ennemi. Si c'est en colonne, les bataillons ou divisions doivent se suivre de près

1. A la bataille d'Hochstett, ce fut un pareil mouvement qui assura la victoire à l'armée alliée, et lui fit faire un nombre si prodigieux de prisonniers.

pour pouvoir se déployer plus promptement. Quand on marchera de front les bataillons garderont bien leurs distances, afin de ne pas trop se serrer ni s'ouvrir. Les troupes doivent observer de marcher lentement, de ne point se rompre, mais surtout de ne point tirer. On doit empêcher une troupe qui marche à l'ennemi de tirer. Outre que le feu de la mousqueterie est peu redoutable, il met de la confusion dans les rangs et retarde la marche[1]. Lorsque la troupe est arrivée à 40 ou 50 pas de l'ennemi, alors elle peut, de pied ferme, faire une décharge, redoubler le pas et tomber à la baïonnette; c'est la meilleure façon d'attaquer. — Le feu ne doit être employé que lorsqu'on ne peut joindre l'ennemi, ou que, le trouvant trop bien posté, on veut d'abord, à force de feux, lui faire essuyer assez de pertes pour pouvoir ensuite le déloger plus facilement. — Mais cette marche des troupes contre l'ennemi doit être protégée par les batteries de gros canon, que l'on place sur les hauteurs et rideaux favorables à son effet, et par les pièces de bataillons placées à 40 pas en avant du front des troupes[2].

Lorsque la première ligne s'avance, soit en entier, soit

1. D'ailleurs ce n'est pas le nombre d'ennemis tués qui donne la victoire, mais le terrain que vous avez gagné.

2. A cinq cents pas de l'ennemi les pièces seront tirées par des hommes.

en partie, pour l'attaque, la seconde ligne, afin de ne pas laisser de trop grands d'intervalles entre les lignes, doit marcher à la distance prescrite afin de pouvoir secourir la première. Les officiers-généraux commandant cette seconde ligne doivent surtout bien contenir leur ligne, afin que, si la première est repoussée, elle ne se laisse point effrayer par sa retraite et qu'elle attaque vigoureusement l'ennemi.

Mais comme si l'ennemi battait la première ligne et que la seconde parvienne même à le repousser, il aurait toujours l'avantage, en ce qu'une seule de ses lignes serait en désordre et que les deux vôtres seraient ébranlées. Je crois qu'il serait prudent pour cette raison de placer entre les lignes différents corps de troupes pour faciliter le ralliement de la première, rétablir le combat et maintenir intacte la seconde aussi longtemps que possible, car ce sont les dernières troupes qui combattent qui décident la victoire.

Si la première ligne a l'avantage[1], elle doit continuer à agir et aller attaquer la seconde ligne de l'ennemi. Si la victoire continue à se déclarer et que la seconde ligne de l'ennemi soit battue, le général doit pousser

1. Il faudra détacher la cavalerie contre l'ennemi aussitôt qu'on verra la confusion se mettre dans ses troupes. Ce ne sera plus alors une bataille, mais une déroute totale des ennemis, surtout s'il n'y a point de position dans le voisinage qui puisse protéger leur fuite.

les troupes battues, toujours en corps et en ligne, jusqu'à ce que le désordre y soit général[1].

Le général détache alors sa réserve ou un gros corps à la poursuite de l'ennemi. Si les troupes ne sont pas trop fatiguées, on peut faire marcher l'ennemi jusqu'au premier défilé, ou s'approcher de la première place forte sous laquelle l'ennemi pourrait vouloir se rallier et compléter ainsi sa victoire.

« A quoi servirait l'art de vaincre, si on ne sait « profiter de ses avantages, dit Frédéric II[2], répandre « du sang inutilement, mener ses soldats inhumaine- « ment à la boucherie, et ne pas poursuivre l'ennemi « dans certaines occasions pour augmenter son désor- « dre ou faire plus de prisonniers, c'est remettre au « hasard une affaire qui vient d'être décidée. Cepen- « dant le défaut de subsistances et les grandes fati- « tigues peuvent vous empêcher de poursuivre le « vaincu.

« C'est la faute du général en chef, quand il man- « que de vivres. Lorsqu'il donne une bataille, il a un « dessein, et s'il a un dessein, il faut qu'il prépare « tout ce qui est nécessaire pour l'exécution ; par con- « séquent on aura soin d'avoir du pain ou du biscuit

1. On fait avancer le gros canon et l'on en fait faire plusieurs décharges pour augmenter la terreur de l'ennemi.

2. Dans son instruction militaire.

« pour 8 à 10 jours. Pour les fatigues, si elles n'ont « pas été trop excessives, il faudra dans des jours « extraordinaires faire des choses extraordinaires. « D'ailleurs, il est bien rare d'avoir une affaire assez « générale pour qu'il n'y ait point quelques divisions « toutes fraîches pour détacher à la poursuite.

« Après une victoire remportée, je veux qu'on fasse « un détachement des régiments qui ont le plus souf-« fert ; puis qu'on ait soin des blessés et qu'on les « fasse transporter aux hôpitaux qu'on aura déjà éta-« blis. On commence par soigner les blessés, sans « oublier ce que l'on doit à l'ennemi.

« En attendant, l'armée poursuivra l'ennemi jus-« qu'au premier défilé, qui, dans la première con-« sternation ne tiendra pas, pourvu qu'on ne lui « donne pas le temps de respirer.

« Quand vous aurez pourvu à toutes choses, vous « ferez marquer le camp, mais il faut que cela se fasse « dans les règles, sans se laisser endormir par la sé-« curité.

« Si la victoire a été complète, on pourra faire des « détachements, soit pour couper la retraite à l'en-« nemi, soit pour lui élever ses magasin, ou pour « assiéger trois ou quatre villes à la fois.

« Je ne puis donner que des règles générales sur « sur cet article : il faudra se régler sur les événe-

« ments. Il ne faut jamais s'imaginer avoir tout fait, « tant qu'il y a encore quelque chose à faire, et il « ne faut pas croire non plus qu'un ennemi un peu « habile manque de profiter de vos fautes, quoiqu'il « ait été vaincu. »

Dans le récit de la bataille que je viens d'esquisser, je n'ai pu prévoir tous les cas que les circonstances et les événements peuvent amener. Voici donc quelques nouveaux principes généraux qu'il faut encore observer.

Si l'on remarque quelque vide dans la ligne de l'ennemi, y faire entrer brusquement des troupes et la prendre en flanc.

Si on aperçoit que le centre de l'ennemi flotte et va plier, faire avancer des troupes de la seconde ligne pour augmenter le désordre, en observant, si on tire des troupes des réserves des ailes, d'en laisser assez pour les soutenir, si l'ennemi les attaquait.

Si, dans le courant de l'action, l'ennemi change subitement ses dispositions, ou en dégarnit quelque partie pour faire un plus grand effort ailleurs, il faut contre-manœuvrer, observant cependant de ne faire aucuns changements à sa disposition qui ne soient indispensables. Si un chemin creux, un ravin, un marais reconnu bien impraticable empêchait une partie quelconqne de l'armée de joindre l'ennemi, en détacher des troupes, n'en laisser que ce qui est indispensable, et employer les autres à renforcer celles qui combattent. En un mot ne jamais tirer de troupes du corps de bataille pour des emplois particuliers, à moins que des obstacles ou la disposition de l'ennemi empêchent vos troupes d'agir offensivement dans cette partie.

Si on est obligé de prêter le flanc, disposer des troupes de manière qu'elles en imposent à l'ennemi ou qu'elles prennent en flanc toutes les attaques qu'il pourrait tenter.

Que toutes les manœuvres s'exécutent avec la plus grande régularité, se ressouvenant que le moyen de faire diligemment une chose est d'y mettre beaucoup d'ordre.

J'ai supposé jusqu'ici que depuis le commencement de l'action jusqu'à la fin tout allait à souhait : que toutes les attaques réussissaient; que les manœuvres n'éprouvaient aucuns dérangements de la part de l'ennemi; je vais maintenant rapporter les ressources qui restent au général pour déterminer la victoire, quels que soient les efforts de son adversaire.

Il faut soutenir et rallier les troupes qui plient, les ramener à la charge, leur faire surmonter les obstacles que l'ennemi leur oppose en leur amenant à propos un renfort de troupes fraîches. Il y a des occasions où le général en chef est obligé de faire passer des troupes de la droite à la gauche, de la gauche à la droite et de faire avancer le corps de réserve. Mais les ordres ne doivent venir que de lui.

Si l'ennemi défend trop opiniâtrement un poste, le général doit s'y porter en personne pour animer les troupes, sans s'exposer néanmoins à un danger trop éminent, à moins qu'il ne s'aperçoive de la supériorité décidée de l'ennemi ; pour lors il doit conduire lui-même les troupes. Il doit avoir surtout des aides-de-camp intelligents et n'envoyer que des ordres clairs et précis.

« A la bataille de Hohen-Friedberg, dit Frédéric II, j'ordonnai à un de mes flugeladjutants (aides-de-camp) d'aller dire au marggraf Charles de se mettre, comme le plus ancien général, à la tête de ma seconde ligne, parce que le général Kalckstein avait été détaché à l'aile droite contre les Saxons. Cet aide-de-camp fit un quiproquo, et porta ordre au marggraf de former la seconde ligne de la première ; je m'aperçus heureusement de cette méprise, et j'eus encore le temps de la réparer. »

On doit par conséquent être toujours sur ses gardes et songer qu'une commission mal exécutée peut tout gâter.

Quand il est possible de faire faire aux réserves des intervalles qu'on ouvrira subitement, cette manœuvre peut devenir très-décisive.

Quand une partie de l'armée a l'avantage et que le reste est battu, il faut faire tous les efforts pour que les troupes victorieuses culbutent promptement ce qui résiste avant d'en diminuer le nombre pour renforcer le reste, et employer en attendant la réserve pour arrêter l'ennemi dans les endroits où il aurait l'avantage. Si, ne pouvant résister à vos attaques, l'ennemi vous laisse pénétrer, il faut le charger coup sur coup. S'il plie ou prend la fuite, on doit se garder de le poursuivre inconsidérément, parce qu'il a peut-être pour but d'attirer vos troupes dans une embuscade.

S'il arrive à une aile de cavalerie, lorsqu'elle a battu celle qui lui était opposée, de se mettre toute entière à la poursuite, elle rend par là cet avantage de nul effet; car les deux partis étant chacun dépourvus d'une aile, les choses sont aussi égales qu'avant l'action, et il peut arriver que l'armée, dont l'aile a été battue, y remédie assez vite pour remporter une victoire dont votre seule imprudence vous a privé. Quand une aile ou une partie quelconque de votre armée a mis en fuite ce qui lui était opposé, il faut détacher un nombre suffisant de troupes pour empêcher les fuyards de se rallier, et mener le reste au secours de celles qui n'ont pas encore vaincu, ou tomber avec sur les flancs et les derrières de l'ennemi.

Mais si le général voyait qu'une partie de son armée fût plus vigoureusement repoussée que l'autre ne repousse celle de l'ennemi, il ne doit pas balancer à retirer le plus de troupes qu'il peut du côté où est l'avantage pour secourir le côté battu, si malgré tous vos efforts l'ennemi gagne sur vous les avantages du terrain, si par une manœuvre rapide il parvient à attaquer les endroits faibles de votre disposition, bat vos troupes et vous ôte l'espoir et les moyens de vaincre, il faut se retirer.

L'expérience et la capacité du général doivent lui faire connaître le moment qui précède la perte de la bataille, afin de prendre toutes les précautions nécessaires pour diminuer le désordre d'une fuite. L'application du général dans ce cas, et celle de tous ceux qui agissent sous lui, doit être de trouver les moyens d'empêcher une déroute genérale. Il faut faire faire un effort aux troupes qui ne sont point ébranlées pour donner le temps aux autres de se rallier, ou se saisir, avec les corps de la seconde ligne, d'un poste ou d'un défilé sur lequel les troupes puissent se retirer en sûreté. Le général en chef envoie alors avertir les officiers-généraux de faire leur retraite avec les troupes à leurs ordres. Comme ce cas a dû être prévu dans les instructions, les officiers-généraux savent déjà sur quel point ils doivent se replier. C'est dans ces occasions de confusion et de troubles qu'on connaît le danger qu'il y a de laisser derrière soi des défilés, des rivières, des ruisseaux.

Comme c'est pour assurer la retraite de l'armée qu'est fait, en quelque façon, le corps de réserve, on doit le ménager pendant le combat, pour qu'en cas de défaite cette troupe fraîche en entière puisse rétablir l'ordre, qu'on ne saurait garder quand on est rompu.

L'abandon du champ de bataille entraînant assez souvent la perte des bagages et presque toujours celle de l'artilerie, un général ne doit rester où il se sera d'abord retiré qu'autant de temps qu'il lui en faudra pour rassembler les débris de son armée. Après quoi il doit prendre un camp sûr pour y réparer ses pertes, faire venir de l'artillerie des dépôts et se faire joindre par d'autres troupes. Si la perte était si considérable qu'elle puisse entraîner celle de quelques places, il doit y jeter sa meilleur infanterie et tâcher de tenir toujours la campagne avec sa cavalerie afin d'inquiéter l'ennemi, s'il s'attache à un siége, et couvrir au moins son pays des contributions.

Si le victorieux a tellement perdu qu'il ne soit pas en état de faire de siéges et qu'il ne puisse tirer d'autre parti de sa victoire que de procurer à son armée des quartiers d'hiver dans les pays ennemis, le vaincu, en s'éloignant du vainqueur, doit se placer en lieu sûr, près de grosses villes, qui lui donnent le moyen de rétablir son armée en artillerie, vivres, soldats, pour s'opposer ensuite à l'établissement des quartiers d'hiver que l'ennemi aurait projeté de prendre chez lui.

Mais pour avoir perdu le champ de bataille, il ne faut pas abandonner à l'ennemi toute une province, comme quelques généraux qui, après une bataille perdue, ne se croyant en sûreté que quand ils sont assez éloignés de l'ennemi pour ne plus en avoir la moindre nouvelle. Telle fut la précipitation des généraux français après la perte de la bataille de Rosbach, qui se replièrent plus de 30 lieues avant de s'arrêter. On se trompe grossièrement; ce n'est point l'éloignement de l'ennemi qui donne cette sûreté, c'est le choix de la position sur laquelle on se replie. La première laisse à l'ennemi pleine liberté de faire tout ce qu'il veut et un champ vaste pour profiter de sa victoire. La seconde l'arrête tout court, le resserre, empêche tous ses progrès et lui rend quelquefois sa victoire inutile. A moins que l'état des affaires ne vous oblige à vous éloigner promptement de l'ennemi pour couvrir une province, pour conserver une communication ou autre objet important, il faut savoir faire halte au premier poste qui présente un emplacement favorable, choisir un camp avantageux où l'armée puisse réparer facilement ses pertes et d'où les moindres mouvements puissent inspirer à l'ennnemi des jalousies et des craintes bien fondées. Par une conduite si mâle et si sage, par une contenance si ferme et si intrépide, on pourra faire du mal à l'ennemi, on préviendra au moins le découragement des troupes, on dissipera les impressions défavorables et les fantômes de l'imagination, presque toujours plus à craindre que la perte réelle. Souvent on n'a perdu que quelques centaines d'hommes de plus que l'ennemi ; quelquefois même il en a perdu davantage, et il peut se faire que le terrain qu'on lui a cédé ne soit de nulle conséquence.

« Le roi de Prusse fut surpris et battu à Hochkirchen, dit l'officier-général autrichien qui a fait des notes aux lettres du roi, mais ce ne sont pas quelques centaines d'hommes tués ou prisonniers du côté de l'ennemi qui établissent la victoire, ce ne sont pas des trophées enlevés, ce n'est pas le champ de bataille abandonné, ce sont les suites de la bataille livrée. Vaincu à Hochkirchen, il se poste d'abord à quelque distance de son premier camp[1]. Il dérobe ensuite ses

1. Dans une position où il est incroyable que le maréchal Daun l'ait laissé, surtout avec la supériorité de ses forces; le général Laudon était si près de Bautzen où étaient encombrés les caissons, les voitures des vivres et les régiments qui avaient le plus souffert, que malgré toute la valeur la plus déterminée et l'héroisme des troupes prussiennes, quelques obus eussent incendié et forcé la ville à se rendre, et compléter ainsi la ruine de l'armée prussienne. Le poste était si mauvais que Mgr le prince

mouvements au comte de Daun, vole au secours de la Silésie, où il fait lever le siége de Neiss et le blocus de Kosel. De cette province il revient en Saxe avec la même rapidité, oblige le comte de Daun à se désister de ses projets sur Dresde, le prince des Deux-Ponts sur Leipsik, et le général Haddick sur Torgau. Enfin, à la fin de la campagne, il était en possession du pays dont il était le maître au commencement. Cet exposé rapide suffit pour établir un jugement. »

Il est inutile de donner des règles pour la façon dont doit se conduire celui qui commande l'arrière-garde d'une armée battue; l'ordonnance et la disposition de ses troupes doivent être faites relativement à la constitution du pays et à la nécessité d'empêcher l'ennemi de tomber sur l'armée en déroute. S'il doit, comme il arrive quelquefois, sacrifier quelques troupes de cette arrière-garde pour sauver le reste, il faut qu'il leur donne un chef résolu, qui fasse payer cher à l'ennemi sa défaite et celle de son détachement.

Comme il est impossible de prévoir toutes les dis-

Henri, qui était venu au secours du roi, et lui avait amené les six plus forts bataillons de son armée et tous les équipages dont il pouvait avoir besoin, ayant été envoyé à cette ville le soir de son arrivée, ne souffrit point que ses troupes y entrassent et les fit camper en dehors des murs. Le lendemain il fit des représentations, et s'éloigna d'un poste qui eût été le tombeau de ceux qui y étaient enfermés, si les Autrichiens avaient su profiter de leurs avantages.

positions que l'on doit faire dans les batailles que l'on donne ou que l'on reçoit, pour prévenir les mouvements de l'ennemi et s'assurer la victoire, je terminerai cet article par un extrait des instructions stratégiques de Frédéric II. Ces exemples de dispositions défensives et offensives achèveront de jeter une grande clarté sur tout ce que j'ai déjà dit.

Premier exemple.

Soit l'armée E postée sur les hauteurs K (Fig. 1, pl. VI); le terrain ne lui permettant pas de faire usage de sa cavalerie A, on la placera en quatrième ligne sur le sommet ou la pente en arrière de la montagne. Si l'ennemi voulait avec sa droite B attaquer la gauche de cette armée, ses deux lignes d'infanterie disposées sur les contours de la hauteur y étant fort en sûreté, le général qui la commande pourra disposer de toute la cavalerie et de la réserve, soutenues d'artillerie légère, pour se porter vivement en D, d'où l'on tourne le flanc gauche CC de l'ennemi, qui se trouvera obligé de suspendre l'attaque de la droite, et même sera contraint de se replier, à moins qu'une très-grande supériorité ne lui permette de déjouer cette manœuvre de son adversaire.

Deuxième exemple.

La figure 2, pl. VI, représente une armée campée dans un fond D, dont le front est couvert par des ouvrages construits sur le rideau en avant. Dans cette position, il ne serait pas convenable de placer l'armée sur les hauteurs, car, en cas d'une défaite, on sent le désavantage qui en résulterait, si elle était obligée de se retirer par un fond dominé de hauteurs que l'ennemi occuperait après l'en avoir départée. Supposons que l'ennemi voulût attaquer une armée ainsi disposée, voici les précautions que l'on pourrait prendre.

Dès que les troupes légères annonceraient son approche, on ferait garnir le village A et toutes les redoutes placées sur les sommités du terrain. Le reste de l'armée se tiendrait en colonne pour être à même de se porter plus vivement où il serait nécessaire. Lorsque l'ennemi ayant démasqué sa disposition, aura commencé son attaque pendant qu'il sera exposé aux feux du village A et des redoutes, le général, faisant marcher sa première ligne par la droite, viendra se former sur le flanc gauche de l'ennemi, et s'établir en B ; pendant ce mouvement, la seconde ligne, soutenue de toute la cavalerie, marchera également à droite, et, longeant derrière la première ligne, viendra se prolonger jusqu'en C. Cette manœuvre doit être exécutée avec la vivacité nécessaire pour surprendre l'ennemi, qui serait ainsi entièrement tourné. Pour éviter ce danger, qu'un général expérimenté prévoirait facilement, il faudrait, laissant en arrière quelques batteries soutenues d'un bon corps de troupes, chercher à tourner cette position sur celui de ses flancs qui offrirait le plus de facilités; ce serait la seule manière d'attaquer l'armée D.

Troisième exemple.

La figure 3 de la planche VI représente une armée dont les deux ailes sont appuyées sur des hauteurs qui les mettent à l'abri de toute attaque. C'est donc sur le centre qu'il faudrait se diriger pour essayer d'y forcer l'ennemi. A cet effet, une avant-garde d'infanterie légère, soutenue de 6 bataillons de grenadiers et de fortes batteries A s'avancera pour attaquer le village D, sans la prise duquel il est impossible de parvenir à l'ennemi. Pendant cette attaque, on établit en C des batteries de gros calibre pour canonner les ailes de l'armée C, et les tenir en échec. Pour soutenir cette première attaque, l'armée I prend la position E, la cavalerie sur les ailes, une forte réserve B derrière son centre.

Tout en étant entré dans le détail des dispositions pour attaquer l'armée K, je ne puis m'empêcher d'observer qu'il serait imprudent d'attaquer une armée aussi avantageusement postée, et que toute l'attention du général qui voudrait sortir de cette position doit se porter à en tourner les flancs.

Quatrième exemple.

Supposons encore l'ennemi posté sur des hauteurs dont il faut le déloger (Fig. 4, pl. VI). Son front et sa gauche étant reconnues inattaquables, c'est sur sa droite que doivent porter tous les efforts. Pour cet effet, on établit son infanterie sur les rideaux A et B; on en appuie les ailes à de fortes batteries, dont on distribue encore plusieurs sur le front de la ligne. On dispose des bataillons en colonne sur la pente des hauteurs A et B, pour être plus promptement à même de profiter du moindre faux mouvement que pourrait faire l'ennemi. La cavalerie reste en arrière sur les ailes, et donne une réserve derrière le centre. Pendant un feu très-vif d'artillerie, les troupes postées sur la hauteur B se prolongent en C, où l'on établit de nouvelles batteries. La cavalerie de cette aile suit ce mouvement, qui vous porte sur le flanc de l'ennemi et vous met à même de l'attaquer de revers. Il est probable que, craignant pour ses communications et ses derrières, cette démonstration lui fera quitter son poste.

De l'attaque générale des quartiers d'une armée.

Un général d'armée qui possède les grandes parties de la guerre cherche à profiter de tous les avantages que lui peuvent offrir les mauvaises dispositions des quartiers d'hiver de l'ennemi, soit pour les surprendre, soit pour les attaquer à force ouverte.

Un général dont la campagne n'a pas été heureuse, qui n'a pu chasser l'ennemi de son pays et a été contraint de l'y laisser prendre ses quartiers d'hiver, doit faire son possible pour l'y inquiéter et l'empêcher de se rétablir par des alarmes fréquentes qui le forcent à fatiguer ses troupes. Il n'est pas douteux que plus on inquiétera l'ennemi dans ses quartiers, moins il sera en état d'entrer de bonne heure en campagne; fatiguée pendant tout l'hiver, son infanterie n'aura pas eu le temps de se compléter ou de s'exercer par le mouvement continuel des troupes et par les pertes que doivent amener ces détachements perpétuels. Sa cavalerie aura toujours été en course pour voler au secours de l'infanterie, par conséquent elle ne sera point remise et rentrera en campagne en aussi mauvais état qu'elle en était sortie.

Celui qui attaque peut d'autant plus aisément fatiguer l'ennemi qu'il n'emploie que les troupes qu'il veut, au lieu que celui qui est attaqué est nécessairement obligé de se servir de toutes les siennes, ou au moins d'une grande partie, parce qu'il ignore le nombre de celles qui marchent contre lui et s'il n'y aura pas plusieurs attaques.

Souvent il ne faut qu'un très-petit nombre de troupes pour faire mettre tous les quartiers de l'ennemi sous les armes, et un général actif peut, en n'employant que de petits corps, réparer en quelque sorte les pertes de la campagne précédente et préparer ses succès pour la campagne prochaine en tourmentant l'ennemi et en le tenant dans un état continuel d'alarme. Il est possible même de trouver, après plusieurs fausses attaques, une occasion favorable d'en entreprendre une véritable qui force l'ennemi à replier ses quartiers et à se retirer.

L'attaque des quartiers d'hiver de l'ennemi, comme toutes les manœuvres possibles de la guerre, demande une connaissance approfondie du pays sur lequel elle doit être exécutée. Il faut en faire reconnaître tous les débouchés, calculer le plus ou le moins de facilités qu'ils offrent avant de pouvoir tracer aucun plan. Quand on a reconnu la possibilité de l'entreprise, il faut, pour pouvoir en diriger convenablement l'exécution, endormir la vigilance de l'ennemi, exciter même sa confiance pour gagner ainsi le temps de faire en sûreté ses dispositions d'attaque et pouvoir connaître plus en détail celles que l'ennemi a faites pour sa défense. On commencera par tenter deux ou trois fausses attaques, l'on se retirera comme si l'on avait trouvé l'ennemi trop sur ses gardes, on fera divers mouvements de troupes, plusieurs détachements sortiront; toute la conduite du général, ses propos mêmes doivent dénoter une espèce d'inquiétude : pendant ses dispositions préparatoires, l'on enverra des espions sûrs et intelligents dans l'intérieur des quartiers de l'ennemi.

Ces espions doivent examiner la position des quartiers, la quantité des bourgs et villages qui sont occupés, l'étendue du terrain qu'embrassent les troupes, l'éloignement des deux lignes, les obstacles intérieurs qui peuvent couvrir et assurer telle ou telle partie des quartiers, si les troupes font exactement le service, si le général fait souvent sortir des détachements, leur nombre et leur force, ils doivent même essayer de les suivre pour savoir jusqu'où ils s'avancent. Tels sont les renseignements d'après lesquels le général devra déterminer et tracer son plan d'opération.

L'attaque étant résolue, le général fera assembler les principaux officiers qu'il veut charger de la conduite des différentes attaques pour leur donner ses ordres. Il formera trois attaques vraies et trois fausses, plus ou moins selon la force de son armée, l'étendue et la position des quartiers. Les fausses attaques seront dirigées vers les points les plus forts de la ligne des quartiers[1]; les vraies seront réservées pour les endroits reconnus les plus faciles à forcer. Il faut attaquer en colonne; cependant toute disposition doit être soumise aux circonstances et au terrain. On joindra les différentes attaques par des corps placés entre leurs diverses directions pour en opposer aux troupes intermédiaires de l'ennemi et les empêcher de quitter leurs postes pour renforcer les parties attaquées sur leur droite ou sur leur gauche. Pour faire croire à l'ennemi que les fausses attaques sont sérieuses, il faut que les troupes qui en sont chargées cherchent à y donner de la vraisemblance par un feu continuel d'artillerie de gros calibre.

Les vraies attaques doivent être exécutées avec la plus grande vivacité pour ne pas donner aux troupes ennemies le temps de se reconnaître, il faut attaquer le plus possible à la baïonnete. Si l'une des attaques réussit, les troupes des quartiers seront bientôt en désordre. La ligne une fois percée, on doit faire entrer par cette ouverture la cavalerie et la réserve de cette

1. Comme le centre et les deux appuis de la ligne seront sans doute les plus fortifiés et les plus garnis de troupes, c'est contre ces points qu'il faut diriger les fausses attaques, pour empêcher l'ennemi de les dégarnir et d'en tirer des renforts pour les endroits moins forts qui se trouveront sérieusement attaqués.

colonne pour aller prendre par derrière les quartiers collatéraux qui, mis ainsi entre deux, feux ne sauraient plus résister longtemps. Toute la colonne dont l'attaque a réussi ne doit pas se porter sur les points collatéraux, il faut se contenter d'y envoyer un détachement suffisant pour faciliter l'arrivée de ses troupes à travers cette première ligne, car il ne faut pas perdre de vue que l'ennemi ne manquera pas de faire marcher des troupes de sa seconde ligne et de ses réserves pour rétablir le combat et reprendre le poste occupé; ainsi, dès qu'on a percé la première ligne des quartiers, il faut garder ensemble un corps suffisant pour marcher au-devant de tout ce qui arriverait au secours de cette partie. C'est le cas de charger tout ce qui voudra soutenir l'ennemi en déroute et de continuer à rouler[1] ainsi les quartiers de la droite à la gauche ou de la gauche à la droite selon le côté vers lequel on aura percé. Dans de pareils moments les fausses attaques doivent quitter leur rôle passif pour peu que les circonstances le permettent; c'est aux généraux qui les commandent à savoir saisir l'instant avantageux. Le succès le plus complet ne peut manquer de couronner une entreprise concertée et exécutée avec

1. Qu'on me pardonne cette expression, qui sans être grammaticale, m'a paru rendre si bien l'idée de cette manœuvre, que j'ai cru pouvoir la hasarder.

autant de prévoyance. Il ne reste d'autres ressources au général vaincu que de rassembler ses quartiers et de se retirer.

On ne peut déterminer d'avance toutes les dispositions à faire pour l'attaque des quartiers d'hiver d'une armée, elles dépendent de trop de circonstances. Telle disposition, qui serait bonne dans un pays ouvert, deviendrait désastreuse dans un pays de bois ou de montagnes. Tous les mouvements de l'armée attaquante doivent tendre à s'approcher assez vivement des quartiers pour pouvoir les attaquer avant que les troupes aient le temps de se réunir à la place d'armes générale, et que les secondes et troisièmes lignes puissent arriver pendant l'action au secours de la première. Si l'on n'a pas pris ses précautions en conséquence, le succès ne peut être que douteux, surtout si l'ennemi a eu le temps d'occuper son champ de bataille et d'y réunir ses troupes. Quand le général verra ses troupes repoussées après plusieurs attaques, il ne doit point s'opiniâtrer et sacrifier ses troupes à la fortune.

Si l'attaque d'une armée dans ses quartiers demande des précautions infinies et des dispositions prévues de longue main, la retraite, après l'entreprise manquée, ne demande pas moins de sagesse. Car il est difficile de se retirer devant une armée qu'on n'a pu forcer, et qui vous suivra probablement avec vivacité pour profiler de sa victoire; il faut donc que cette supposition ait été prévue avant l'attaque.

Je suppose qu'une armée en ayant attaqué une autre dans ses quartiers d'hiver n'a pu l'y forcer, malgré la vivacité de plusieurs attaques répétées. Lorsque le général aura tenté tout ce qui dépend d'un homme de cœur et qu'il voit l'impossibilité de réussir, il n'a d'autre parti à prendre que celui de la retraite. Il ne doit pas attendre à la dernière extrémité, de peur que le trop grand découragement de ses troupes et des pertes trop considérables ne lui permettent plus de le faire avec l'ordre et l'ensemble nécessaires à la sûreté de l'armée et au succès de cette manœuvre. Avant de commencer à faire sa retraite le général doit envoyer avertir par ses aides-de-camp tous les officiers-généraux qui commandent les colonnes et qui doivent d'avance connaître l'ordre et les dispositions à suivre en cas de retraite. Trois coups de canon, qu'on tirera un de la gauche et le dernier du centre, seront le signal pour replier les troupes et commencer le mouvement rétrograde. Les localités déterminent l'ordre de la marche, les dispositions de l'ennemi indiquent les manœuvres qu'il faut lui opposer.

L'attaque des quartiers d'hiver des confédérés en Alsace par M. de Turenne offre le tableau le plus complet des opérations nécessaires à une telle entreprise.

Le plan, les préparatifs, le rassemblement des troupes, leur marche, enfin l'attaque, tout mérite une étude particulière. Il est impossible de rien voir de mieux combiné. La retraite de M. le prince Eugène après avoir manqué l'expédition de Crémone est encore un modèle à suivre dans pareille occurrence.

Les attaques des quartiers d'hiver d'une armée sont assez rares ; la quantité de troupes légères qui forment une chaîne de patrouilles perpétuelles autour des positions où les armées campent, cantonnent ou prennent des quartiers, met à l'abri de pareilles entreprises. A moins d'une grande négligence dans le service des troupes légères, il est impossible, sur la nouvelle de l'ennemi, que l'on n'ait pas le temps de rassembler toute l'armée sur son champ de bataille et d'y former les dispositions nécessaires pour y recevoir le combat. D'ailleurs il est rare qu'une armée entre dans ses quartiers d'hiver tant que l'ennemi tient encore la campagne ou bien qu'elle y reste dès que celui-ci a rassemblé son armée ; c'est généralement une position trop désavantageuse pour vouloir s'y exposer à une attaque. Cependant il n'y a point de règles sans exceptions et les localités peuvent être telles que l'on puisse rester avec sûreté dans ses quartiers vis-à-vis de l'ennemi rassemblé, et y attendre sans imprudence, sans renforts, en un mot, ce dont on a besoin pour ouvrir la campagne avec vigueur.

Je crois ne pouvoir en donner un meilleur exemple qu'en citant les quartiers pris en Silésie par Sa Majesté le roi de Prusse dans l'hiver de 1761 à 1762. Quoique le maréchal Daun rassembla le 15 mai toute l'armée autrichienne au camp entre le Zobtenberg et la Schweidnitz (*Schweidnitzer Wasser*), Sa Majesté ne quitta pas ses quartiers et n'y changea rien, si ce n'est qu'il transféra son quartier général de Breslau à Betlern, et renforça ses avant-postes du côté de Kant et de Bohrau.

« En jetant les yeux sur la carte il sera facile, dit le général de Tempelhoff, de se convaincre combien l'armée prussienne était en sûreté dans ses quartiers. Leur aile droite était couverte par le Schweidnitz (*Schweidnitzer Wasser*) et leur gauche par l'Oder. La plus grande étendue des quartiers de l'infanterie de la droite à la gauche de Lissa à Schonborn était d'environ deux milles. Les troupes pouvaient en 4 heures de temps se rassembler au centre des quartiers entre la Lohe et la Schweidnitz. Le passage de la Lohe, en cas que l'on voulût prendre son champ de bataille [1] sur

1. La place du rassemblement des troupes qui cantonnaient entre l'Oder et la Schweidnitz, étaient les hauteurs entre Grabisch et Oltaschin.

la rive droite de cette rivière, ne demandait que deux heures. Car il n'y avait que 18 bataillons entre la Schweidnitz et la Lohe, 18 bataillons auprès de Gabitz et les 13 autres bataillons aux environs d'Oltatschin, tellement à portée que la plus grande partie pouvait en 2 heures être sur le champ de bataille. Deux bataillons francs et 63 escadrons étaient distribués le long de la Schweidnitz de Lissa à Guiechwitz et de là le long de la Schwarzwasser jusqu'à Wiltschau. Ces troupes poussaient au loin leurs avant-postes, et par beaucoup de patrouilles observaient perpétuellement les mouvements de l'ennemi. Le petit corps cantonné entre Grotkau et Wansen était aussi suffisamment couvert par une chaîne d'avant-postes depuis Grotkau jusqu'à Toppendorf et par les difficultés d'un terrain très-coupé qui le séparait de l'ennemi. »

« Si le feld-maréchal Daun avait voulu entreprendre quelque chose du côté de Breslau et attaquer ou surprendre avec toute son armée les quartiers de Sa Majesté, il aurait fallu que, par ses dispositions, il trouvât moyen de commencer son attaque et de percer les quartiers des Prussiens, avant que le Roi pût avoir le temps de s'y opposer et de rassembler son armée. Un tel succès n'était pas probable en plein jour; car le maréchal Daun étant éloigné de 5 milles de Breslau et la première ligne des quartiers du roi n'en étant qu'à 2 milles au plus, il eût été obligé de marcher 3 milles avec toute son armée avant d'arriver aux quartiers. D'ailleurs le roi eût été averti bien à temps des mouvements de l'armée autrichienne; ses avant-postes, qui n'étaient éloignés que d'un demi-mille de ceux de l'ennemi lui auraient annoncé sa marche 3 à 4 heures avant qu'il pût arriver. »

« Supposons maintenant que le maréchal Daun, voyant l'impossibilité d'une pareille attaque eût voulu attendre la nuit pour l'exécuter, cette entreprise eût été entravée par tant de difficultés qu'il lui était presque impossible d'oser s'en promettre du succès. »

« Les nuits à pareille époque sont assez courtes; elles n'ont guère que 6 heures d'obscurité ; ce n'était point assez pour dérober la connaissance de son approche, car il lui fallait au moins 8 heures pour faire pendant l'obscurité les 3 milles qui le séparaient de la première ligne des quartiers du roi. En outre les avant-postes prussiens étaient si en avant de leurs quartiers que le maréchal Daun n'aurait pas eu fait deux heures de marche, même sans avant-garde, qu'il les eût rencontrés. L'avis de son approche eût bientôt été envoyé au roi, qui aurait eu le temps de rassembler son armée et de prendre une bonne position pour y attendre le combat ou mieux encore se serait porté en avant pour tomber avec toutes ses forces sur une des colonnes ennemies, et la défaire avant qu'elle ait eu le temps de se former et d'être secourue du reste de l'armée.

« Il était bien difficile, pour ne pas dire impossible, au maréchal Daun de donner aux chefs de ses colonnes des ordres assez précis pour y prévoir tous les événements; car il ne pouvait deviner tels mouvements que ferait le roi sur la nouvelle de son approche. A toutes ces difficultés se joignaient encore celles qui accompagnent toujours toutes les expéditions ou marches de nuit. Il est facile de se perdre, de s'égarer, de sortir de sa direction ; une colonne peut rencontrer tels obstacles qui, retardant sa marche, l'empêchent d'arriver à point nommé ; en un mot toute expédition de nuit a bien difficilement l'ensemble nécessaire à son succès. Les deux armées restèrent dans leurs positions respectives jusqu'au 1er juillet, où le roi entra au camp de Sachwitz et se réunit avec le corps du général Czerniczeff. On ne pourra s'empêcher de convenir que le maréchal Daun agit prudemment de ne rien entreprendre contre les quartiers du roi. »

Des surprises d'armée.

Ces sortes de projets sont exposés à mille cas fortuits et à mille incidents qu'on ne peut détourner que par sa bonne conduite, par le secret et la célérité d'une marche aussi rapide que bien combinée. Il faut prévenir les avis des espions, des transfuges ou des partis que l'ennemi peut avoir en campagne. Il faut qu'il se trouve dans le piége sans l'avoir craint ni soupçonné.

Le général qui veut surprendre l'ennemi doit connaître exactement sa force, la situation de son camp, la distribution des gardes, où elles se retirent la nuit, quelles sont celles qui sont fixées dans certains postes avancés; la route des patrouilles, la nature du pays pour arriver à l'ennemi, etc. Telles sont les connaissances préliminaires sur lesquelles un général expérimenté établit et concerte son projet, qu'il se détermine à l'exécuter ou qu'il le rejette.

Dans toutes sortes d'entreprises le succès dépend assez généralement du secret et de la célérité. Une marche forcée bien combinée fait la base de cette expédition; quant au secret, il peut être couvert d'un voile d'autant plus impénétrable que l'on n'a besoin d'aucuns préparatifs extérieurs. Il est très-difficile que l'ennemi puisse avoir la moindre nouvelle, ni soupçonner une surprise, si l'on ne néglige aucun des moyens dont je parlerai bientôt; et quelque dépense qu'il fasse en espions, on peut fort aisément tromper leur vigilance. Les plus fâcheux sont les transfuges, qui peuvent s'échapper pendant la marche[1]; mais

1. Les troupes légères précéderont la marche sous plusieurs

que diront-ils, s'ils ignorent où l'on va et ce que l'on veut faire? Le secret que l'on est obligé de confier à plusieurs personnes est rarement un secret gardé; mais ici on peut, si le général le juge à propos, n'en faire part qu'au moment de l'exécution, et c'est ce qui vaut le mieux.

On fixe l'heure de la marche de l'armée d'après le chemin que l'on a à faire; l'on se règle encore sur la nature du pays, sur les obstacles que l'on peut rencontrer, et sur le nombre des colonnes qu'on doit former. Comme les défilés retardent infiniment une marche, on part plus tôt ou on part plus tard, selon que l'on doit en rencontrer plus ou moins. Il faut concerter son mouvement de manière à pouvoir attaquer l'ennemi à la pointe du jour. La nature du terrain qui doit servir de champ de bataille peut seule diriger la formation ou composition des colonnes.

Il faut préparer pour les généraux qui conduisent les colonnes une instruction relative à tous les événements qui pourraient survenir, afin que chacun d'eux sache positivement ce qu'il aura à faire, d'après telle ou telle circonstance. Quelque détaillée que soit une instruction, comme il est impossible de tout prévoir, il

prétextes, mais en effet pour empêcher qu'un déserteur n'aille vous trahir. Les hussards tiendront les patrouilles ennemies dans un éloignement qui les empêchera de découvrir les mouvements de l'armée.

y a bien des choses qu'il faut abandonner à la sagacité des chefs des colonnes.

La surprise de l'armée ennemie résolue, venons à son exécution. Voici les précautions qu'il faut prendre avant de se mettre en marche.

On donnera l'ordre à l'ordinaire sans aucune apparence de marche ou de décampement. Deux heures avant la nuit et d'une nuit sans lune, on détachera une forte avant-garde sous les ordres d'un général de confiance. Les localités détermineront le choix et le nombre des troupes nécessaires à sa composition. On fera courir le bruit que la destination de ce corps est contre les espions et les déserteurs; qu'il doit se porter sur toutes les routes par lesquelles on peut aller à l'ennemi. Ce détachement avancera le plus près qu'il pourra du camp ennemi, observant de ne point aborder ses postes avancés. De nombreuses patrouilles seront poussées de droite et de gauche pour cerner l'ennemi autant que possible; cependant sans se découvrir.

Ces différents corps doivent observer le plus grand silence, ayant l'intention de ne point tirer et d'arrêter tout ce qui ira ou viendra du côté de l'ennemi. Voilà, ce me semble, les meilleurs moyens de masquer sa marche à l'ennemi, et de l'empêcher d'en avoir les moindres nouvelles.

Voici maintenant ce qui se passera dans l'intérieur du camp.

On enverra des billets particuliers aux majors de brigades, pour les prévenir que la retraite tiendra lieu de générale et d'assemblée et que les troupes doivent alors être prêtes à marcher, pour se former à la tête de leurs camps, quand elles entendront trois roulements de tambours, et que les trompettes sonneront un appel[1].

Les officiers-généraux seront avertis par des billets cachetés de se trouver chez le général un peu avant la retraite. Le projet de l'entreprise leur sera communiqué, ainsi que l'ordre de marche et celui du combat, et on réglera leurs postes.

La méthode qu'on doit suivre pour l'ordre de bataille pour la distribution de chaque arme et pour la marche, est de ne pas se régler, à l'égard de celle-ci, sur la nature du pays que l'on a à traverser en allant à l'ennemi, mais seulement sur l'ordre qu'on s'est déterminé de suivre au moment du combat, ordre déterminé par l'emplacement où l'on aura à attaquer l'ennemi.

On marchera sans équipage, les soldats n'ayant avec eux que du pain dans leurs havre-sacs. A l'égard du

1. J'ai pris ce signal au hasard, il n'est pas nécessaire d'ajouter que tel autre que l'on voudra sera également bon.

canon, on ne doit en emmener que quelques brigades, parce qu'il ne s'agit que d'une surprise, d'un violent coup de main et d'une affaire où le canon n'est pas d'un fort grand service; mais le reste de l'artillerie doit être attelé dans le camp pour venir joindre au premier ordre.

Le canon et les chariots de munitions et d'outils qui devront suivre les troupes auront double attelage.

Chaque officier-général étant à son poste l'armée se mettra en marche.

On doit observer que si le lieu d'où l'on se met en marche pour aller surprendre l'armée des ennemis, peut être vu de cette armée ou de leurs gardes avancées, il faut laisser dans le camp les hommes nécessaires pour entretenir les feux, parce que autrement ce serait faire connaître que l'on a décampé.

Dès qu'on arrivera en présence des ennemis, on commencera l'attaque.

L'armée doit avoir devant elle un corps de troupes légères qui, dès qu'elles auront poussé les gardes, tourneront les ailes du camp des ennemis, iront porter l'alarme sur ses derrières, piller les tentes et y mettre le feu. Un corps de réserve est destiné à poursuivre l'ennemi, s'il est battu, ou à protéger la retraite de l'armée, si par hasard l'on était repoussé. Il arrive quelquefois qu'en arrivant sur l'ennemi on le surprend tellement dans son camp qu'il n'a pas le temps de se mettre en bataille, ce qui fait que les colonnes, ne trouvant point de résistance, vont toujours en avant et se forment dans le camp même de l'ennemi. Ceux qui commandent les colonnes doivent avoir l'attention, en pareil cas, de détacher les troupes d'infanterie de droite et de gauche, pour briser les fusils aux faisceaux, d'envoyer des troupes de cavalerie pour pousser ce qui suit et faire des prisonniers. Il est inutile de dire qu'il faut occuper les postes les plus avantageux, tâcher de percer l'ennemi à son centre, le poursuivre vivement sans trop s'exposer, lui enlever le plus de monde qu'on peut, et enfin profiter de tous les avantages qu'offre son désordre.

Un officier-général ne doit pour lors se régler que sur ses lumières, dirigées par les circonstances; il doit seulement observer de ne point se laisser aller à trop de vivacité, et ne faire de mouvements en avant qu'autant qu'ils sont soutenus par les autres colonnes, enfin de les combiner de façon à pouvoir être en bataille sur-le-champ, si l'ennemi venait à se rallier.

Si l'ennemi, au contraire, vient à se retirer, le général doit faire faire halte à son armée, et détacher après lui la réserve pour augmenter sa déroute; en attendant, faire de nouvelles dispositions pour marcher sur ses pas, et profiter des avantages que doit lui procurer un pareil succès.

Quand l'armée des ennemis est campée sur deux lignes, comme la seconde peut être formée avant qu'on soit parvenu jusqu'à elle, le général qui attaque doit porter brusquement sur la première de gros détachements, afin d'y jeter la confusion et l'effroi pendant qu'il forme son armée en bataille, et se met en état de soutenir ses détachements et d'attaquer en ordre les parties de l'armée ennemie qui voudront résister.

A mesure que les troupes surprises sont chassées de leur camp, on doit se porter dans celui des troupes qui les avoisinent et augmenter toujours le désordre. Les petits détachements sont soutenus à mesure qu'ils s'avancent par les gros, dont ils sont détachés, et ceux-ci le sont par l'armée qui les suit en ordre.

Si quelque ravin ou ruisseau large et profond coupait l'armée des ennemis en deux parties, il faut tâcher de pousser un détachement jusque là, afin d'en rompre les portes de communication, et empêcher ainsi une partie de l'armée de venir au secours de l'autre [1].

1. Voici les précautions que S. M. le roi de Prusse recommande en pareille occurence.

Si, en arrivant à l'ennemi, vous le trouvez prévenu de votre marche et en état de vous recevoir, et que sa position vous semble trop forte pour essayer de l'en déloger de vive force sur l'avis que vous en donnera l'avant-garde, il faudra se résoudre à la retraite et rebrousser chemin, ayant soin de laisser une réserve

Si le camp de l'ennemi est assis dans une plaine, on pourra former une avant-garde de dragons qui, joints par des hussards, entreront à toute bride dans le camp ennemi, pour y mettre tout en désordre et faire main basse sur tout ce qui se présentera à eux.

Ces dragons doivent être soutenus de toute l'armée; l'infanterie en ayant la tête, étant particulièrement destinée à attaquer les ailes de la cavalerie ennemie.

L'attaque de l'avant-garde commencera une demi-heure avant la pointe du jour, mais il faut que l'armée n'en soit éloignée que de 800 pas.

Pendant la marche on gardera un profond silence, et on défendra au soldat de fumer du tabac.

Lorsque l'attaque commencera et que le jour paraîtra, l'infanterie, formée sur 4 ou 6 colonnes, marchera tout droit au camp pour soutenir son avant-garde.

On ne tirera pas avant la pointe du jour, car on risquerait de tuer ses propres gens, mais aussitôt qu'il fera jour, il faudra tirer sur les endroits où l'avant-garde n'a pas percé, particulièrement sur les ailes de la cavalerie, pour obliger les cavaliers, n'ayant pas le temps de seller ni de brider leurs chevaux, de s'en aller et de les abandonner.

On poursuivra l'ennemi jusqu'au-delà du camp et on lâchera toute la cavalerie après lui, pour profiter du désordre et de la confusion où il sera.

Si l'ennemi avait abandonné ses armes, il faudrait laisser un gros détachement pour la garde du camp, et sans s'amuser à piller, poursuivre l'ennemi avec toute la chaleur possible, d'autant plus qu'une si belle occasion de détruire entièrement une armée ne se présentera pas sitôt et qu'on sera maître pendant toute la campagne de faire tout ce qu'on voudra.

en arrière pour soutenir vos corps détachés, se réunir à eux et former une arrière-garde assez imposante pour résister à tous les efforts que l'ennemi tentera d'autant plus vivement qu'il pourra espérer de profiter de votre premier moment d'étonnement.

Mais si vous vous trouvez formé si près de l'ennemi qu'il faille nécessairement l'attaquer, ou qu'étant supérieur en force vous vouliez absolument le combattre, toutes vos troupes, à l'exception de la réserve, doivent être dans vos deux lignes. Votre première ligne, dès qu'elle a culbuté celle de l'ennemi, s'arrête pour se mettre en route; votre seconde ligne passe par les intervalles de la première pour aller à la seconde de l'ennemi. Si celle-ci est encore culbutée, votre réserve s'avance promptement et poursuit les ennemis en déroute aussi loin que la prudence le permet.

Si malgré vos efforts votre première ligne est battue, et que la seconde qui lui succède n'ait pas plus de bonheur, comme vous devez avoir prévu cet événement, il faut commencer la retraite. Le corps de réserve, que l'on fera avancer comme pour renouveler le combat, après avoir couvert les premiers mouvements de la retraite, se repliera et formera l'arrière-garde. A toutes ces précautions il faut joindre celle de laisser dans son ancien camp un gros détachement sous les ordres d'un officier intelligent, qui doit faire tenir, au moment de l'attaque, tous les équipages chargés, soit pour vous aller joindre, si vous réussissez, soit pour mettre vos bagages à couvert, si vous aviez du dessous et que vous fussiez obligé de vous replier ailleurs que sur votre dernier camp.

Mais après avoir parlé des moyens de surprendre un ennemi dans son camp, il convient que je dise un mot des dispositions qui doivent mettre en état de repousser l'ennemi en cas de surprise, et des mesures que celui qui est surpris doit prendre relativement aux différents cas où il peut se trouver.

Une maxime essentielle qu'un général ne doit jamais perdre de vue, c'est d'être disposé en tout temps à faire tête à l'ennemi, quand même celui-ci trouverait le moyen de lui dérober ses mouvements et de l'attaquer inopinément.

Lorsqu'un général prend un camp, la première chose qu'il lui convient d'observer, est de bien appuyer la droite et la gauche de son armée, afin qu'on ne puisse pas la prendre par les flancs. S'il se trouve quelques villages, il les fait occuper par de l'infanterie ou des dragons, qui doivent s'y retrancher de façon à les mettre à l'abri d'insulte. On y joint quelques pièces de canon, qui ne doivent tirer qu'à cartouches. Il faut choisir les emplacements les plus avantageux, c'est-à-dire ceux qui soumettent à leurs feux une plus grande étendue de terrain.

Lorsqu'on trouve devant son front quelques villages ou bois qui sont à portée d'être soutenus, on les fait occuper par de l'infanterie, qui s'y retranche. Le général va reconnaître lui-même, avec le commandant de l'artillerie, les endroits avantageux pour placer du canon ; il en met quelques brigades sur les éminences et les hauteurs qui découvrent les débouchés des ennemis pour les battre à mesure qu'ils se présenteront et qu'ils voudront se former. Si on trouve que par le moyen de ces mêmes éminences on puisse battre les ennemis en flancs, lorsqu'ils seront en bataille, on ne doit pas négliger non plus de les occuper, et de les faire soutenir par quelques troupes, si elle sont un peu éloignées. Le reste de l'artillerie doit être distribué le long de la première ligne.

On indique aux officiers qui commandent les brigades d'artillerie l'endroit où ils doivent se retirer sur la seconde ligne, et par quels intervalles de troupes ils doivent passer, dans les cas où la première ligne serait repoussée. On leur recommande en même temps de le faire avec précaution, afin de ne pas exposer le canon.

Il ne faut pas négliger de faire brûler les villages, moulins et maisons qu'on ne trouve pas à propos d'occuper, et qui peuvent favoriser les ennemis, ni oublier de faire couper les haies ou les bois qui pourraient cacher leurs mouvements. Après qu'on a pris toutes ces précautions, et que chacun est instruit du poste qu'il doit occuper, quelque chose qu'il arrive ensuite, l'armée se porte d'elle-même sur son champ de bataille.

Je suppose ici que les mouvements de l'ennemi vous sont connus, et que vous avez le temps d'aller occuper le poste que vous avez choisi sur le front de votre camp. Dès que l'ennemi paraît, l'artillerie ne doit pas manquer de faire un feu très-vif sur ses troupes pendant qu'elles se forment, et quoique cette canonnade ne doive pas décider de grand'chose, elle ne peut que faire un bon effet, et étonner une armée qui, venant pour en attaquer une autre, ne s'attend à trouver que de la confusion et peu de résistance.

L'action commencée, c'est à chaque officier-général, qui commande les ailes ou le centre, d'agir selon sa capacité et son expérience, parce que le général ne peut être partout. Il a seulement l'œil à ce qui se passe de plus intéressant pour remédier aux événements, ou pour se régler sur la manière dont l'ennemi change ses attaques; car il arrive souvent que les ennemis, trouvant trop de résistance dans les endroits où ils se présentent d'abord, en retirent une partie de leurs troupes pour les porter ailleurs, et en laissent seulement quelques-unes pour y retenir les vôtres par de fausses attaques. C'est à quoi un général doit avoir une grande attention, afin qu'il puisse retirer les troupes inutiles assez tôt pour les envoyer du côté où les ennemis portent leurs principales forces.

Il peut encore arriver, comme on l'a vu quelquefois, qu'une des ailes de l'armée ne peut pas en venir aux mains, à cause des marais ou ravins qui la séparent de celle qui lui est opposée, et que l'ennemi profite de cette connaissance pour retirer une grande partie des troupes de cette aile, pour les faire marcher de l'autre côté. Il faut alors faire la même manœuvre. C'est aux officiers-généraux qui sont de ce côté-là d'en avertir le général, s'il est à portée d'eux; s'il n'y est pas, ils ne doivent pas balancer de prendre leur parti d'eux-mêmes et de faire ce qui est convenable.

Les lieutenants-généraux, ou les généraux-majors qui sont chargés de faire combattre la cavalerie, doivent bien observer tous les mouvements de celle des ennemis, afin qu'il ne leur échappe aucune occasion favorable de la charger à propos. C'est dans de pareilles occasions que, sans attendre les ordres du général, ils doivent agir d'eux-mêmes et se servir de connaissances qu'ils ont dû acquérir, et comme le gain des batailles ne dépend bien souvent que des avantages qu'on remporte dans les commencements du combat, il est de la dernière importance que ces officiers-généraux soient capables de profiter des moindres faux mouvements et de n'en point faire dont les ennemis puissent se prévaloir.

Si un officier-général vient à battre la cavalerie qui lui est opposée, il ne doit point la pousser trop loin, ni permettre que ses escadrons se débandent après elle, il faut au contraire avoir soin qu'ils se tiennent bien ensemble. Il doit se contenter d'envoyer quelques petits détachements à la poursuite des troupes qu'il a battues. Si ceux qui commandent la cavalerie de la première ligne se mettent en mouvement pour charger celle des ennemis, ils doivent en prévenir les officiers-généraux commandants les brigades de la seconde ligne, afin qu'ils se mettent en mesure de les soutenir.

L'infanterie par sa contenance et une suite d'actions de feu et de choc bien conduites doit maintenir sa position et soutenir les efforts de sa cavalerie.

Si l'ennemi après avoir été repoussé se retire, la réserve et toutes les troupes légères doivent le poursuivre pendant que les lignes de l'armée rétabliront l'ordre que le combat pourrait avoir dérangé. Les troupes envoyées à la poursuite de l'ennemi ne doivent point le pousser trop loin, car il est vraisemblable que l'ennemi, avant de venir attaquer, aura pris toutes les précautions nécessaires pour assurer sa retraite. C'est au général qui commande ce détachement à régler ses mouvements sur le plus ou moins de difficultés qu'il rencontrera.

Si un général avait assez peu de vigilance pour être surpris dans son camp où l'ennemi aurait pénétré avant que les troupes aient pu prendre les armes, voici ce qu'il reste à faire pour se retirer d'une position si désespérée. Ou l'armée est campée sur deux lignes, ou elle ne l'est que sur une. Si l'armée est campée sur deux lignes, les parties de la première ligne qui ne sont pas surprises, car elle ne saurait l'être à la fois sur tout son front, doivent se mettre sous les armes à la tête de leur camp, et renvoyer leurs équipages derrière la seconde ligne.

Si le général ou ceux qui commandent sur ces parties de la ligne ne jugent pas à propos de faire usage de ces troupes pour marcher à l'ennemi, on doit les faire retirer en bon ordre derrière la seconde ligne qui se sera formée en avant de son camp et les y rassembler pour former une nouvelle ligne derrière la seconde, ou au moins une grosse réserve. Elles doivent observer seulement en se retirant de mettre le feu au camp, pour favoriser leur retraite et empêcher l'ennemi de s'avancer. Pendant ce temps-là, si le général de l'armée juge que son poste n'est pas tenable, il fait filer l'artillerie et les équipages sous l'escorte d'un gros détachement, et fait tout de suite sa disposition de retraite, pour aller en arrière occuper un poste d'où il puisse arrêter l'ennemi. Les parties de la première ligne qui se sont repliées derrière la seconde font l'avant-garde de son armée ; la seconde ligne marche ensuite et l'arrière-garde est formée de tous les grenadiers, de quelques brigades d'artillerie soutenues par la cavalerie. Si malgré la surprise de sa première ligne, le général s'obstine à tenir bon avec la seconde soutenue des débris de la première rassemblés et dispersés derrière elle, il doit placer son artillerie sur le front et les flancs de cette seconde ligne; mais renvoyer préalablement ses équipages sous l'escorte des troupes légères, afin de n'être pas embarrassé dans sa retraite, s'il vient à être battu. Il doit au cas qu'il ait le bonheur de repousser l'ennemi, se contenter de ce succès, sans courir à la poursuite d'un ennemi qui lui étant supérieur pourrait se retourner et le batttre.

Si l'armée surprise est campée sur une seule ligne, il faut que les parties de cette armée, qui n'ont pas été attaquées, fassent charger promptement leurs équipages, pour les envoyer sur les derrières, et qu'ensuite après avoir mis le feu à leur camp, elles se retirent sur quelque position en arrière du camp.

Une armée campée sur une seule ligne, et surprise dans quelques-unes de ses parties avec un succès décidé de la part de l'ennemi, ne saurait former sur le champ un ordre capable de lui résister. D'ailleurs les troupes, effrayées de tout ce qu'elles voient en pareil cas ou d'un malheur que leur imagination alarmée leur fait toujours plus grand qu'il ne l'est peut-être réellement, ne sont guère propres à aller combattre un ennemi animé par ses succès, par l'appât d'un butin qu'il a déjà et par l'espérance d'un plus considérable qu'il regarde comme immanquable s'il continue d'agir avec vigueur. Tout cela fait juger qu'une armée campée sur une seule ligne, et qui vient à être surprise, doit aller se rassembler derrière quelque poste que le général juge pouvoir soutenir. Il faut une grande présence d'esprit à ce général pour sauver en cette occasion son artillerie et pour faire la retraite de ses troupes en ordre. Il doit confier son arrière-garde à un officier sur lequel il puisse compter et capable par sa manœuvre de ranimer la confiance des troupes et d'arrêter l'ennemi.

Dans la supposition d'une surprise il faut bien distinguer l'insulte que fait un détachement particulier ou celle de toute une armée. Dans le premier cas il n'est nécessaire de quitter son camp, et si l'ennemi n'a mis en déroute qu'une ou deux brigades, il faut remplacer sur-le-champ ces brigades par d'autres de seconde ligne ou de la réserve; ou si l'on n'est campé que sur une ligne, il faut resserrer l'étendue du camp. Il conviendrait sans doute, s'il était possible, de couper le détachement de l'ennemi dans sa retraite, mais j'y prévois bien de la difficulté; car, indépendamment qu'il doit être soutenu, c'est que, dès qu'il aura fait son coup, il ne manquera pas de se retirer tout de suite, et il sera vraisemblablement bien loin avant que l'on ait pris quelque parti décidé sur un événement qui occasionne d'abord une surprise si grande que l'imagination est souvent pendant quelques moments dans une indécision totale.

Il peut arriver que l'ennemi, en insultant avec son armée tout le front de la vôtre, réussisse à couper vos troupes de façon qu'il y en ait à qui toute communication soit ôtée. L'officier qui commande celles qui sont dans ce cas doit marcher sur-le-champ avec elles vers quelque ville sur vos derrières où sont vos vivres, vos dépôts, tant pour les garder que pour se mettre à portée de vous rejoindre par ce circuit; mais s'il est coupé ou poursuivi de façon à ne pouvoir absolument s'échapper, il faut qu'il se jette dans une ville ou dans quelque château, et qu'il y tienne le plus qu'il pourra; comme l'ennemi sera obligé d'être en force pour le prendre, votre armée aura moins d'ennemis sur les bras, et sa retraite en sera plus aisée.

Dès que les brigades, qui sont à côté de celles qui sont surprises, ont pris les armes, elles doivent faire face en partie sur leur front et en partie sur les flancs pour arrêter l'ennemi qui viendra sûrement les attaquer de front et en flanc; ou si elles ne se sentent pas assez en force pour cela, elles doivent s'aller joindre à celles qui sont au-dessous ou au-dessus d'elles. On ne saurait donner des règles particulières sur la façon de se conduire dans un pareil cas. Les officiers qui sont à la tête de ces brigades doivent prendre d'eux-mêmes leur parti, sans les ordres du général qui quelquefois ne saurait les leur faire passer, ou qui peut-être tarderait trop à les envoyer. Ces considérations doivent faire sentir combien il importe de donner le commandement des différentes divisions d'une armée à des officiers expérimentés et en état de se décider dans tous les cas.

Le détail de la bataille de Steinkerque achèvera de donner l'exemple le plus instructif de ce que doit faire un général qui peut en surprendre un autre, et des efforts que celui qui est surpris peut opposer aux projets de son adversaire.

Après la prise de Namur, Louis XVI ayant quitté

l'armée en laissa le commandement à M. de Luxembourg, qui fut seulement chargé de la conservation des conquêtes et du pays. Ce général se contentait d'observer soigneusement M. le prince d'Orange qui, chagrin de n'avoir pu empêcher la perte de Namur, cherchait les occasions d'entreprendre sur celle des Français, ou au moins de subsister aux dépens d'un pays dont les Espagnols n'étaient plus les maîtres.

M. de Luxembourg était campé sa droite à Steinkerque et sa gauche à Enghien, et M. le prince d'Orange entre Tubise et Saint-Ernelle, pays fort couvert et rempli de défilés qui séparaient les deux armées. Aussi paraissait-il impossible qu'il pût se passer une action générale entre elles. Cependant M. le prince d'Orange ayant découvert que M. de Luxembourg était en commerce avec un homme de sa secrétairerie, qui instruisait régulièrement ce général de tout ce qui venait à sa connaissance, résolut de se prévaloir de cette découverte pour cacher la marche de son armée sur celle des Français. Pour cet effet il fit arrêter secrètement ce secrétaire dans son cabinet et le força d'écrire en sa présence à M. de Luxembourg que le lendemain l'armée de M. le prince d'Orange ferait un grand fourrage de l'autre côté du ruisseau de Steinkerque, et que, pour couvrir ce fourrage, il marcherait cette même nuit un corps considérable d'infanterie, avec du canon, pour occuper les défilés qui séparaient les armées, afin que ce fourrage ne fût point inquiété à son retour.

Ce faux avis, porté à M. de Luxembourg de la part d'un espion qu'il croyait fidèle et sûr, fut cause que ce général négligea celui qui lui fut donné par un partisan qui lui manda que tous les défilés qui séparaient les armées étaient pleins d'infanterie, de cavalerie et de canon; et comme ce que le partisan lui marquait était conforme à l'avis qu'il avait reçu de son espion, il crut que ces troupes avancées dans les défilés n'étaient que l'effet des précautions qu'il savait que M. le prince d'Orange devait prendre pour la sûreté de son fourrage.

Voici les dispositions de M. le prince d'Orange. Ce détail m'a paru instructif.

Ordres donnés par le prince d'Orange pour attaquer l'aile droite de l'armée des Français à Hoves, au camp d'Halles, le 2 août 1692.

On donnera à l'infanterie et aux dragons autant de munitions que les soldats en peuvent garder auprès d'eux, afin qu'ils n'aient pas besoin au premier abord de chercher les chariots.

Chaque régiment d'infanterie sera pourvu de 24 outils, tant haches, pelles, que pioches. On aura un détachement de 460 travailleurs à la tête de chaque ligne, avec des outils pour ouvrir les haies et remplir les fossés.

L'on enseignera aux généraux leurs postes avec le nombre de troupes à leur ordre.

Quand on se trouvera à portée, et même plus loin, chaque général aura toujours soin de faire tenir ses troupes en bon ordre et d'occuper tous les avantages du terrain et de s'en servir comme il jugera nécessaire dans l'occurence, sans s'attacher justement à l'ordre de bataille, ni attendre ou demander des ordres de son supérieur qui sera éloigné de lui.

Les généraux de la tête, du milieu et de la queue, auront soin, en se formant, de laisser des distances et des intervalles devant et à côté des escadrons et des bataillons, afin qu'on ait place pour soutenir et secourir avec ordre.

Les généraux, en occupant le terrain et attaquant les ennemis, tâcheront de laisser en réserve quelques escadrons ou bataillons, qui ne doivent se réunir aux troupes que par ordre. Ils ne s'en serviront que dans le besoin. Il faut que les généraux fassent part de leurs instructions aux principaux officiers qui commandent sous eux, afin que, s'ils venaient d'être tués ou mis hors de combat, ceux-ci sachent dans quelle direction ils doivent employer les troupes des colonnes.

Les généraux auront aussi grand soin de bien informer les commandants des bataillons et escadrons, quand ils pousseront les ennemis, de ne point quitter leur ordre de bataille, de garder un front égal autant qu'il sera possible et de marcher lentement.

Disposition de la marche du 3 août.

300 chevaux commandés, gens choisis.
1 800 travailleurs commandés de l'infanterie.
10 bataillons.
10 pièces de canon de régiment.
6 pièces longues de l'artillerie.

PREMIER CORPS.

Première ligne.

13 escadrons.
7 bataillons.
12 pièces de canon de régiment.
6 pièces longues de l'artillerie.

Seconde ligne.

21 escadrons.

SECOND CORPS.

Première ligne.

13 escadrons.
6 bataillons.

12 pièces de canon de régiment.
6 pièces longues de l'artillerie.

Seconde ligne.

11 escadrons.
6 bataillons.

TROISIÈME CORPS.

Première ligne.

21 escadrons.
10 bataillons.
12 pièces de canon de régiment.
6 pièces de canon de l'artillerie.

Seconde ligne.

17 escadrons.
10 bataillons.

Surprise des corps détachés.

17 escadrons.
6 escadrons. } avec le bagage.
2 bataillons. }

Auprès de l'artillerie. . . . 2 bataillons.

Le prince d'Orange ayant fait disposer la nuit du 2 au 3 août l'ordre des troupes marqué par l'état ci-dessus, se mit le 3 août avant le jour à la tête de son avant-garde composée des meilleures troupes des Alliés. Sortant de son camp d'Halles, il marcha à la hauteur de Saint-Ernelle, passa à la cense d'Espinois, laissa Rebeck à sa gauche et le petit Enghien à droite; occupa en arrivant la hauteur de Stocou, porta son infanterie au hameau du haut Beu et en remplit les petits bois Moriau et les haies et les chemins creux du haut Bosquet; pendant ce temps-là son armée se rangeait en bataille sur la hauteur, à mesure qu'elle arrivait. Sur les 9 heures du matin, M. de Luxembourg qui était tranquille dans son camp, apprit que l'armée ennemie sortait de toutes parts des défilés, qui étaient fort près de la tête de son camp, qu'elle se mettait en bataille, et que la brigade des Bourbonnais, qui était campée hors de la ligne couvrant l'aile droite de la cavalerie, était déjà attaquée par un corps d'infanterie qui lui était fort supérieur. Dans cette surprise presque générale sur tout le front de l'armée, M. de Luxembourg se servit de toute sa vivacité ordinaire. Dans un moment l'armée eut pris les armes et se trouva en bataille à la tête de son camp. Ce général porta même un si prompt secours à la brigade des Bourbonnais, qui avait perdu son camp et abandonné quelques pièces de canon placées à sa tête (dont l'ennemi se servait déjà contre l'armée), que cette brigade et les troupes qui avaient marché à son secours chassèrent les ennemis de ce poste et reprirent le canon. Ainsi l'affaire commença à se rétablir à la droite.

Le centre des Alliés, qui devait attaquer celui des Français, trouva des difficultés à l'aborder à cause des haies assez épaisses qui entouraient de petites prairies qui le couvraient; ce retard, qui empêcha d'attaquer en même temps la ligne sur tout son front, donna aux troupes le temps de se former; et lorsque l'ennemi, enflé du bon succès de sa gauche contre la brigade de Bourbonnais, voulut venir à la charge, il trouva une si grande résistance de la part des Français, que non-seulement il ne put aborder leur front, mais même qu'il fut contraint de se replier, surtout lorsqu'il vit que les troupes de sa gauche avaient perdu le terrain du camp de la brigade de Bourbonnais.

Ce terrain, abandonné sur tout le front, donna le moyen à la première ligne de l'armée du maréchal de s'avancer, et de donner par ce mouvement un espace suffisant à la seconde ligne pour se former derrière elle, car jusqu'alors ces deux lignes avaient bien été sous les armes, mais seulement à la tête de leur camp; de sorte que le camp de la première se trouvait encore tout tendu entre les deux lignes.

Enfin tout le front de l'armée, qui venait de se faire un champ de bataille à la faveur de son feu, s'avança sur l'ennemi, qui, étant mis un peu en désordre par la perte d'hommes qu'il avait faite, fut rejeté en confusion dans les défilés dont il était sorti pour combattre, et contraint d'abandonner le canon qu'il avait posté à sa tête, et un champ de bataille couvert de 10 à 12 000 hommes morts.

Il est pourtant vraisemblable de croire que si la droite de l'ennemi, destinée à attaquer Enghien à la gauche des Français, ne s'était point égarée dans sa marche, et qu'elle eût attaqué cette gauche en même temps que le combat avait commencé à la droite et au centre, il aurait été difficile à M. de Luxembourg de soutenir un effort aussi général. Le récit que je viens de faire donnera matière à plusieurs réflexions.

Il est certain qu'il n'est pas possible à un général de se servir plus avantageusement de la découverte d'un espion que M. le prince d'Orange le fit en cette occasion. Il est certain même que le dessein de ce prince était grand, et devait réussir s'il avait été aussi vivement exécuté qu'il avait été judicieusement conduit au point de son exécution.

Ce prince ne devait pas se mettre en bataille à la sortie des défilés. Comme il marchait sur plusieurs colonnes, toutes ces colonnes devaient attaquer le front du camp qui leur était opposé, afin de porter partout la difficulté de prendre les armes et de former la ligne. Il suffisait que les colonnes pénétrassent pour mettre le désordre partout et assurer le succès de l'entreprise. Voilà comme il devait agir avec les troupes de la première ligne. Pour celles de la seconde ligne, il fallait les former en bataille, tant pour soutenir la première que pour ôter aux Français tout espoir de maintenir leur camp, en leur montrant un front prêt à agir et à poursuivre les avantages du combat.

Il ne faut pas donner le temps à une armée que l'on veut surprendre dans son camp, et il faut l'aborder avec tant de vivacité qu'on lui ôte la possibilité de se former. Cela seul force l'armée à une fuite honteuse et en désordre, et à l'abandon de son artillerie et de tous ses bagages. Voilà quelle a été la principale faute commise par M. le prince d'Orange dans l'exécution d'un projet d'ailleurs fort bien concerté.

Si le prince Charles avait suivi la règle que M. de Feuquières nous donne dans ses remarques sur la bataille de Steinkerque, et qu'il fût entré avec sa première ligne en colonne dans le camp prussien, a Sohr, pour séparer les troupes, en attendant que sa seconde ligne se fût mise en bataille pour la soutenir, l'avantage du terrain n'aurait pas sauvé l'armée prussienne de cette surprise. Elle aurait été entièrement défaite.

Tout le monde connaît les détails de la surprise de l'armée prussienne à Hochkirch. Le projet du maréchal Daun était beau, on ne peut y rien trouver à redire. Il est néanmoins à croire que si l'on eût porté de plus grandes forces sur la droite de l'armée prussienne, et que certains corps eussent agi plus vigoureusement, on aurait tiré un meilleur parti de la négligence qu'avait mise le roi de Prusse dans le choix de son camp. Le maréchal Daun ne sut pas profiter de sa victoire, il laissa prendre au roi une position peu éloignée, resta plusieurs jours en présence, et perdit ainsi les avantages que devait lui procurer un succès réel.

Les surprises d'armées en marche se rapportent aux règles que nous venons d'établir ; les dispositions préparatoires sont absolument les mêmes. Arrivé sur l'ennemi, il faut engager le combat avec la plus grande vivacité, pour ne pas donner aux colonnes le temps de déployer. De pareilles entreprises arrivent maintenant moins fréquemment qu'autrefois. La quantité de troupes légères qui éclairent et couvrent la marche des armées, rend presque impossible de pouvoir les surprendre, surtout si le général qui commande ne néglige aucune des précautions prescrites par la prudence. M. de Feuquières offre dans ses mémoires plusieurs exemples d'armées en marche surprises en tout[1] ou en parties[2]; rien de plus intéressant que les réflexions dont il accompagne ces récits. Je ne puis trop engager à les étudier, l'histoire des fautes des généraux est la meilleure confirmation que l'on puisse donner aux principes.

Surprise des corps détachés.)

On ne songe pas toujours à surprendre des armées entières. Il est souvent encore plus avantageux de surprendre des corps séparés qui occupent des positions intéressantes. Celui du général prussien During, qui interceptait les vivres et les communications de l'armée autrichienne campée à Dresde et la resserrait extrêmement, fut surpris et battu par le général Beck, ce qui rendit les Autrichiens maître de l'Elbe jusqu'à Torgau, ramena l'abondance dans le camp, et ôta à l'ennemi la communication de la Silésie par la Lusace. Le corps du général Winterfel, retranché sur le Holzberg, qui couvrait l'armée du duc de Bevern, fut surpris, sous prétexte d'un fourrage, par le général Nadasti renforcé de la réserve du duc d'Aremberg. Winterfeld fit une très-belle défense, mais il fut tué, et ce corps battu. Les Prussiens furent en conséquence obligés d'abandonner la Lusace et de se retirer en Silésie.

1. Luzara, 1702.
2. Leuse, 1691.

Il n'y a point de règles particulières pour la surprise des corps détachés, l'attaque et la défense entrent absolument dans ce que nous venons de dire dans le chapitre précédent. Mais comme dans de pareilles expéditions on peut avoir beaucoup de chemin à faire pour regagner son camp après avoir surpris l'ennemi ; voici les mesures que l'on doit prendre dans sa retraite.

Après une surprise vous devez vous retirer par un chemin qui vous dispense de vous battre, parce que vos troupes doivent être fatiguées de la marche, de l'attaque et embarrassées des prisonniers et du bagage.

L'expédition ayant réussi, vous envoyez des patrouilles sur tous les chemins qui conduisent à l'ennemi, pour être averti à temps de tous les mouvements qu'il voudrait entreprendre contre vous. Si par la situation et par la distance où se trouve l'ennemi, vous pouvez vous en retirer par le chemin le plus court sans être exposé à le rencontrer, il n'y a pas de doute qu'il ne faille le faire. Mais si l'on pouvait craindre d'y trouver l'ennemi, on ferait semblant de se retirer par le chemin où il serait posté et à la nuit, se jetant sur la droite ou sur la gauche, on chercherait à rejoindre le gros de son armée par un détour au moyen duquel on éviterait l'ennemi.

Malgré toutes les précautions que vous aurez prises,

il se peut que les ennemis aient eu connaissance de votre entreprise et que votre expédition ayant plus duré que vous n'aviez d'abord pensé, le général ennemi ait d'abord le temps de faire marcher un gros corps de troupes pour vous attaquer dans votre retraite. S'il ne vous est pas possible d'éviter d'en venir à un combat, il faut choisir un terrain qui vous soit favorable par rapport à la qualité et au nombre de vos troupes.

Si auprès de l'endroit où vous vous trouvez, lorsque vos batteurs d'estrade découvrent les ennemis, il y a un gué, un pont, un défilé que vous deviez passer, et que les ennemis de leur côté doivent le passer après vous, il faut hâter votre marche pour laisser ce passage derrière vous ; si ce gué, ce pont, ou défilé se rencontre sur le flanc, il faut faire un détachement pour le masquer et le disputer aux ennemis pendant que le gros de vos troupes continue sa marche ; si vous l'avez en tête, il faut attaquer les ennemis quand ils déboucheront.

Si vous ne pouvez envoyer devant vous votre butin avec un détachement, crainte d'affaiblir vos troupes, vous devez le faire marcher entre elles et l'endroit opposé à celui par où les ennemis viennent, afin de n'être pas embarrassé lorsqu'il vous faudra agir. Dans le moment que vous ferez halte pour combattre, la garde de vos prisonniers, que vous devez avoir eu la précaution de faire entièrement désarmer, doit les obliger de s'asseoir et menacer de tuer le premier qui oserait remuer. Cette garde doit être composée d'infanterie et de cavalerie ; l'infanterie ne pouvant faire feu que sur quelques-uns parmi plusieurs qui peuvent prendre la fuite à la fois par différents côtés.

Si vous réussissez à battre l'ennemi, il faut détacher seulement quelques troupes après lui pour augmenter sa déroute, mais continuer la marche. Si vous avez le dessous, il faut en ce cas faire retraite avec toutes les précautions requises, sacrifiant s'il le faut vos prises à l'ennemi. Le but de l'expédition n'en est pas moins rempli.

Surprise des quartiers de l'ennemi.

Si on veut surprendre l'ennemi dans ses quartiers il faut savoir comment ils sont établis, quelle étendue ils occupent, quelles facilités ils ont à s'entre-secourir, à quoi leurs flancs sont appuyés, quels obstacles couvrent leur front, par quels chemins ils sont plus accessibles ; s'il y a des défilés, des rivières, des ravins, des marais à franchir, si la chaîne des postes et des gardes est bien ou mal disposée, et si les patrouilles, les partis et les détachements veillent comme il convient à leur sûreté. D'après ces connaissances on forme son projet de surprise, et l'on tâche en même temps d'endormir son adversaire, ou de lui faire illusion en affectant d'autres desseins. On combine et l'on compasse avec justesse et avec le plus grand secret toutes les mesures relatives au rendez-vous des troupes, à la marche et aux attaques. Le moment de l'exécution arrivé, on use de la plus grande diligence, on marche avec toute la célérité compatible avec l'ordre, on fait en sorte de couper les détachements, les postes avancés et les corps-de-garde ennemis, on attaque brusquement, et après avoir pénétré on tire de ses avantages tout le fruit qu'on s'était proposé ou que les circonstances rendent possible. Par de telles expéditions l'on peut, sans presque rien hasarder, réparer d'un seul coup les pertes d'une campagne et changer entièrement la face de la guerre.

Si votre dessein n'est que de forcer un ou plusieurs quartiers séparés ou découverts, il ne faut point risquer, dès que vous avez réussi, de perdre ce que vous venez de gagner, en voulant tenter un nouveau combat contre des troupes fraîches et plus nombreuses; vous devez même vous retirer assez promptement pour ne pas donner le temps à l'ennemi de marcher au secours des troupes battues. Mais si vous en voulez à tous les quartiers, si vous faites par conséquent agir la plus grande partie de vos forces, et si vous avez bien disposé vos moyens, vous devez suivre vos premiers succès et pousser l'ennemi vigoureusement jusqu'à ce que votre but soit totalement rempli.

On a déjà vu avec combien d'art et de sagesse le maréchal de Turenne surprit les quartiers des Impériaux en Alsace. Les exemples de pareilles entreprises ne manquent pas, mais il y en a très-peu qui soient un modèle achevé de science et de conduite comme celle de ce grand général. On revient avec plaisir à de tels maîtres, on s'arrête volontiers à leurs leçons.

Le maréchal de Turenne voyait les ennemis avec une armée nombreuse maîtres de la haute Alsace, d'où il n'était point en état de les déloger de vive force. Il eut recours à la ruse. Après avoir garni Saverne, Haguenau et la Petite-Pierre des troupes nécessaires à leur défense, il retira le reste en Lorraine et dans la Franche-Comté comme pour leur y faire prendre des quartiers. Lui-même, ayant tout réglé pour le grand dessein qu'il méditait, partit pour la cour. Cette conduite l'exposa à la critique du public, même des officiers de son armée, qui ne pénétraient point ses vues et l'accusaient d'avoir abandonné inutilement toute la province. Les ennemis, dès qu'ils le virent éloigné, persuadés qu'il ne songeait plus à les inquiéter, se répandirent dans la haute Alsace où ils occupèrent différents quartiers et les principales villes; en sorte qu'ils tenaient plus de 100 kilomètres de pays. Leur quartier-général était à Colmar, où l'électeur de Brandebourg avait établi sa cour. Le maréchal de Turenne, voyant ce qu'il avait prévu réussir à souhait, revint au mois de décembre pour exécuter son projet. Il avait marqué un rendez-vous aux troupes, et chaque corps, marchant par une route différente, ignorait le mouvement des autres. Il les trouva rassemblées près de Béfort, après une longue marche le long des montagnes des Vosges. Il pénétra par cet endroit en Alsace et se porta au milieu des quartiers ennemis. Plusieurs furent enlevés, d'autres battus en chemin avant qu'ils eussent eu le temps de se réunir. Le gros de leur armée se forma entre Turkheim et Colmar, où malgré l'avantage de son poste elle fut battue et obligée de repasser précipitamment le Rhin.

Les quartiers que l'armée de l'Infant prit en 1746, contre l'avis du maréchal de Gages et du maréchal de Maillebois, mais conformément aux ordres du conseil de Madrid, qui voulait toujours commander les armées et asservir les généraux à ses vues bizarres et directement contraires aux règles de la guerre, ces quartiers, dis-je, étaient encore plus dispersés que ceux des Impériaux en Alsace, et tenaient plus de 320 kilomètres de pays. Le roi de Sardaigne forma e projet d'enlever celui d'Asti, où M. de Montal était avec 10 bataillons. Les mesures furent si bien prises et si bien compassées, et M. de Leutrum chargé de l'exécution fit tant de diligence, que les différents corps arrivant tous à la fois par différentes directions sur les points qui leur étaient assignés, M. de Montal se vit investi et enveloppé de toutes parts avant d'avoir eu la moindre connaissance de leur mouvement, et fut obligé de se rendre prisonnier de guerre avec tout son corps. Les Espagnols levèrent conséquemment le siége d'Alexandrie, et cette reddition fut une des causes principales de leurs revers.

Selon que l'ennemi est plus ou moins clairvoyant et habile, il faut plus ou moins de finesse pour l'abuser et le surprendre. On est cependant toujours répréhensible lorsqu'on néglige des précautions essentielles ou qu'on ne choisit pas les meilleurs moyens. Ceux que les Autrichiens employèrent en 1745 pour faire illusion aux Prussiens et surprendre leurs quartiers eussent été, à mon avis, insuffisants contre un ennemi d'une médiocre intelligence, à plus forte raison l'étaient-ils contre un adversaire très-éclairé et très-vigilant. Instruit de leurs desseins il les tourna contre eux, et les surprit d'autant plus aisément qu'ils méditaient une surprise. Voici le fait :

Après avoir gagné la bataille de Sohr, le roi de Prusse donna ses dispositions sur les frontières de la

Silésie pour empêcher les Autrichiens de troubler les quartiers qu'il voulait y faire prendre à son armée. Il y établit une chaîne de postes bien fortifiés, y fit de grands abatis et barra tous les passages par où les partis ennemis auraient pu se glisser; ensuite de quoi décampant de Traûtenaû, franchissant les défilés de Schatzlar et venant camper entre cette ville et Liebaû, il cantonna sa cavalerie dans les plaines de Schweidnitz et de Strigaû, et l'infanterie au pied des montagnes. Il poussa en même temps de gros détachements vers les villes de Hirschberg et de Greiffenberg, contiguës à cette langue de terre assez étroite qui de la Bohême s'avance en Silésie et en Lusace. Il prit enfin son quartier à Ronstock, où il régla les quartiers d'hiver, après quoi il partit pour Berlin, laissant le commandement de l'armée au feld-maréchal prince Léopold.

Le prince Charles de Lorraine, qui avait laissé repasser aux Prussiens leurs frontières sans mettre en mouvement son armée campée aux environs de Jaromitz, faisait répandre le bruit qu'elle prendrait aussi immédiatement ses quartiers d'hiver, que plusieurs régiments avaient déjà défilé vers la Moravie, d'autres vers l'intérieur de la Bohême, et quelques-uns vers les cercles de Buntzlau et de Leitmeritz. Mais le prince Léopold, qui ne voulait pas être la dupe d'un faux bruit, ni d'une fausse démonstration, n'épargnant aucun soin pour pénétrer les véritables intentions du Prince Charles, découvrit bientôt qu'un corps considérable de troupes légères, soutenu d'un gros détachement de cavalerie et d'infanterie réglée, s'avançait vers Boehmisch-Friedland, et que l'armée le suivait à petites journées en deux colonnes, dont l'une tenait presque le même chemin et l'autre avait pris celui de Zittau. Il sut de plus qu'on établissait des magasins dans les deux Lusaces, et qu'un corps de 10 000 Autrichiens aux ordres du général Grune venait de l'armée du Rhin par le Voigtland, marchant avec la plus grande célérité, de sorte que la destination semblait devoir naturellement rouler sur toute autre chose que sur des quartiers d'hiver. Au lieu donc d'y faire entrer l'armée prussienne, le prince Léopold la fit sortir de ses cantonnements, et la mit plus bas vers le Bober et la Queiss, afin de prévenir l'ennemi, au cas qu'il voulût faire quelque tentative du côté de la Lusace, et en donna sur-le-champ avis au roi. Ce monarque, faisant de son côté éclairer la marche du général Grune, apprit qu'il la dirigeait vers la Saxe, pour de là tomber sur Berlin, tandis que le prince de Lorraine percerait par la Lusace vers Sagan et Crossen, afin de couper au prince Léopold la communication avec le Brandebourg, et de donner de l'occupation au prince d'Anhalt, qui, ayant ses quartiers trop dispersés, ne pourrait guère s'opposer à cette invasion, et courrait même risque d'être battu en détail. Voyant donc clair dans les desseins de ses ennemis, le roi ne balança pas à les prévenir, ordonna au prince d'Anhalt d'assembler immédiatement son armée aux environs de Halle et partit lui-même de Berlin pour aller se mettre à la tête de celle qui était en Silésie. A son arrivée il y fit d'abord rentrer tous les détachements, excepté ceux des généraux de Nassau et de Hautcharmoi, qui eurent ordre de descendre de la haute Silésie dans la basse, et de couvrir les frontières, que les autres venaient de quitter; et instruit que tout ce qu'on croyait des intentions des ennemis était exactement vrai, qu'ils avaient ouvert plusieurs routes pour la marche d'une armée, tant vers Buntzlau et Sagan que vers Crossen et le pays de Brandebourg, il se mit en mouvement, sans plus différer, vint à Naumbourg, passa la Queiss, entra inopinément en Saxe, et surprit les quartiers de Hennersdorf, où 4 régiments saxons cantonnaient avec assez de négligence. De là il poussa à Gorlitz, où il fit prisonnière la garnison et trouva un amas considérable de fourrages et de vivres. L'armée ennemie s'y rassemblait, mais ce qu'il y avait déjà de troupes, au lieu d'attendre les Prussiens, se hâta de gagner la Neiss, pour s'en couvrir et en disputer le passage. Le roi ne jugeant pas à propos de lui laisser le temps de revenir de sa surprise continua sa marche avec la plus grande célérité, et prit chemin faisant plusieurs magasins, mais en arrivant aux bords de la Neiss, il trouva que le général autrichien avait décampé et s'était dirigé sur Zittau. Il détacha d'abord l'avant-garde pour le harceler dans sa retraite. Ce détachement l'atteignit lorsque, ayant dépassé Zittau, il s'établissait sur les hauteurs de l'autre côté vers le chemin de Gabel. Les Prussiens s'emparèrent à sa vue de la ville et des faubourgs, pour donner au roi le loisir d'arriver avec toute son armée. Mais les troupes ennemies prirent le parti de lever les piquets à deux heures après minuit et de se retirer en Bohême par les défilés de Gabel. L'avant-garde prussienne ne s'en aperçut qu'à la pointe du jour; malgré cela elle les poursuivit, leur fit beaucoup de prisonniers et leur enleva la moitié de leurs bagages. Zittau pris, la Lusace évacuée, le plan des ennemis avorté, leurs préparatifs détruits, le roi marcha vers Budissin pour s'approcher de l'Elbe et du prince d'Anhalt, qui de son côté ayant surpris vers Skenditz le quartier du général Sybilski, et ensuite le fameux retranchement du général Rénard, et s'étant en conséquence emparé de Leipsig et de Torgau, venait d'exécuter l'ordre du roi de marcher en grande diligence à Meissen, et de se rendre maître de ce poste et du pont qui était sur l'Elbe. Le roi fit passer sur ce pont un corps de 10 bataillons et de 40 escadrons aux ordres du général Lehwald, pour renforcer celui du prince d'Anhalt et le mettre en état d'aller chercher les ennemis. Le prince d'Anhalt marcha à l'instant; il joignit, attaqua et battit l'armée saxonne à Kesselsdorf. Le prince de Lorraine, qui était redescendu en Saxe par Aussig et Peterswald, quoique à portée du combat, n'en fut que simple spectateur, apparemment pour ne pas aventurer une armée qui était son unique ressource pour couvrir la Bohême. Cette victoire de Kesselsdorf rendit le roi absolument maître de la Saxe : Dresde se rendit aussitôt; et il fit marcher divers détachements vers Freyberg et les autres villes du cercle des montagnes (*Erzgebirgischer Kreis*), pour empêcher l'ennemi d'y établir ses quartiers, ce qui le contraignit de l'abandonner entièrement et de se renfermer dans la Bohême.

Je me suis un peu étendu sur ces opérations, parce qu'elles m'ont paru très-instructives. Le roi de Prusse par sa prévoyance, par la sagesse de ses dispositions et par la rapidité de ses mouvements, prévint et renversa tous les desseins de ses ennemis. Ceux-ci manquèrent le coup par leur peu de finesse à masquer leur projet, dans l'exécution duquel on peut les accuser à la fois de précipitation et de lenteur. S'ils avaient imité la conduite de M. de Turenne, le prince Léopold eût certainement fait entrer l'ennemi en quartiers d'hiver, et ils auraient pu alors prendre des mesures bien concertées pour le surprendre; mais ne voulant pas laisser bien mûrir le projet, ni se mettre par conséquent eux-mêmes en quartiers avant d'avoir entrepris quelque chose, ils doivent au moins tomber brusquement sur ceux du prince d'Anhalt, qui étaient dispersés de façon à ne pouvoir se rallier dans 8 jours et non lui donner le temps, comme ils firent, d'assembler son armée. Celle-ci battue, il leur était libre de porter la guerre dans le cœur des États du roi; et tandis que l'armée autrichienne et la saxonne, chacune de son côté, aurait occupé les Prussiens, le corps du général Grune se serait jeté dans le Brandebourg, qui se trouvait dénué de troupes, aurait ruiné le plat pays de fond en comble, et se serait rendu maître de la capitale. Mais tout le contraire arriva, car le roi prévint ses ennemis, transporta la guerre chez eux, et les contraignit enfin à demander la paix.

Il n'y a point d'opération à la guerre, ni petite ni grande, où la surprise ne puisse avoir lieu. Outre celles dont nous venons de parler dans cet article et les surprises de places dont nous parlerons dans la suite, il est sensible que les enlèvements de convois, les attaques de fourrages et de postes, les passages de riviéres et de montagnes, l'invasion subite d'une province, ne peuvent se bien faire que par surprise. C'est pourquoi très-souvent une expédition, pour être facile et heureuse, doit être exécutée dans le temps où la nature paraît y opposer les plus grands obstacles. Annibal descendit en Italie lorsque les Romains croyaient que des montagnes de glace lui barreraient les passages, lui en fermeraient l'entrée [1]. Turenne envahit de même l'Alsace au milieu des neiges et des frimats qui rassuraient les Impériaux. Le roi de Prusse conquit la Silésie au cœur de l'hiver. Tous trois ont su surprendre leurs ennemis ; et ceux-ci n'ont surpris que parce qu'ils ne songeaient pas qu'on peut l'être, malgré tous les obstacles, dès qu'on manque de vigilance [2].

Passage des rivières.

Le passage des rivières est une des opérations militaires qui demande le plus de précautions et de capacité, surtout quand elles sont défendues par un ennemi actif et vigilant.

La rivière qu'un général d'armée se propose de pas-

1. Le premier consul de la République française, à la tête des héros de Marengo, trompa de même l'armée autrichienne en traversant les Alpes par des chemins jugés impraticables et se jetant sur ses derrières.

2. Voyez l'ouvrage de M. de Silva, intitulé *Pensées sur la Tactique et la Stratégique*, p. 194 et suivantes.

ser en présence de son ennemi est guéable, ou elle ne l'est pas. Si c'est à gué, que ce général est résolu de tenter le passage, il doit d'abord examiner la nature du terrain qui borde l'aure côté de la rivière, pour choisir celui où il n'y a pas de hauteurs d'où l'ennemi puisse l'incommoder avec son artillerie. Il ne doit pas moins examiner celui qui peut lui être avantageux de son côté pour l'emplacement de ses batteries. Il doit en outre observer le cours de la rivière; si elle n'est pas d'une nature à grossir tout d'un coup, soit par les pluies, soit par les neiges, soit par les écluses. Il doit faire reconnaître si l'ennemi n'a pas rompu les gués; s'il s'est retranché sur le bord de la rivière; en quoi consistent ses ouvrages. Le général doit encore connaître, autant qu'il lui est possible, l'esprit et le caractère des généraux ennemis, et sur toutes choses s'informer des postes où chacun commande, pour passer du côté de celui qui est le moins vigilant.

Avant que de s'approcher de la rivière il faut avoir formé son plan d'attaque et avoir donné les dispositions en conséquence; l'ordre de marche doit être conforme à celui de l'action. On doit choisir son temps et mesurer si bien sa marche qu'on puisse arriver quatre heures avant le jour, de peur que l'ennemi ne se règle sur votre disposition qu'il importe bien de lui cacher. On a ainsi tout le temps de se former et d'établir ses batteries dans les lieux les plus avantageux. Il faut observer en les plaçant que leurs emplacements soient différents pour que les tirs soient croisés et d'écharpe. Il faut élever en diligence des épaulements le long des bords de la rivière pour y loger bon nombre de fusiliers, car c'est particulièrement dans ces sortes d'actions que les feux de toutes espèces sont nécessaires pour éloigner l'ennemi, et se donner le temps de faire passer un corps considérable de troupes.

Avant d'entreprendre le passage on fait sonder les gués pour voir si les ennemis ne les ont pas rompus ou embarrasés ; car ces sortes de précautions sont l'affaire d'un moment, n'y ayant rien de plus facile que de rendre un gué impraticable. Les arbres entiers, les tables clouées et les piquets sont ce qu'il y a de plus dangereux. Les gués piquetés sont ceux qui donnent le plus de peine à purger. Les puits en donnent beaucoup aussi. Les chausses-trapes seraient capables de rendre un gué absolument impraticable, si elles ne s'enfonçaient dans les boues ou dans les sables. Les premiers qui passent en sont d'abord incommodés ; mais ceux qui suivent n'en ont pas beaucoup à craindre. Si cependant le fond du ruisseau était de bonne tenue, les chausses-trapes seraient très-dangereuses. Je ne vois d'autres moyens pour les rendre inutiles que de faire provision d'un grand nombre de claies, que les soldats se donnent de main en main, pour enfoncer dans la rivière au moyen de pierres dont on les charge. Il n'est pas toujours facile de purger les gués, à moins que ceux qui sont chargés de ce travail ne le fassent à la faveur d'un si grand feu de canon et de mousqueterie que l'ennemi ne puisse y apporter aucun obstacle.

Lorsqu'il y a un ou deux gués dans une rivière, quoique voisin l'un de l'autre et qu'on ne puisse y passer sur un front de plusieurs bataillons, il est toujours avantageux et même nécessaire de jeter un ou deux ponts au-dessus ou au-dessous. Car outre qu'il pourrait arriver qu'un orage grossît subitement la rivière au point de rendre les gués impraticables, on a de plus l'avantage très-réel de porter plus de troupes à la fois sur l'autre rive. Quelles que soient les troupes qui passent un gué, elles doivent, s'il est rapide, le traverser sur autant de front que sa largeur le permet et se tenir bien serrées, afin de mieux résister à la force du courant, de passer plus vite et de se trouver à peu près en ordre à mesure qu'elles sortent à l'autre bord.

Si la rivière qu'on veut passer a beaucoup de rapidité, il faut mettre au haut des gués quelques escadrons de cavalerie qui se tiennent fermes et serrés, afin que la force du courant se rompe contre eux, tandis que l'infanterie passe plus bas. Il est à propos que l'infanterie interrompe de temps en temps son passage et que les escadrons se retirent pour un peu de temps, afin de laisser couler les eaux qu'ils ont retenues, avant que la force de ces mêmes eaux puisse les emporter. Il est bon aussi de mettre un peu au-dessous des gués des escadrons, afin que les fantassins qui sont entraînés par le courant puissent s'arrêter à ces escadrons et se sauver par leur moyen. Il ne faut cependant pas que ces escadrons-ci soient assez serrés pour que le cours de l'eau en soit arrêté.

Si par une pluie qui continue ou par des neiges qui fondent la rivière croît à chaque instant, on ne doit pas s'engager à la traverser, à moins qu'à proportion de la crue d'eau on ne soit assuré qu'avant qu'il cesse d'y avoir de gués on pourra faire passer de l'autre côté toutes les troupes, l'artillerie, les vivres et les munitions qu'on croit nécessaires pour la défense et les subsistances des troupes passées[1]. S'il y a différents gués à telle distance les uns des autres que les troupes qui y passeraient soient en mesure de pouvoir s'entre-secourir (si l'ennemi voulait s'opposer

1. Ceci doit s'entendre dans le cas où le passage s'effectuerait assez à portée de l'ennemi pour qu'on eût à craindre qu'il profitât de cet accident pour attaquer le corps livré ainsi à ses propres forces.

à leur passage), il faudrait partager l'armée en autant de colonnes qu'il y aurait de gués, et l'armée passant ainsi par tous à la fois se trouverait plus tôt en force sur la rive opposée[1].

Si le terrain de l'autre côté de la rivière est coupé par des ruisseaux, des haies, des murailles, des jardins ou ravines, il faut faire passer toute l'infanterie la première; mais si le pays est de plaine, il faut commencer par la cavalerie et faire munir de chevaux de frise l'infanterie. Lorsque toute l'armée a passé, si on a dessein d'attaquer celle des ennemis, il faut disposer les troupes suivant la nature du terrain, et s'avancer dès que les colonnes sont formées.

Jusqu'ici j'ai supposé l'ennemi retranché dans une position en arrière de la rivière, et l'armée qui exécute le passage n'ayant d'autres difficultés à surmonter que celles du terrain. Mais supposons maintenant l'armée à portée : voici les nouvelles précautions qu'il y aura à prendre. Arrivé sur le bord de la rivière, d'après la position de l'ennemi que l'on doit avoir fait reconnaître, autant que possible le général se décidera soit à tenter le passage de vive force, soit, masquant son mouvement, à aller passer plus haut ou plus bas, à des passages reconnus d'avance qui le porteront sur un des flancs de l'ennemi.

1. Il faut suivre la même règle au passage des défilés.

Si, trouvant l'ennemi trop bien retranché, on se décide à aller passer plus haut ou plus bas la rivière, on fera tous les préparatifs comme si l'on devait attaquer véritablement, on établira des batteries. Au commencement de la nuit on fera marcher un gros corps vers l'endroit désigné ; à la pointe du jour on commencera une fausse attaque pour détourner l'attention de l'ennemi et faciliter le passage du corps qui doit se porter au-delà de la rivière. Dans une telle expédition il ne faut que le secret et une grande célérité pour éviter que des espions ou déserteurs ne préviennent l'ennemi de vos mouvements. C'est pour cela qu'il faut redoubler la chaîne des troupes légères le long des bords de la rivière.

Si l'ennemi se trouvait posté dans le seul endroit où il soit possible de traverser la rivière, et que ce passage soit absolument nécessaire, après avoir établi des batteries de gros calibre dont le tir croise bien en avant de la sortie des gués, on s'avancera en colonne à travers la rivière. Mais comme dit M. de Clairac, lorsqu'il est question de passer de vive force une rivière, soit qu'on la traverse par des gués naturels ou qu'on a rendus praticables, soit que ce soit en bateau, sur des radeaux ou à la nage, il est toujours indispensable, dès que les premières troupes ont passé, et qu'elles commencent à se retrancher, de se procurer une communication commode et sûre. Il faut donc au moins jeter un pont.

Voici deux ordres de bataille que propose M. le chevalier de Folard pour passer une rivière à gué de vive force.

Première disposition.

« L'armée est en bataille sur le bord de la rivière, « l'infanterie rangée sur une ou deux lignes de co- « lonnes, quelques pelotons de carabiniers de la ca- « valerie enchâssés entre elles. Supposant la largeur « du gué de deux bataillons de front; il passera d'a- « bord six colonnes de front, de deux ou trois sections « chacune. Les rangs et les files serrés, la baïonnette « au bout du fusil, les soldats ayant la précaution de « tenir leurs armes hautes et leurs fourniments au- « dessus de la tête ou sur l'épaule. Si l'ennemi se « présente à cette première tête pour l'attaquer, ces « colonnes s'avanceront pour le charger fort ou faible, « afin de laisser un terrain pour les autres colonnes, « qui, à mesure qu'elles arriveront, doubleront à côté, « pour former peu à peu une ligne. La cavalerie qui « suivra l'infanterie se formera, après avoir passé, ou à « la droite de l'infanterie, ou à sa queue, ou entre les « colonnes d'infanterie, suivant la disposition du ter- « rain. On placera aussi quelques brigades d'artillerie

« à la tête de l'infanterie. A mesure que l'armée traver-
« sera la rivière et que les troupes les premières
« passées gagneront du terrain, celles qui les suivent
« se formeront pour les soutenir. »

Seconde disposition.

« La première ligne composée de toute l'infanterie
« est rangée en colonnes, avec plusieurs brigades
« d'artillerie à sa tête. »

« La seconde ligne composée de la cavalerie a sur
« ses deux flancs une brigade d'infanterie. Les dra-
« gons en réserve sont partagés en trois corps. Le point
« intéressant, ajoute-t-il, est de tâcher de percer le
« centre de l'ennemi par un grand effort : car dès
« qu'une armée ennemie est séparée de ses ailes, il y
« a rarement du remède. »

Il est inutile de dire qu'il faut, avant de passer une
« rivière de vive force, foudroyer d'artillerie le bord
« opposé, afin de ruiner les redoutes ou épaulements
« qui couvrent l'ennemi et l'obliger ainsi de se retirer.
« On sait aussi que les équipages de l'armée ne doi-
« vent passer la rivière que quand l'armée a pris poste
« de l'autre côté de façon à n'y avoir rien à craindre
« de l'ennemi. »

TABLE DES MATIÈRES.

FIN DE LA TABLE DES MATIÈRES DU TOME IV.

Paris. — Typographie de Gaittet et Cie, rue Gît-le-Cœur, 7.

Paris. — Typographie de Gaittet et Cie, rue Gît-le-Cœur, 7.

www.ingramcontent.com/pod-product-compliance
Ingram Content Group UK Ltd.
Pitfield, Milton Keynes, MK11 3LW, UK
UKHW021843190726
13855UKWH00001B/128

9 782013 354868